現代の社会福祉入門

●編著●
宮田和明　柿本　誠
木戸利秋　小松理佐子
竹中哲夫　山口みほ

(株)みらい

●執筆者紹介（執筆順）

小松理佐子	日本福祉大学	第1・13講
宮田和明	日本福祉大学	第2・22講
竹中哲夫	日本福祉大学	第3講
秋野勝紀	日本福祉大学	第4講
後藤澄江	日本福祉大学	第5講
木全和巳	日本福祉大学	第6講
北村育子	日本福祉大学	第7講
笛木俊一	日本福祉大学	第8講
山口みほ	日本福祉大学	第9講
加藤悦子	日本福祉大学	第10講
原田正樹	日本福祉大学	第11講
杉山章子	日本福祉大学	第12講
柿本誠	日本福祉大学	第14・15講
石河久美子	日本福祉大学	第16講
木戸利秋	日本福祉大学	第17講
高島進	日本福祉大学	第18講
永岡正己	日本福祉大学	第19講
石川満	日本福祉大学	第20・21講

はじめに ―本書のねらい―

　本書は、従来『現代の社会福祉』の書名で発行してきたが、今回『現代の社会福祉入門』として、内容・体裁を含めて大幅に変更し、本書の性格である社会福祉入門書としての役割をいっそう明確にさせようとしたテキストである。主に大学・短大、そして専門学校等における社会福祉の導入教育における利用を念頭においたものであるが、次のような編集のねらいをもっている。

　第一に旧版の『現代の社会福祉』の発行（2001年）から5年あまりが経過したことをふまえ、この間の社会福祉動向にあわせて内容を一新したことである。社会福祉基礎構造改革が具体的に動き出し、あわせて次世代育成支援対策推進法や介護保険法改正、さらに障害者自立支援法の制定等が福祉現場に提起している課題は何か、それをどう考えるかを提起している。

　第二に概論書としての性格だけでなく、導入教育に役立てることを意図して、本書の内容構成を旧版から大幅に改めたことである。すなわち、事例を中心として社会福祉を考えることを本書の基本にすえ、そのため導入部（第1部）から分野論（第2部）までを前半におき、さまざまな社会福祉状況をできるだけ事例をふまえて考えることができるように配慮した。そのうえで広い意味での援助論や経営の視点（第3部）をすえ、社会福祉の原理・制度論（第4部）を最後にまわした。いわばボトムアップの思考で社会福祉の現状を考えながら、そこをベースにして歴史や制度への問題関心につなげ、現代の社会福祉の理解に迫っていこうとするアプローチである。

　第三に判型を大きくした（B5）ことによって、用語解説を適宜はさみ、また各講の最後には「考えてみよう」という演習問題のコーナーを設けている。これによって個人やグループで学習を進めるうえでの、なにがしかの助けになることを意図している。もとより、本書のような社会福祉入門を学ぶうえでは、テキストだけで完結することはむずかしく、『社会福祉小六法』や『社会福祉用語辞典』等を参照することは不可欠である。

　以上のようなことをねらって本書を編集したものの、果たしてそれらがどれほど実現しているのかどうかは、本書を使用していただいた方々、とりわけ学生や教員の方々からお聞きして判断するほかはない。率直なご意見をお寄せいただけるよう、お願いしたい。なお、本書で取り上げている事例につ

いては、ご本人のプライバシー等への配慮を行っていることを付言する。
　最後に、本書の出版に際しては㈱みらいの酒向省二さん、安田和彦さんに大変お世話になった。記して感謝申し上げたい。
2006年3月

編　者

もくじ

はじめに

第1部
社会福祉とは何だろう？

第1講　身近な事例を通して考えてみよう …………………………… 13
　1　だれにでも起こりうる生活困難／13
　　1　大学生活が続けられなくなったA君の事例／13
　　2　生活の再設計を支援する社会福祉／15
　2　目に見えない支え　—支援ネットワーク—／17
　　1　祖母と暮らすBさん家族の事例／17
　　2　ネットワークで生活を支える／18

第2講　どうして社会福祉は必要なの？ ……………………………… 20
　1　国民生活の変化と社会福祉／20
　2　家族形態の変化と少子・高齢化問題／23
　3　社会福祉の範囲と定義／26
　4　社会福祉と生存権保障／27

第2部
社会福祉の現場はどうなっているの？

第3講　子ども虐待はなぜ起きる？　—児童福祉— ………………… 29
　1　子ども虐待の実態／30
　　1　子ども虐待はどのくらい発生しているか／30
　　2　虐待をする人をめぐって／31
　2　子ども虐待にどう対応するか　—児童相談所の取り組みとネットワーク—／32
　3　要保護児童の福祉　—市町村と児童相談所における相談援助—／34
　4　児童福祉の学習・研究課題／35

第4講　少子化社会の保育と子育て支援 ……… 37
1　子どもが育つ環境と保育／37
特別な援助を必要とする子どもの保育実践の事例／37
2　保育所の機能と保育士資格／40
1　保育とは／40
2　保育制度について／40
3　保育所の利用／41
4　保育所の機能の拡大／42
5　保育士資格と職域について／42
3　保育と子育て支援の課題／43
1　少子化と人口減少社会／43
2　少子化社会対策の政策展開／44
3　保育に関する当面の課題／47

第5講　ＤＶって何？ ―女性福祉と家族福祉の接点― ……… 49
1　女性福祉・家族福祉のこれまでとこれから／49
1　女性福祉の力点は「女性の人権」／49
2　求められる情緒安定化を支援する家族福祉／50
2　女性福祉と家族福祉の接点としてのＤＶの定義と背景／51
1　ＤＶの定義／51
2　ＤＶの背景と特徴／52
3　ＤＶの影響／53
3　ＤＶ防止のための制度と援助実践の内容／54
1　改正ＤＶ防止法のポイント／54
2　相談と自立支援／54
4　これからの課題／56

第6講　特別なニーズ？ ―障害者福祉― ……… 57
1　いくつかの事例から／58
1　脳性麻痺の武志さんの自立生活支援／58
2　知的障害と自閉性障害の重複障害のある道子さんへの緊急生活支援／58
3　統合失調症で入院生活をしていた明さんの生活復帰支援／59
2　障害のある人たちの実態／59
3　障害者福祉論の特徴／61
4　障害とは何か／62
5　障害者福祉サービス提供のしくみ／64
6　障害者福祉の国内外の課題／66

第7講 高齢者の多様なニーズとは？ ―高齢者福祉― ……………………68

- 1 高齢期をどうみるか／68
- 2 支援のしくみ／69
- 3 高齢期の生活困難に対して高齢者福祉のしくみをどのように活用するか／71
  - 1 脳梗塞で半身麻痺となった場合／71
  - 2 高齢で認知症の場合／72
- 4 個別で多様なニーズに応じるために／73
  - 1 個別で複雑なニーズへの対応／73
  - 2 55歳でアルツハイマー病の場合／74
- 5 介護保険制度を超えて／75
  - 1 権利侵害のみならず家族関係の破綻をも招いた場合／75
  - 2 考えなければならないこと／76

おわりに／76

第8講 セイフティネットとは？ ―公的扶助― ………………………………78

- 1 社会的セイフティネットと公的扶助の役割／78
  - 1 セイフティネットとは／78
  - 2 社会的セイフティネットの重層性と公的扶助の役割／79
- 2 現代の貧困問題の多様性と複雑性 ―ひとり親世帯の事例より―／80
  - 1 貧困問題の多様性 ―被保護者・被保護世帯の全体的な動向―／80
  - 2 貧困問題・生活問題の複雑性 ―ひとり親世帯の事例より―／83
- 3 公的扶助ソーシャルワーカーの援助活動と公的扶助のしくみ／84
  - 1 公的扶助ソーシャルワーカーの援助活動の実際／84
  - 2 援助活動の制度的基盤としての公的扶助のしくみと考え方／85
- 4 今後の課題 ―公的扶助ソーシャルワーカーの社会的役割―／86

第9講 病いをもつ人とともに ―医療福祉― ……………………………………88

- 1 A子さんの事例にみる医療ソーシャルワーカーの働き／89
  - 1 来談の経緯／89
  - 2 初回面接時の状況／89
  - 3 医療ソーシャルワーカーの対応とその後の経過／90
  - 4 医療ソーシャルワーカーの果たした役割／91
- 2 医療ソーシャルワーク実践の現状／91
  - 1 活動領域・対象者／91
  - 2 業務内容／92
- 3 今後の課題／93
  - 1 医療ソーシャルワーカーの課題／93
  - 2 医療福祉領域の広がりと新たな課題／93

第10講　真の意味での解決を模索する　—司法福祉—　……………………95

    1　司法福祉とは何か／95
    2　司法福祉が扱う諸問題／97
        1　少年非行／97
        2　成人の犯罪／98
        3　虐待／98
        4　司法の場におけるソーシャルワーク／99
    3　司法福祉のこれからの課題／101

第11講　住民参加と福祉でまちづくり　—地域福祉—　……………………103

    1　地域の現状を把握すること／103
    2　地域福祉の活動ととらえ方／104
    3　地域福祉の考え方／105
        1　社会福祉法における地域福祉の位置づけ／105
        2　地域福祉の実体化の背景／106
        3　地域福祉というシステムの構築／107
    4　地域福祉の実践の諸相／108
        1　ボランティアや市民活動／108
        2　民生委員・児童委員の活動／108
        3　福祉教育・学習活動／108
        4　セルフヘルプグループ活動／109
        5　計画策定活動／109
        6　社会福祉協議会の活動／109
    5　地域福祉の事例　—長野県茅野市から学ぶ—／110
    6　地域福祉のこれからの課題／111

第3部
社会福祉のプロとなるために

第12講　社会福祉の援助方法　—ソーシャルワーク—　……………………114

    1　ソーシャルワークの視点／114
        1　生活問題を多面的にとらえる／115
        2　当事者の主体性を尊重する／116
        3　多様な社会関係のなかで問題解決に取り組む／116
        4　実践を方法につなぐ／117

2　ソーシャルワークの体系／118
　　　　1　援助技術の専門分化／118
　　　　2　統合化の動き／119
　　3　社会の変動と方法の進展／120

第13講　社会福祉の経営 ……………………………………………………………123
　　1　だれのための経営か　―社会福祉のミッション（使命）―／123
　　2　社会福祉の経営論／124
　　　　1　経営論が登場した背景／124
　　　　2　社会福祉における経営論の位置／125
　　3　社会福祉の経営の原則／126
　　　　1　接近性／126
　　　　2　透明性と説明責任性／127
　　4　これから学習を進めるにあたって／128
　　　　1　経営論をなぜ学ぶのか／128
　　　　2　福祉サービスの質をどう高めるか／129

第14講　専門職養成と社会福祉実習の意義 ………………………………………131
　　1　社会福祉専門職養成の現状／131
　　2　社会福祉従事者／134
　　3　社会福祉実習／135
　　4　社会福祉実習の流れ／138
　　5　専門職養成と社会福祉実習の課題／139

第15講　社会福祉の権利擁護 ………………………………………………………141
　　1　社会福祉の権利擁護とは／141
　　2　成年後見制度／143
　　3　成年後見制度と改正介護保険／144
　　4　地域福祉権利擁護事業／145
　　5　成年後見制度と地域福祉権利擁護事業の課題／147

第16講　社会福祉の国際的視点 ……………………………………………………149
　　1　諸外国の社会福祉／149
　　2　社会福祉の国際比較／151
　　3　国際社会における福祉活動／152
　　4　内なる国際化をめぐる社会福祉／153
　　おわりに／155

第4部
社会福祉の原理を学ぶ

第17講 社会保障と社会福祉 ―社会福祉基礎構造改革― ……………………156
  1 社会保障の誕生の背景／156
  2 社会保障の体系と役割／158
  3 21世紀に向けた社会保障の再構築／160
  4 社会福祉基礎構造改革／161

第18講 欧米の社会福祉の歴史 ………………………………………………164
  はじめに ―近代資本主義社会と生活問題／164
  1 救貧法と慈善事業／165
  2 貧困の社会的認識の発展と社会事業／165
  3 両大戦間期の貧困の増大と社会保障の萌芽／166
  4 「福祉国家」の形成／167
  5 「福祉国家」と社会福祉／168
  6 コミュニティケアのクローズアップと「福祉国家の危機」／169

第19講 日本の社会福祉の歴史 ………………………………………………172
  1 明治国家の形成と慈善・救済事業／172
    1 恤救規則と備荒儲蓄法／172
    2 慈善事業の開始／173
  2 産業革命の進展と慈善・救済事業／173
    1 救貧制度の動向／173
    2 慈善事業の進展／174
    3 日露戦争後の感化救済事業／174
  3 社会事業の成立と展開／175
    1 第一次世界大戦後の社会事業の成立／175
    2 世界恐慌から暗い時代へ／175
    3 第二次世界大戦と戦時厚生事業／176
  4 戦後社会福祉の成立と発展／177
    1 戦後改革と社会福祉の理念／177
    2 高度経済成長と社会福祉の発展／177
    3 福祉改革の動向とその歴史的意味／178

  おわりに／179

第20講 社会福祉の法制度と実施機関 …………………………………………………… 181

- 1 社会福祉の法制／182
  - 1 福祉六法体制／182
  - 2 社会福祉関係八法改正と老人保健福祉計画／183
  - 3 介護保険法の成立と社会福祉基礎構造改革／183
  - 4 社会福祉法／184
  - 5 その他の関係する法律／187
- 2 社会福祉の行政／188
  - 1 厚生労働省／188
  - 2 福祉事務所制度／188
  - 3 地方公共団体・市町村／192
  - 4 指定都市と中核市／193
- 3 社会福祉事業にかかわる法人／194
  - 1 社会福祉法人／194
  - 2 社会福祉協議会／195
  - 3 ＮＰＯ法人／196
  - 4 その他／196

第21講 社会福祉の財政 ……………………………………………………………………… 198

- 1 社会保障給付費の推移／199
- 2 国の予算と社会保障・社会福祉関係費／200
- 3 都道府県と市町村の財政／201
- 4 国と地方公共団体の財政問題／202
  - 1 国および地方公共団体の長期債務残高／202
  - 2 国の財政の国際比較／202
  - 3 地方交付税制度／204
  - 4 地方財政分析の指標／205

第22講 社会福祉の学習を深めるために ……………………………………………… 207

- 1 社会福祉の歴史と理論を学ぶ／207
- 2 社会福祉の制度・政策を学ぶ／208
- 3 援助やサービスの方法を学ぶ／209
- 4 社会福祉の仕事の特質／210

索引／213

第1部

社会福祉とは何だろう？

第1講 身近な事例を通して考えてみよう

●本講のねらい

　みなさんは、これから学ぶ社会福祉についてどんなイメージをもっているだろうか？　高齢者のためのもの？　体の不自由な人のためのもの？……社会福祉は、そのような一部の人びとのためのものではない。現代社会において社会福祉は、そのような特定の支援を必要とする人びとを含めたすべての人びとの生活を支えるためのものとして存在している。本講では、私たちの生活と社会福祉のかかわりについて事例をもとにみてみることにしよう。

1────だれにでも起こりうる生活困難

1　大学生活が続けられなくなったA君の事例

　A君は大学2年生（19歳）。念願だった第一希望の大学に入学したA君は、高校時代から続けていたバスケットボールのサークルに入部、多くの友人にも恵まれ、充実した学生生活を送っていた。アパートでのひとり暮らしにも慣れ、最近では得意料理を作って友だちをもてなすのも楽しみの一つになっている。

　春休みになり、A君はサークルの友人に誘われて、2泊3日の予定でスノーボードに出かけた。初めて体験するスノーボードにA君は夢中になり、何度も転びながら、少しでも上達したいと練習した。2日目の午後のこと、A君

が滑っていると、目の前を小学生ぐらいの子どもが横切ろうとしているのがみえた。Ａ君は、小学生と衝突しないように横にそれようとした……。
　気がつくとＡ君は病院のベッドの上にいた。スノーボードで転倒した際に首を骨折したと説明された。しばらくして、Ａ君は医師から、脊椎を損傷したために四肢麻痺となり、これからは車椅子での生活になることを告げられた。

　さて、もしあなたがＡ君の親友だったら、Ａ君にどんなことばをかけるだろうか？
　Ａ君のその後をみてみることにしよう。

　医師のことばを聞いたＡ君は、しばらくは絶望のあまり無気力の状態が続いたが、家族やサークルの仲間の辛抱強い励ましで、少しずつこれからの生活について考えるようになっていった。
　「猛勉強してようやく入学できた大学だし、仲のよい友だちもたくさんできたので、大学生活を続けたい。卒業後は、入学前に目標にしていた教員免許をとり、中学校の先生になりたい」。

　しかし、Ａ君の前にはいくつもの厳しい現実があった。これまでＡ君はアパートから大学に電車で通学していた。車椅子で大学にどうやって通うのか？　またキャンパスのなかは段差が多く、車椅子で移動するのは難しい。何より、左手に麻痺が残る状態で、ひとり暮らしができるのか……？
　あなただったら、Ａ君にどんなアドバイスをするだろうか？
　１年後のＡ君をみてみよう。

　１年後の４月のこと。１年間大学を休学しリハビリに励んでいたＡ君は、復学届を提出した。
　Ａ君は車椅子でも生活が可能なアパートに引っ越し、ウィークデーはお母さんがＡ君の世話をするために、一緒に生活してくれることになった。お母さんが家族のいる実家に帰る週末は、ホームヘルパーさんが食事の支度などをしに来てくれることになった。大学までの移動は、ＮＰＯ団体[*1]の移動介護サービスを利用することにした。キャンパスのなかでは、サークルの仲間がローテーションを組んで、Ａ君に付き添っていてくれることになった。
　ホームヘルプサービス[*2]や移送サービスにかかる費用は、障害基礎年金[*3]として給付されたお金から支払うことにした。

*1　ＮＰＯ団体
　民間非営利組織。最近では特定非営利活動法人として認証された団体をさすことが多い。ＮＰＯ団体では、制度化されたサービス、制度化されていない独自のサービスの両方を提供することが可能である。

*2　ホームヘルプサービス
　身体障害者に対して、居宅において、入浴・排泄・食事などの介護や、家事など日常生活を営むうえで必要な便宜を提供するサービス。制度化されている。

*3　障害基礎年金
　国民年金法に基づく年金給付のなかの一つ。

こうしてＡ君の大学生活が再び始まった。もちろんケガをする前と全く同じ生活に戻ることはできない。生活のさまざまな場面で、周りの人の助けを借りなければできないことがある。やりたいことが思い通りにできず、あきらめることもある。しかし、当初サークルの仲間に頼っていたＡ君のキャンパス内での付き添いを、ボランティアとして手伝ってもよいと申し出てくれた学生が出てきて新しい友人ができるなど、うれしい変化も体験している。

　最近、Ａ君に次の目標ができた。大好きだったバスケットボールをもう一度やることである。大学のスポーツ科学論の先生から車椅子バスケのチームで活躍している選手を紹介してもらい、Ａ君の夢が膨らんだ。Ａ君は、麻痺した左手を何とかボールをもてるようにしようと、トレーニングを開始した。

2　生活の再設計を支援する社会福祉

　この事例は、順調な大学生活を送っていたＡ君が、事故に遭った日を境にしてこれまでの生活を継続させることができないという困難に直面して、生活を再設計していく過程を記録したものである。このような危機はだれにでも起こりうる可能性がある。Ａ君の場合はスノーボードでの事故というきっかけであったが、交通事故、病気、地震等の自然災害など、私たちの生活のなかには生活の危機を招くさまざまなきっかけが想定される。

　生活の困難に直面した人に対して、生活を再設計し、それを実現させていく過程を支えるのが社会福祉である。Ａ君の事例を振り返りながら、もう少し具体的に説明してみよう。

1　何をめざすのか　―社会福祉の理念―

　Ａ君の事故後の新しい生活は、Ａ君自身の「大学生活を続けたい」という希望から設計された。Ａ君の希望を実現させるためには、何が問題なのかを検討すると、たとえば、「アパートでのひとり暮らしは難しい」という課題が浮かび上がってくる。それを解決するためにこの事例では、母親の援助とホームヘルパーによるサービス提供という２つの手段を考え出している。

　このように社会福祉の援助活動は、その人が望む生活をさまざまな方法を駆使して実現させる（自己実現）ことを目標にして行われる。そのような活動を通じて社会福祉は、さまざまな人びとの支援を受けながらも、その人が自分の生活を自分で決定して生活を営めるように支援（自立生活支援）しようとするものである。

2　だれが支えるのか

　A君の車椅子での学生生活を支えるために、さまざまな人びとがA君にかかわっている。事故にあった直後からずっとA君を支え続けているのは、家族と友人である。また事例には具体的に記述されていないが、これ以外にも、病院の医師や看護師、リハビリの指導をした理学療法士などの医療の専門職がA君にかかわったことは当然のこととして想定される。さらに、大学に復学後の生活では、ホームヘルパーや移動サービスの提供者、付き添いのボランティアがかかわっている。

　このように社会福祉は、機関・団体で働く専門職やその他の職員と、ボランティアや近隣住民など自発的な活動をする人びととの協力によって支えられる。

3　どのように支えるのか　―援助の方法―

　A君を支えたのは、2にあげたような人びとによる直接的な援助だけではない。たとえば、病院での治療やリハビリ、ヘルパーなどのサービスの利用などにはすべて費用が必要である。また、A君の身体に合わせた車椅子も用意しなければならない。

　このような予測できない事故に遭遇したときに、どのような生活状態にある人であっても生活が脅かされることがないように、セイフティネット[*4]としてさまざまな社会保障制度が用意されている。社会福祉もそのなかの一つである。人びとの生活は、そのような制度と人的サービスとの両方によって支えられている。具体的にどんな方法があるかについては、このテキストの第2部以降で学んでほしい。

*4　セイフティネット
　安全網と訳される。詳しくは第8講を参照のこと。

4　社会福祉の専門職の役割は？　―A君の事例の舞台裏―

　A君が車椅子バスケをしたいという目標をもつまでになった舞台裏をもう少し紹介しておきたい。入院当初からA君を励まし、その後の生活設計の相談にのり、リハビリ専門の病院に転院するまでの準備を進めてくれたのは、入院していた病院の医療ソーシャルワーカーであった。ワーカーは、大学の休学手続きや医療費の支払いなど、入院にあたって当面必要となることへの対応方法についてのアドバイスや、障害のある人が利用できるサービスについての情報提供、リハビリ専門病院への転院の手続きなどの援助をした。

　その後も、リハビリ専門病院を退院して自宅に戻るための準備、大学に復学するために利用するホームヘルプサービス等のサービスのマネジメントなど、A君の行く先々で社会福祉専門職による支援が行われた。

このように生活の困難に直面した人が、もう一度生活を設計して、それを実現するために生活を再編していく過程に寄り添い、支えていくのが社会福祉の専門職である。

2 ── 目に見えない支え ─支援ネットワーク─

1　祖母と暮らすBさん家族の事例

　高校2年生のBさんは、両親と中学3年生の弟の4人暮らしである。弟が中学校に入学した頃から母がパートを始め、現在は両親共働きである。
　12月のある日、他県で暮らしていた父方の祖父が病気で亡くなった。それまで祖父と暮らしていた祖母が一人になり、「一人にしておくのは心配」という子どもたちの話し合いにより、祖母はBさんの家で暮らすことになった。
　祖母は、75歳。年相応の体力の衰えや物忘れはみられるもののおおむね健康であった。
　Bさんたちは、祖母を招いた後もそれまでと変わらず、日中は、両親は仕事へ、Bさんと弟は学校へ出かけた。若い頃は小学校の教師をしていたこともあるという祖母は、そのような家族の留守を預かることにやりがいを感じたようで、さまざまな家事をこなしてくれた。祖母との同居生活は順調だった。
　同居して半年が過ぎた頃、Bさんが家に帰ると、いつも迎えてくれる祖母の姿がみえない。はじめは「夕食の買い物に出かけたのでは？」とのんびりしていたBさんたちだったが、夜8時を過ぎても祖母が帰ってこない。「何かあったのでは？」と、祖母を探しに出かけようとした。
　その時、警察官に付き添われて祖母が帰ってきた。警察官の話によると、祖母は隣町の商店街で、帰り道がわからずうろうろしているところを商店の人に発見され、警察に連絡があったということである。祖母のもっていた財布に家の住所が書いてあったことから身元がわかり、こうして無事に送り届けられたということである。
　Bさんは「おばあちゃんはどうしてしまったのだろう？」と心配になった。しかし、祖母を注意深く観察してみても、いつもと変わった様子はない。そのうちにその日の出来事は忘れてしまった。
　しかしその後も同じようなことはたびたび起こった。「このままおばあちゃんを一人にしておくわけにはいかないのでは？」と悩んでいるBさん家族に、

同じ町内に住んでいる民生委員のMさんが声をかけてくれた。近所に住んでいるMさんは、近所の商店街の人から度々一人で出歩いているBさんの祖母のことを耳にしたという。近所に住むMさん自身もBさんの祖母とは顔見知りであり、最近の様子をみて心配してくれていた。

「おばあちゃんを昼間一人にしておくのは心配。だからといっておばあちゃんは、病院や施設に預けるほどの状態ではない。家で何とかしたい」と、家族は思った。

そこで民生委員を中心にして見守りネットワークをつくることになった。近所の人びとの話を総合すると、祖母が一人で出歩くルートはおおむねいつも同じルートである。そのルートの要所に住んでいる人や商店の人に協力してもらって、祖母が歩いていたら声をかけ、場合によっては家に連れて帰ってもらうようにした。

毎日日中一人で過ごしていては、今後ますます症状は悪化することだろう。そこで民生委員のMさんが、公民館で開かれている高齢者を対象にした昼食会に誘った。昼食会を通じて新しい友人ができた祖母は、友人とともに昼食の後にはカラオケを楽しんでいる。

また、このところ地震や台風で高齢者が被害に遭ったニュースが伝えられている。祖母が日中一人でいるときに災害が起きれば、祖母も同じような被害に遭うかもしれない。そのような災害の場合に備えて、近隣の人に支援をお願いした。

こうして祖母は、祖母の気づかないところで多くの人に見守られながら、今もBさんの家で生活を続けている。

2　ネットワークで生活を支える

みなさんのおじいさんやおばあさんは、どんな生活をされているだろうか？　その生活を、だれがどんな風に見守っているだろうか？「だれの助けもなく、一人でやっている」という人もいるかもしれない。しかし実は、高齢者に限らず私たちの生活は気づかないところで、多くの人びとに見守られ、支えられている。

たとえば、みなさんが小学生の頃、安全に登下校できるようにと、交通指導員や近所の人がみなさんを見守ってくれていたはずである。小学生が犠牲となる事件が多発したことから、最近は、町内会などによるパトロール活動も各地で行われている。また、子ども虐待を早期に発見して解決するために児童委員をはじめとする近隣の人びとが、子育てをしている家族を見守っている。

これらの見守りや支援のためのしくみは、以前であれば社会福祉ということばを出すまでもなく、地域社会で自然に営まれてきたものであった。しかし、人びとの関係が希薄化している現代社会においては、自然の営みに任せておくだけでは生活を支えることが困難になっている。また、人びとの生活課題は複雑多様化していることから、専門的な視点からの支援を必要とするようになっている。

　このような状況のなかで、日々の生活を支えるゆるやかなネットワークと、たとえば子ども虐待のような危機的状況が起きたときに介入するためのネットワークを、意図的につくり上げていくことが社会福祉の役割の一つになっている。生活支援のためのネットワークは、Bさんの祖母の事例でみたように、近隣の人びとをはじめ、民生委員、商店の人、警察、公民館の職員、ボランティア、さらには保健師や社会福祉専門職などによって構成される。

　このようなネットワークを築くには、社会福祉分野に限らず、広く住民生活にかかわる分野で働く人びとや住民の理解と協力を得る必要がある。そのためには、啓発活動や福祉教育を通じて、地域の福祉力を高めていくことも必要になってくる。

　このことは、単にネットワークを担う協力者を増やすということを意味しているのではない。社会福祉の活動は、支え合い信頼し合えることのできる社会の再生――言い換えれば、福祉社会の創造をめざした取り組みなのである。

●考えてみよう●

① もし近所の小学生から「社会福祉って何？」と尋ねられたら、どのように説明するだろうか。説明してみよう。
② 本文にあげられた事例以外に、あなたの身の周りで提供（利用）されている福祉サービスや福祉活動を出してみよう。

〈参考文献〉
窪田暁子「社会福祉方法・技術論を学ぶ人のために」植田章・岡村正幸・結城俊哉編著『社会福祉方法原論』法律文化社　1997年　1－22頁

第2講 どうして社会福祉は必要なの？

●**本講のねらい**

　社会福祉の援助・サービスは、経済的な貧困に苦しむ人たち、心身に障害をもって生まれた子どもや家庭的な環境に恵まれない子どもたち、交通事故や病気のために中途障害者となった人たち、あるいはひとり暮らしや身体の不自由な高齢者など、生活上のさまざまな障害に直面している人びとやその家族にとって、暮らしを支えるための拠りどころとして、なくてはならないものとなっている。

　だれもが事故や病気などのために生活上の障害に直面する可能性をもつこと、まただれもが歳をとり、いつかは老後を迎えることを考えてみれば、社会福祉は決して一部の人びとのためのものではない。

　21世紀の社会は、「少子・高齢社会」ということばが示すように、これまで以上に子どもの数が減って、人口に占める高齢者の比率が急速に高まっていくことが予想されている。

　本講では、社会福祉の援助・サービスが私たちの暮らしのどのような変化のなかで必要とされるようになってきたのかを考え、あわせて社会福祉の定義、理念についても学ぶことにしたい。

1 ── 国民生活の変化と社会福祉

　ふりかえってみると、社会福祉がすべての人びとの生活に深いかかわりをもつものとして理解されるようになってきたのは比較的最近のことである。

　わが国で社会福祉ということばが広く使われるようになったのは、第二次世界大戦後のことである。戦後しばらくの間は、戦前からの用語である「社会事業」ということばが一般的に用いられていた。さらに歴史をさかのぼっていくと、今日の社会福祉の源流は、近代社会以前からの長い歴史をもつ「慈善」、あるいは「慈善事業」に求めることができる。

　「慈善事業」から「社会事業」へ、「社会事業」から「社会福祉」へ、という用語の変化は、社会の歴史的な変化・発展を反映して、事業の内容や理念

が歴史的に変化し、発展してきたことを示している。

社会福祉の位置づけやあり方に大きな影響を与え、「社会事業」から「社会福祉」への展開を促したのは、高度経済成長のもとで進んだ国民の暮らしの構造的な変動であった。

1950年代後半からほぼ20年にわたって続いた高度経済成長は、鉄鋼、輸送機械、電機、石油化学などの重化学工業部門の急成長によって実現されたものであった。高度経済成長から取り残された産業部門、とくに経営規模が零細で、生産性が相対的に低かった農林水産業は、貿易自由化[*1]の影響もあって大きな打撃を受け、急速な衰退を余儀なくされた。

それにともなって、第一次産業中心であったわが国の産業別就業人口の構成も急激に変化した。

その変化の激しさの一端は、表2－1（および図2－1）にみることができる。1950年に就業人口の48.3％を占めていた第一次産業就業人口は、1965年には24.6％とほぼ半減し、その後も減少し続けて2000年には5.0％にまで低下している。50年前には、全就業人口の約半数が農林水産業に従事していたのに、現在では、農林水産業で働いている人は、20人に1人にすぎない。

このような第一次産業就業人口の減少と第二次および第三次産業就業人口の増加は、農村部から都市部への急激な労働力人口の移動をともなって進み、地域社会に大きな変化をもたらした。

三大都市圏（東京圏＝埼玉県・千葉県・東京都・神奈川県、阪神圏＝京都府・大阪府・兵庫県・奈良県、中京圏＝岐阜県・愛知県・三重県）の人口は、高度経済成長の開始期にあたる1955年には全人口のうちの36.9％であったが、

*1　貿易自由化
　輸入品の関税を高くしたり、数量制限を行うなど、国内の産業・生産者を保護するための政策を緩和して、輸入の自由化を進めること。わが国では、国内農業と農民を保護するために、外国からの農産物輸入を制限してきたが、ドル危機の影響によって、1960年代からアメリカによる貿易自由化への圧力が高まり、農産物の輸入の自由化が進んだ。

表2－1　産業別就業人口の推移

年次	総数	実数（千人）第一次産業	第二次産業	第三次産業	総数	構成比（％）第一次産業	第二次産業	第三次産業
1950	35,626	17,208	7,812	10,605	100.0	48.3	21.9	29.8
1955	39,261	16,111	9,220	13,928	100.0	41.0	23.5	35.5
1960	43,719	14,239	12,762	16,704	100.0	32.6	29.2	38.2
1965	47,633	11,738	15,242	20,623	100.0	24.6	32.0	43.3
1970	52,042	10,066	17,651	24,309	100.0	19.3	33.9	46.7
1975	53,141	7,396	18,118	27,456	100.0	13.9	34.1	51.7
1980	55,811	6,111	18,737	30,901	100.0	10.9	33.6	55.4
1985	58,357	5,412	19,334	33,444	100.0	9.3	33.1	57.3
1990	61,682	4,391	20,548	36,421	100.0	7.1	33.3	59.0
1995	63,904	3,820	20,247	39,642	100.0	6.0	31.7	62.0
2000	62,978	3,173	18,571	40,485	100.0	5.0	29.5	64.3

注：「国勢調査報告」による。1950年は14歳以上、55年以降は15歳以上就業者数。総数には分類不能を含む。

図2-1　産業別就業人口比率の推移

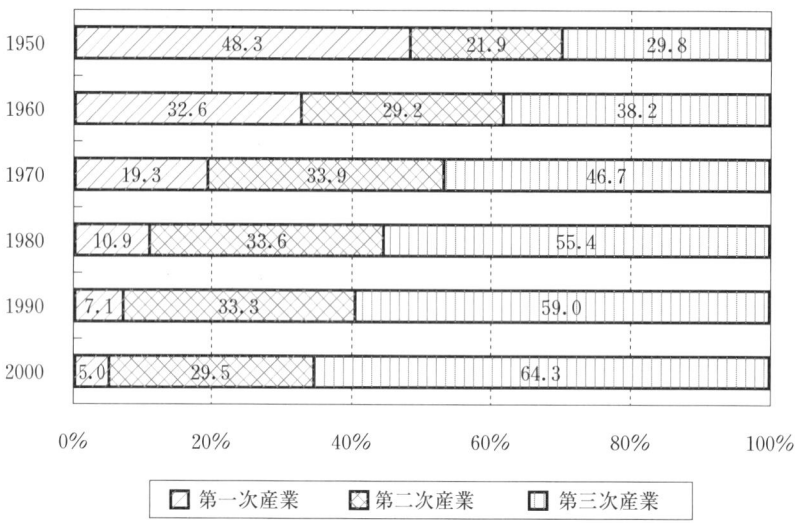

図2-2　三大都市圏への人口集中（2000年）

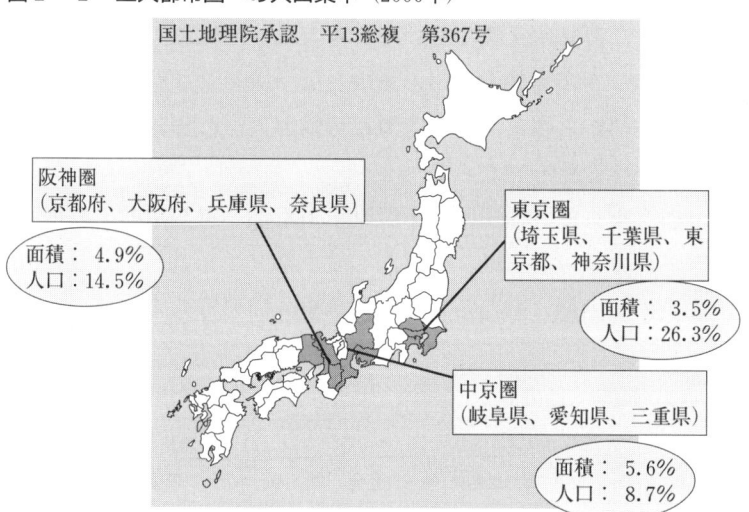

20年後の1975年には47.6％に増加している。さらに、2000年には49.5％となっている。面積の上では全国の7分の1にすぎない三大都市圏に、全人口のほぼ2分の1が集中していることになる（図2-2参照）。

大都市では、生活のすべての面で共同化された消費の占める比重が高くなる。住宅・ガス・電気・上下水道・道路・公共交通機関などの生活の基礎条件をはじめとして、教育・文化・娯楽などに至るあらゆる領域で、共同消費のための手段が整備されていなければ安心して暮らすことができない。1960

年代後半から、「住宅難」「交通地獄」「すし詰め学級」などのことばに象徴される「過密問題」が深刻化してきたのは、高度経済成長の過程で、生活基盤の整備が不十分なまま相対的に過大な人口が大都市圏に流れ込んだ結果である。

　大量の人口が流動し、住む人の移り変わりが激しいために、大都市では人びとの間に新しいきずなが生まれるゆとりがなく、同じ地域に住みながら多くの人びとがお互いに全く孤立した生活を送ることになった。高層アパートでは、同じ建物のなかに住んではいても、人と人、家族と家族の日常的な交流が欠けているために、ピアノの音や犬の鳴き声が殺人事件につながってしまったり、ひとり暮らしの高齢者が亡くなったのにだれも気づかず、数か月が経過してしまうという「孤独死」事件さえ起こるようになった。

　過密状態となった大都市圏とは対照的に、農山村からは中心的な働き手となる世代の人たちが村を離れ、生産と生活を維持するための集落の機能が急速に衰えていった。一家をあげての離村が目立つようになり、農山村に取り残された高齢者の暮らしは、支えを失って厳しさを増し、「過疎問題」が深刻化した。

　このように、「過密問題」や「過疎問題」に代表される1960年代以降の新たな生活問題は、高度経済成長にともなう国民生活の構造的な変化のなかで生み出されたものである。

　かつての社会事業の段階までは、経済的な貧困が生活困難・生活破壊の主要な形態であったが、高度経済成長期以降は、多様な形態の生活困難・生活破壊が国民諸階層の間に広がり、生活を支えるための援助・サービスとしての社会福祉の必要性が急速に拡大してきたということができる。

2───家族形態の変化と少子・高齢化問題

　高度経済成長は、伝統的な生産や生活のしくみを急激に変化させ、地域社会のあり方に大きな変化をもたらすとともに、生活の基礎単位である家族の形態にも大きな影響を与えた。高度経済成長以前の日本で標準的であった三世代世帯が急激に減少し、「核家族化」ということばに象徴されるように、夫婦のみ、あるいは若い夫婦と子どもだけの核家族世帯やひとり暮らしの世帯が増えている（表2-2および図2-3参照）。

　三世代世帯では、家族の間で世代間の分業が成立し、子育てや介護・看護の問題にも家族が力を合わせて対応することができたが、若い夫婦と子どもだけの世帯で妻が働き続けるためには、保育所の増設などの社会的な支援が

必要となった。

　さらに、高齢者のみの二人世帯で片方が介護が必要な状態になったときには、介護にあたる配偶者も高齢化している。「老老介護」あるいは「介護地獄」ということばさえ使われたほど、高齢者の介護にあたる家族の負担は重く、介護問題への対応が重大な社会問題の一つとなってきた。

　しかも、この間に、わが国の人口構成は急速に高齢化している。

　高齢化の進行は、大きくは２つの要因によってもたらされる。第一は平均寿命の延びに示される長寿化であり、第二は出生率の低下に示される少子化である。

表２－２　世帯構造別世帯数の推移

年次	実数（千世帯）				構成比（％）			
	総数	単独世帯	核家族世帯	その他世帯	総数	単独世帯	核家族世帯	その他世帯
1955	18,963	2,040	8,600	8,324	100.0	10.8	45.4	43.9
1960	22,476	3,894	10,058	8,523	100.0	17.3	44.7	37.9
1965	25,940	4,627	14,241	7,074	100.0	17.8	54.9	27.3
1970	29,887	5,542	17,028	7,316	100.0	18.5	57.0	24.5
1975	32,877	5,991	19,304	7,582	100.0	18.2	58.7	23.1
1980	35,338	6,402	21,318	7,618	100.0	18.1	60.3	21.6
1985	37,226	6,850	22,744	7,631	100.0	18.4	61.1	20.5
1990	40,273	8,446	24,154	7,673	100.0	21.0	60.0	19.1
1995	40,770	9,213	23,997	7,560	100.0	22.6	58.9	18.5
2000	45,545	10,988	26,938	7,619	100.0	24.1	59.1	16.7

注：「厚生行政基礎調査」「国民生活基礎調査」による。

図２－３　世帯構造別世帯数の推移　　　　　　　　　（単位：千世帯）

年	単独世帯	核家族世帯	その他世帯	合計
1960	3,894	10,058	8,523	22,476
1970	5,542	17,028	7,316	29,887
1980	6,402	21,318	7,618	35,338
1990	8,446	24,154	7,673	40,273
2000	10,988	26,938	7,619	45,545

第2講　どうして社会福祉は必要なの？

　わが国の平均寿命[*2]の推移をみると、1947年当時、男50.06歳、女53.96歳であったが、1960年には男65.32歳、女70.19歳となり、1970年代に入って男は70歳、女は75歳を超えて世界の長寿国の一つに数えられるようになった。2004年には、男78.64歳、女85.59歳となっている。

　このような平均寿命の延びとともに、1975年に約887万人であった65歳以上の人口は、2004年には約2,488万人に増えている。しかも、65歳以上人口が一律に増えているのではなく、前期高齢者（65～74歳）と後期高齢者（75歳以上）とに分けてみると、後期高齢者人口の方がより急速に増加している。後期高齢者人口は、1975年には約284万人であったが、2004年には約1,107万人に増えて、全人口の8.7％を占めるようになった。

　65歳以上人口の比率は、2006年に20％を超え、2033年には30％を超えると予測されている（図2－4参照）。

　第二の要因である少子化の進行は、年少人口の減少をもたらし、その結果として全人口に占める高齢者の比率を押し上げていくことになる。

　戦後の第一次ベビーブームといわれた1947年から1949年の時期には、年間に270万人近い数の子どもが生まれていた。しかし、1960年代の初頭には年間出生数は160万人ほどに減り、第一次ベビーブームの世代が出産期を迎えた1973年前後には200万人を超えたが、それ以降減少を続けている。1990年代後半の年間出生数は120万人前後にとどまり、2004年には約111万人となってい

*2　平均寿命
　厚生労働省は、毎年の死亡状況をもとに、平均してあと何年生きられるかという年齢別の平均余命を計算し、「簡易生命表」（5年ごとに「生命表」）として公表している。その年に生まれたゼロ歳児の平均余命を平均寿命という。

図2－4　65歳以上人口比率の予測　　　　　　　　　　　　　　　（2002年1月推計）

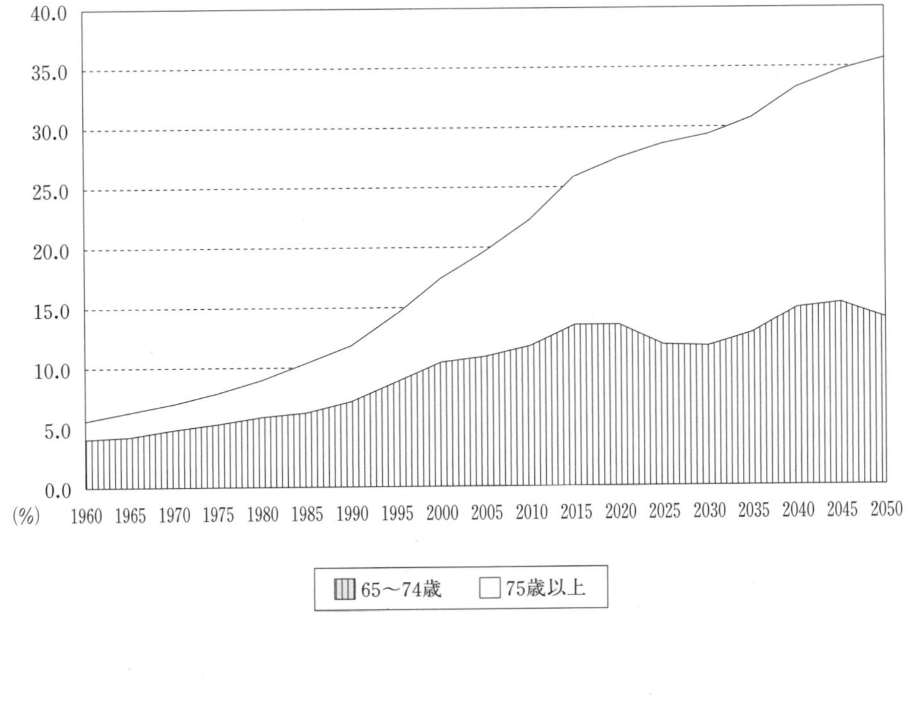

■65～74歳　□75歳以上

る。

　このような出生数の減少にともなって、1955年に2.37であった合計特殊出生率は、1970年代後半に2.0を下回り、2004年には1.29まで低下した。合計特殊出生率は、全女性が生涯に平均して何人の子どもを産むかを示す数字とされているから、2.0を下回るということは人口の縮小再生産が進むことを意味している。

　日本の総人口は2004年現在で約1億2,769万人であるが、国立社会保障・人口問題研究所の推計（2002年1月：中位推計）では、日本の総人口は2007年に1億2,773万人ほどになってピークを迎え、その後は減少に向かい、2050年には1億59万人にまで減少するであろうと予測されている。

　近い将来における総人口の大幅な減少を予測させるような急激な少子化の進行は、女性の社会的進出、結婚・出産年齢の上昇、未婚者の増加など、多くの社会的要因によって引き起こされているとみることができる。安心して子どもを産み、育てられるような社会的環境を整えることなしには、少子化の進行に歯止めをかけることはできない。

3 ── 社会福祉の範囲と定義

　社会福祉の援助・サービスはすべての国民の生活にかかわりをもつものであるとはいっても、現実に社会福祉の援助・サービスを必要とし、それを利用しているのは、何らかの意味で生活上の諸困難に直面し、自助努力だけでは生活問題を解決しえないでいる人びとやその家族である。

　社会福祉という用語は、ときとすると広い意味での「社会の福祉」と区別されることなく、一般的な意味での「福祉」あるいは「幸せ」と同じ意味で使われることがあるが、社会福祉について専門的に学ぼうとするときには、より限定された意味で、特定された対象と方法をもつ専門的な活動領域として理解すべきである。

　生活上の困難につながる要因は多様である。そのなかで社会福祉は、心身の障害や病気、高齢、あるいは家族構成の弱さなど、個別的で定型化しにくいさまざまな要因によって生活上の困難に直面し、自力ではそれを乗り越えることができない人びととその家族を支える役割を担っている。

　社会福祉の援助・サービスは、それを必要とする人びとの自助努力を助けたり、補ったりして、人びとが自らの生活要求を主体的に実現できるようにするための活動である。社会福祉のサービスは、相談・助言から、直接的な

介護・介助に至るまで、多様な形態と内容を含んでいる。

社会福祉は、援助・サービスを必要とする人びとの身体的・心理的な特質に基づいて、児童福祉、家族福祉、障害児・者福祉、高齢者福祉などの諸領域に大別される。

また、社会福祉の援助・サービスが多様な関連領域とのかかわりで進められるところから、社会福祉活動が展開される主要な領域を軸として、医療福祉、司法福祉あるいは教育福祉といった分類も行われている。

豊かな社会といわれる今日でも、経済的な貧困は依然として重要な生活問題の一領域であり、貧困層を対象とする生活保護制度は社会福祉の援助・サービスと深いかかわりをもって展開されている。

人びとの日常的な生活は地域社会を基盤として成り立っており、地域社会を離れた暮らしはありえない。社会福祉にとって、地域社会の自助努力を助け、地域社会全体の福祉の向上をめざすことは重要な課題の一つである。

さらに、国際化の進展とともに、社会福祉についても一国内の福祉に限定することなく、国際的な視野に立って考えることが求められるようになり、異なった文化的基盤をもつ人びとがともに暮らすなかでの社会福祉のあり方を考えることが必要になっている。

4 ── 社会福祉と生存権保障

日本国憲法第25条は、第1項で「すべて国民は、健康で文化的な最低限度の生活を営む権利を有する」とし、第2項で「国は、すべての生活部面について、社会福祉、社会保障及び公衆衛生の向上及び増進に努めなければならない」と規定している。

このように、社会福祉は、憲法に規定された生存権の理念に基づいて、社会保障や公衆衛生と並んで「すべての人びとに人間らしい暮らしを保障する」ことを基本的な目的としている。

広義の社会保障制度を「国民の生活を体系的に保障するための総合的な制度」として理解するならば、社会福祉は、社会保険や社会扶助と並んで、広義の社会保障制度を構成する要素の一つであるということができる。

新憲法に続いて、1951（昭和26）年には社会福祉事業法が制定され、今日の社会福祉制度の枠組みの基礎がつくられた。

戦後、1950（昭和25）年までに、児童福祉法、身体障害者福祉法、生活保護法などの福祉関係法が分野ごとに制定されたが、社会福祉事業法は、それ

らの法や制度に共通する基本的な事項を定め、社会福祉の制度を統一的に整備しようとしたものである。その後1960年代前半には、精神薄弱者福祉法（現：知的障害者福祉法）、老人福祉法、母子福祉法（現：母子及び寡婦福祉法）が相次いで制定され、それらは「福祉六法」と総称されている。

2000（平成12）年には社会福祉事業法の大幅な改正が行われ、法の名称も社会福祉法と改められた。

このように、社会福祉の援助・サービスについては、法律に基づいて国や地方自治体の制度・政策として実施に移されているものがその中核をなしているので、社会福祉に関する行政や財政のしくみについて理解することが重要な課題となる。

しかし、すべての政策・制度がはじめから整備されたものとしてあったのではない。政策・制度の周辺には、多様な形態で自主的・主体的な社会福祉活動や運動が展開され、公的な援助・サービスの不十分さを補うとともに、政策・制度を改善するうえで大きな力となってきた。

政策・制度がここまで整備された背景には、戦後60年にわたる多くの人びとの努力や運動の積み重ねがあり、そのうえに今日の社会福祉の姿があることを忘れてはならない。

●考えてみよう●

① 自分が住んでいる市町村の人口構成の変化を調べ、就業構造の変化や、少子化、高齢化が住民の暮らしにどのような影響を与えているかを考えてみよう。

② これからの少子化、高齢化の問題にどう取り組んだらよいかについて、どのような意見があるか、調べてみよう。

③ 社会福祉法をはじめ、社会福祉に関連するいくつかの法律のなかで、社会福祉の理念や目的がどのように規定されているか、調べて比較してみよう。

第2部

社会福祉の現場はどうなっているの？

第3講 子ども虐待はなぜ起きる？ ―児童福祉―

●本講のねらい ―子ども虐待の事例から―

　2005年5月、A市において、4歳の幼児B君がA市のC児童養護施設[*1]から家庭に引き取られて間もなく継父からの虐待により死亡したという事件が発生した。新聞報道によれば、実母は、B君を出産後間もなく離婚し働きはじめたが、夜勤の多い職場のためB君を乳児院に預けた（当時はD市に在住）。その後、母親はA市に転居し、B君は、A市内の児童養護施設に措置（入所）されている。ほどなく母親は再婚し、2児を出産した。育児もやや安定したことから、夫（B君の継父）も賛成し、両親はB君の家庭引き取りの準備を開始した。

　継父も、B君の引き取りを決意した後は、実母と連れだって、数回C児童養護施設を訪問し、さらに、1～2日程度の外泊（家庭復帰）を重ねている。外泊時に、C児童養護施設の職員、A市児童相談所の職員が家庭訪問をしているが、その時家族はB君を交えて和やかに食事をしていたり、一家団欒をしていたりした。さらに継父は、B君と近々養子縁組をするという報告をした。養子縁組は程なく実現し、家庭復帰準備はおおむね順調であるようにみえたという。これらの経過をふまえ、施設職員と児童相談所職員が協議し、その内容をふまえた児童相談所の援助方針会議において、措置解除（施設退所）が決定された。こうして、B君は家庭復帰したが、その後も施設職員と児童相談所職員が、数回家庭訪問をしている。さらにB君の保育園入所も実現した。

　ところがそれから2月足らずの時期に、B君は、継父に殴られたり床に投

*1　児童養護施設
　児童福祉法第7条に定める児童福祉施設の一つ。児福法第41条に「児童養護施設は、保護者のない児童（乳児を除く。ただし、安定した生活環境の確保その他の理由により特に必要のある場合には、乳児を含む。以下この条において同じ。）、虐待されている児童その他環境上養護を要する児童を入所させて、これを養護し、あわせて退所した者に対する相談その他の自立のための援助を行うことを目的とする施設とする」と定められている。

げられたりの暴行を受けて死亡した。継父は暴行容疑で逮捕され傷害致死罪に問われている。継父は、「なつかなかったのでおもしろくなかった」と供述している。実母は、「なかなか夫になつかないうえ、いたずらが絶えず、しつけのための折檻であった」と主張している。

　以上は、二、三の新聞により事件の概要をまとめたものである。このような事件をふまえ、本講のねらいは、①子ども虐待はどのくらい起きているのか、②子ども虐待はなぜ起きるのか、③子ども虐待にはどのような対応がなされているのか、④子ども虐待は予防できるのか、⑤児童相談所・市町村の児童（家庭）相談・児童虐待対応のしくみはどのようになっているのか、などについて学ぶことである。

1 ── 子ども虐待の実態

1　子ども虐待はどのくらい発生しているか

　表3-1は、子ども虐待に関する児童相談所の統計（相談処理件数）である。この表だけをみると、子ども虐待は、十数年の間に約30倍に増加しているような印象を受ける。

　ただし、「子ども虐待は急増している」という意見から「実際にはあまり増加はしていないのではないか、虐待に関する認識が変わったこと、公的機関の発見体制が強化されたことが統計値の急増の真の原因ではないか」という意見まで幅広い見方がある。これらの多様な意見をふまえながら、統計を読み解く必要があろう。いずれにしても児童相談所の統計は、日本社会のなかで実際に起きている子ども虐待の一部を反映したものである。詳しい実態は不明であり、各種統計をつなぎ合わせて全体像を推定するほかない。

表3-1　児童虐待に関する相談処理件数の推移（年度別）

1990	1991	1992	1993	1994	1995	1996	1997	1998	1999	2000	2001	2002	2003	2004
1	1.06	1.25	1.46	1.78	2.47	3.73	4.86	6.3	10.56	16.1	21.13	21.56	24.13	30.34
1,101	1,171	1,372	1,611	1,961	2,722	4,102	5,352	6,932	11,631	17,725	23,274	23,738	26,569	33,408

注　：上段は1990年を1とした場合の指数（伸び率）。下段は相談処理件数。
資料：厚生労働省「平成16年度　児童相談所における児童虐待相談処理件数等」より作成。

2　虐待をする人をめぐって

　子ども虐待（児童虐待）をめぐって、「本来わが子を守り愛するはずの親がなぜわが子を虐待するのか」という問いかけがしばしばなされる。もっともな疑問ではあるが、わが子の育児を担っているからこそ、あるいは同居している子どもであるからこそ育児上の葛藤が生じ虐待事件は発生するともいえる。実際に虐待をする人（主たる虐待者）の構成割合は、表3－2の統計でみる限りは、実母が各年度とも約6割であり、次いで実父が約2割である。実母が虐待者になるケースが多いことが明らかである。これに対して、実父以外の父が行う虐待は6％程度であり、実母以外の母が行う虐待は、2％に満たない。

　この統計から、一見すると、実母が虐待をする可能性が高いことがうかがえる。しかし、日本社会では、母親が子育てを担っている確立が非常に高いと推定されるので、要するに子育ての責任を負わされている者が子育てのトラブルを起こしやすいという当然の結果を示した統計であるともいえる。むしろ日本の母親は、子育てに大変な努力をしていることをあらわす数字であるという解釈も成り立つ。もし、仮に、虐待者率＝［虐待者数／子育て責任者数×100％］の計算が可能であるならば、実父の方が虐待者率が高くなるであろう。ただしこの計算は、実際には困難である。たとえば、「子育てに責任をもつ母親数（分母）」と「その母親のなかの虐待をしてしまう母親数（分子）」が得られないと、この計算はできない。

　しかし、だからといって安心できるわけではない。子育てを担う母親（あるいは父親）がわが子を虐待しないようにするためにはどうしたらよいのであろうか、ここに大きな課題がある。ちなみに東京都が2000年度に受理した虐待相談ケースに関する調査によれば、虐待をする人の生育歴（表3－3）、虐待をする人の心身の状況（表3－4）には、複雑な問題が浮かび上がって

表3－2　主たる虐待者　　　　　　　　　　　　　　　　　　　　　　（人（　）内％）

	総数	父		母		その他
		実父	実父以外	実母	実母以外	
2001年度	23,274（100.0）	5,260（22.6）	1,491（6.4）	14,692（63.1）	336（1.4）	1,495（6.4）
2002年度	23,738（100.0）	5,329（22.5）	1,597（6.7）	15,014（63.2）	369（1.6）	1,429（6.0）
2003年度	26,569（100.0）	5,527（20.8）	1,645（6.2）	16,702（62.9）	471（1.8）	2,224（8.4）
2004年度	33,408（100.0）	6,969（20.9）	2,130（6.4）	20,864（62.4）	499（1.5）	2,946（8.8）

注　：その他は、祖父母、叔父叔母など
出典：厚生労働省「平成16年度児童相談所における児童虐待相談処理件数等」

表3-3　虐待者の生育歴　　　　　　　　　　　　　　　　　　　　　　　　　　　　（複数回答）（％）

	両親死亡	ひとり親家庭	継親子関係	養子・里子体験	施設体験	両親不和	非虐待体験	その他	特になし	不明	未記入
全体（1040人）	1.5	10.0	2.8	1.7	3.1	7.6	9.1	3.3	15.5	55.0	1.0
実父（252人）	2.8	7.9	2.0	1.6	3.2	5.2	7.1	3.2	19.8	54.8	0.4
実母（609人）	1.1	11.7	3.1	2.1	3.1	10.3	11.3	3.4	15.3	51.1	0.5

出典：東京都福祉局『児童虐待の実態調査』2001年

表3-4　主たる虐待者（実父・実母）の心身の状況　　　　　　　　　　　　　　　　　　　　（％）

	全体	精神病（疑いを含む）	神経症（疑いを含む）	人格障害	性格の偏り	知的障害（疑いを含む）	アルコール・薬物依存症	身体的問題	特に問題なし	不明	未記入
実父	252	2.0	3.2	2.4	26.6	0.8	9.9	3.6	27.8	31.3	0.8
実母	609	14.6	13.8	8.5	19.0	4.4	6.1	4.4	16.6	25.6	0.3

出典：東京都福祉局『児童虐待の実態調査』2001年

いる。実際には、これらの統計数値以外にも、貧困、失業、住宅問題、地域社会での孤立などの問題が指摘されることも多い。このような複合した背景からも、子ども虐待の防止は多面的な対応を要する難問であることが実感できるであろう。

2 ── 子ども虐待にどう対応するか　―児童相談所の取り組みとネットワーク―

子ども虐待はどのように発見され、どのように対処されるのであろうか。その概要をみていくことにする。子ども虐待対応の法的根拠は、「児童福祉法（児福法）」「児童虐待の防止等に関する法律（児童虐待防止法）」「民法」などである。以下に、子ども虐待防止ないし対応のための法制度を相談・通告段階（局面）から順次みていくことにする。

(1) 市町村、児童相談所*2、福祉事務所などへの子ども虐待に関する相談・通告・送致（児福法第10条、第11条、第12条、第25条、虐待防止法第6条など）がある。家族や市民・関係機関等から子ども虐待に関する相談事・心配事などが窓口に到達する段階である（発見ないし窓口に到達する段階）。以下、親権者・保護者等を「親」と略称する。

(2) 市町村や児童相談所では、任意の調査（児福法第10条、第11条、第12条）、状況の把握（児福法第25条の6）、および児童虐待防止法第8条による安全確認、任意の相談援助（児福法第10条、第11条、第12条、第25条の7、第26条、第27条などの任意相談部分）などを行うことになる（任意の調査・

*2　児童相談所
　児童福祉の相談機関である。児福法第12条に「都道府県は、児童相談所を設置しなければならない」と定めている。市町村の児童家庭相談の後方支援を行うほか、児福法第11条に定める専門的知識や技術を要する相談、調査・心理判定業務などを行う。一時保護、児童福祉施設入所措置なども重要な業務である。

在宅相談の段階)。しかし、さらに緊急性あるいは危険性がある場合は、子どもを児童相談所長の職権により一時保護（児福法第33条）をすることもある（この場合も、親の意に反して職権保護をするのではなく、通常は親の同意のもとに保護を行う）。その後、親と通常の相談を続け、施設入所など親子分離の措置を提案することがある（児童相談所の権限による、あるいは同意に基づく親子分離の段階）。この段階で、親の同意が得られるならば、子どもは、児童養護施設などに入所し（児福法第27条第1項第3号）、児童相談所や児童福祉施設による親への相談援助が継続される。

(3)　親による子ども虐待や監護の怠慢などがあり、親子の分離が必要と判断されるにもかかわらず、親の同意が得られない場合、都道府県（児童相談所）は、家庭裁判所の承認を得て（児福法第28条）、親の意に反して児童福祉施設等への入所措置等（児福法第27条第1項第3号）をとることができる。この場合、家庭裁判所の審判の結論が出るまでに時間を要することから、家事審判法に基づく仮の処分としての一時保護を加えるなどの保全処分がなされることもある。次に立ち入り調査についてふれる。児福法第28条による措置をとるために必要がある場合（児福法第29条）や子ども虐待が行われているおそれがあると認めるとき（児童虐待防止法第9条）は、都道府県知事は、子どもの居所等への立ち入り調査をさせることができる(立ち入り調査と親の意に反する措置の段階)。さらに、親が親権を濫用するような場合、児童相談所長も、児福法第33条の6により、民法第834条に定める親権喪失の宣告の請求を行うことができる（親権喪失宣告請求の段階）。この場合、家事審判規則に親権の一時停止などの保全処分の定めがある。

(4)　子ども虐待を行った保護者の指導において、親子の再統合への配慮（児童虐待防止法第11条）が行われる。これを親子の再統合の段階と呼ぶことができよう。

(5)　子ども虐待行為が、刑法の暴行罪、傷害（致死）罪、過失傷害（致死）罪、強制わいせつ罪、強姦罪、保護責任者遺棄（致死）罪などの犯罪を構成することもある(参考文献1を参照)。警察が検挙の対象とする罪種には、以上のほか、児童福祉法違反、青少年保護育成条例違反などがある。(5)の場合を仮に犯罪を構成する場合とする。

　上記の(1)(2)の段階は、一時保護の一部を除いて、原則として任意の相談援助の段階であるが、(3)の段階は、法的権限による介入の段階である。なお、子ども虐待対応実務においては、法制度の整備だけではなく、実際に日夜、虐待関係にある親と子どもを援助する市町村、児童相談所、児童福祉施設などの体制の拡充が大きな課題である。

3 ── 要保護児童の福祉 ―市町村と児童相談所における相談援助―

　2004（平成16）年12月に児童福祉法が改正され、児童相談体制が大幅に変更されることになった（2005（同17）年4月施行）。これまで、児童福祉法上の児童相談は、主として都道府県および政令指定都市に設置された児童相談所が担っていた。近年、児童相談所は漸増傾向にあり、2005年4月現在、187か所に増設されている（『平成17年度全国児童相談所長会議資料』）。児童相談所は、年間30数万件に及ぶ養護相談、保健相談、障害相談、非行相談、育成相談などの相談に応じている。近年は、子ども虐待に関する相談処理件数の増加が注目されている。これらの相談・通告に対して児童相談所は、児童福祉司、児童心理司、医師などの専門家が多様な方法を駆使してチームワークによる相談援助活動に当たってきた。

　今回の児童福祉法改正により、児童相談の一義的窓口は市町村が担うことになった。市町村は、児童家庭相談に、「市町村の相談担当者」「要保護児童対策地域協議会（ネットワーク）と要保護児童対策調整機関」「地域の広範な関係機関等（協議会の構成員）」の3つのしくみで対応することになった。なお、協議会は「代表者会議」「実務者会議」「個別ケース検討会議」を開催し、要保護児童等に関する情報の交換、支援内容の協議を行う。

　このように、2005年4月より児童家庭相談の一義的窓口が市町村になったのであるが、市町村と児童相談所がどのような連携をしていくのかが大きな課題になっている。

　ところで、市町村や児童相談所における相談援助活動の主たる対象は「要保護児童」といわれる。児童福祉法は、要保護児童の定義を第6条の3に、「この法律で、里親とは、保護者のない児童又は保護者に監護させることが不適当であると認められる児童（以下「要保護児童」という。）を養育することを希望する者であつて、都道府県知事が適当と認めるものをいう」（下線は筆者）と定めている。この下線部分が要保護児童の定義である。児童福祉法上「要保護児童」とは、(1)保護者のない児童、あるいは(2)保護者に監護させることが不適当であると認められる児童、である。ただし、この定義から浮かんでくる要保護児童の概念はやや狭いものであり、実務上は、「保護者に監護させることが不適当」とまではいえないが、保護者の現在の諸事情からすると十分な養育ができない状況にある児童が含まれる。これらの児童のなかには、①虐待を受けた（受けるおそれのある）児童、②非行などを実際に行っている（あるいはその傾向のある）児童、③家庭環境上適切な養育を受ける

ことのできない児童（要養護児童）、④不登校・ひきこもりなどの状態にあり適切な成長の条件が保障されていない児童、⑤心身に障害があり、家庭では十分な発達が保障されない児童、などが含まれる。このように、さまざまな事情から家庭だけでなく社会的な保護・育成・教育などを必要とする児童がいわゆる要保護児童であると理解される。

　これらの児童に対し、改正児童福祉法では、原則としてまず市町村が相談を受け付け、相談援助活動と呼ばれる多様な方法で対応する。具体的には、相談・通告への対応（受付）、児童記録票の作成、受理会議（緊急受理会議）、調査、援助方針の決定、援助の実施、ケース検討会議、相談援助活動、他機関送致、施設退所後の相談・支援（アフターケア）、などが実施されることになっている。また、市町村が対応した相談の内容が、専門的な知識および技術等を要する場合などは、「市町村長は、児童相談所の技術的援助及び助言を求めなければならない」（児福法第10条第2項）とされている。

4 ── 児童福祉の学習・研究課題

　これまでに子ども虐待問題の検討を出発点に児童相談体制について述べてきたが、児童福祉論の課題としては、子どもの人権の理解（児童の権利に関する条約など）、現代の子どもたちの実態の解明、少子化問題の解明、児童福祉法および関係法規の体系的理解、社会的児童養護（里親制度、児童福祉施設など）、子育て支援、母子保健、少年非行と少年法、母子福祉とドメスティック・バイオレンス、児童福祉援助技術論（ソーシャルワーク論）、児童福祉の歴史など多くの学習・研究課題がある。

　なお、本稿では「児童」を原則として「子ども」と表記したが、法文との関係で一部「児童」と表記した。

● 考えてみよう ●

① 子ども虐待が疑われるとき、児童相談所はどのような対応をするのかについて調べてみよう。
② 2004（平成16）年改正児童福祉法による市町村児童家庭相談のしくみを調べてみよう。

〈参考文献〉

1　川崎政司「児童虐待に関する法制と児童虐待防止法」『児童虐待』エディケーション　2000年
2　厚生労働省雇用均等・児童家庭局『児童相談所運営指針』2005年
3　厚生労働省雇用均等・児童家庭局『市町村児童家庭相談援助指針』2005年
4　竹中哲夫他編集代表『子ども虐待と援助』ミネルヴァ書房　2004年
5　竹中哲夫他編著『新・子どもの世界と福祉』ミネルヴァ書房　2005年
6　東京都福祉局『児童虐待の実態－東京の児童相談所の事例に見る』2001年
7　日本弁護士連合会子どもの権利委員会編『子どもの虐待防止・法的実務マニュアル【第3版】』明石書店　2005年

（付記）　文献2、3は次の書に一括収録されている。
（財団法人）日本児童福祉協会『子ども・家族の相談援助をするために』日本児童福祉協会　2005年

第4講 少子化社会の保育と子育て支援

●本講のねらい

　保育とは、乳幼児の保護と教育についての学問をいう。保育を社会福祉の観点でみると、少子化とそれにともなう子育て支援が課題としてあげられる。少子化対策としては、政府は1994年の「エンゼルプラン」の策定から始まり、現在の「子ども・子育て応援プラン」へと、子育て支援の政策を継続的に掲げて取り組んでいる。

　本講では、保育とのかかわりで乳幼児期の子どもの育ち方の現状にふれて、子育て支援政策の動向をみながら、子育てと保育所保育の輪郭を理解することとする。

1 ── 子どもが育つ環境と保育

特別な援助を必要とする子どもの保育実践の事例
　──泣き叫ぶことの多い3歳児A君の場合──

1　A君の状況

　A君は、3歳児から入園した。クラスの子どもは、保育園生活の仕方は定着しているが、A君はできないので給食や午睡のような一斉行動は個別に援助する。ところがA君は、援助を受け入れないことが多く、気に入らないとパニック状態になり、泣き叫んで拒否をする。尋常な泣き方でないので、その影響でクラス運営が困難をきたす。

　給食時のA君は、横を向くことが多いなど姿勢が悪い、気に入ったものだけ早く食べるといった状態である。注意を促すと「バカ」「もういやー」といって泣き叫ぶ。食後の歯磨き、着替えもやりたがらないので、個別な対応を続ける。午睡前に泣き出すと、クラスの子どもの寝つきに影響が出る。

　排泄を自分でトイレでするようになったのが、6月（3歳3か月）である。トイレで排泄をするようになる過程では、誘導のタイミングが意にそわないと泣き叫ぶことが多かった。午睡の寝つきが悪く、寝起きが遅くて泣くとき

もある。また、登園時に泣くこともあるが、母親はなだめずに口調を荒げることが多い。母親との別れがうまくいかないときは、その日の泣く回数が多くなる。

2　家庭と生育歴

　父親は深夜に帰宅し、早朝に出かけるという長時間労働である。保育園に顔を出したことのない数少ない父親であり、家事と子育ては母親にゆだねられている。母親は、家に仕事を持ち込むこともあり、きょうだいの年齢差が少ないので一緒に育て、しかも姉にA君の面倒をみさせることが多い。保育園入園前は、無認可の保育室に預け、夜遅くまで長時間の保育をすることが多かった。

　睡眠は、3歳以前までは必要な午睡はしておらず、親の行動にさしさわりがない限り、寝る時間がまちまちで11時過ぎに寝ることが常態化していた。そのため、朝の起床が遅く、保育室では昼に不定期に寝るという具合である。

　また、テレビやビデオを好むため、毎日長時間見て、そのキャラクターのおもちゃなどで空想的な遊びをすることが多い。おだてると聞きわけがよくなるので、母親はそれをたびたび使う。

3　個別な援助と保育

　A君はことばと理解力には問題はないが、空想も含んだ自分の世界をつくることが多く、感情にむらがある。生活リズムが確立しておらず、その年齢としての身辺を自分で処理することができない。

　身辺の処理を個別に援助する必要があることと、泣き叫ぶことがクラス運営の困難になるなどを考慮し、担任以外の保育士もかかわるようにする。特に給食と午睡の準備など仕事が重複するとき、可能な限り応援体制をとる。

　9月に応援の保育士を交えて子どもの現状と実践の課題を検討する。A君の援助の仕方として次のような点が出た。

　食事のときの姿勢が悪いといったことは、当面は注意をしたりしない。パニックで泣き叫んでも、慌てたり困って動揺しないで、落ち着いた気持ちで受け止めるようにする。泣く前触れが、いくつかわかるようになった。午睡の場所を、保育室の壁側に固定したら泣かなくなった。ときには3歳であることの誇りを喚起するようないい方をする。それに3歳児である特徴を考慮して、泣いているときにあわてないでティッシュを「ほら、魔法のティッシュなので、これで拭くと泣かなくなるよ」といって差し出すと泣き止んだ、といったことがあった。

母親との話し合いで泣くことを取り上げたら、「家ではもっとひどい」「泣いたらしかってください」といった反応であった。A君について母親のかかわり方の工夫などを、対話することはできない。

4　次の実践のステップを求めて

　A君の全体像をつかみ実践課題を明らかにするために、職場全体で取り組むことにした。担任は、A君が泣くためにクラス運営上困ることに目を奪われがちだが、発達全体の理解をするようにした。

＜好む活動＞
　レゴブロック(飛行機、車)　＃型ブロック(カブトムシ)　三輪車　砂場(ひとり遊び)　ジャングルジム　絵描き　虫探し　絵本　紙芝居

＜つまずきやすい行動と活動＞
　初めて取り組む活動（たとえばスキップ、大縄跳び、歌など）　かたづけ（行動の切り替えができないことが多い）　トイレや歯磨きや手洗いなど生活全般　寝起きの機嫌が悪い（朝起き、午睡）　嫌いな食べ物　牛乳を飲む　集団遊び

＜パニックを起こしやすい状況＞
　登園まもなく　かたづけのとき　トイレに一人で行くことを怖がる

＜担任の気づき＞
　ひとり遊びが多い
　集団遊びをすると抜け出して見ている
　クラスの子どもが泣くと「へんだよね　Aは泣かないよ」とつぶやく
　気に入らないと「やだ」というので、理由を聞くというようになった

＜当面の課題＞
　気になることでも頻繁に注意をしないようにする
　どんな気持ちのときパニックを起こすかを担任が読み取れるようにする
　変化や達成したとき、その都度A君を認め気づかせる
　好きな活動の満足感を自覚できるようにさせる

5　現状の認識と今後の課題

　好む活動をして、みんなと喜びの体験をすることを増やすようにする。それとともに活動を広げることも課題とする。しぐさにメリハリが弱く、よく下を向く。また、体を動かすことを好まないので、運動をするようにする。その場合、想像の世界を好む特徴があることを考慮し「新幹線になって走ろう」といった手立てをしてみる。

A君の個別な援助をしつつ、クラス全体を育てていくこともおろそかにできない。クラスの全体を育てていくと、A君の問題がいっそうはっきりするとともに、A君を受け入れる力がついていくからである。
　親が子どもの立場に立って考えることが弱く、年齢にふさわしい子どもの生活の仕方を伝えてこなかった。そのこともあって親子の必要な絆が形成されず不安定で、泣くという形で自己表現をし、関心をひこうとする。2歳ぐらいまで続く周囲が思うように動くという全能感が抜けきれないため、周りへの関心が弱い。身辺の処理の力をつけることも、社会性を育てることになるだろう。それに夜型の生活リズムを改めて、午前中機嫌のよい状態をつくらなければならない。
　親に対しては、問題を指摘するだけではなく、子どもの成長に関心を向くように粘り強くていねいに対話をしなければならない。子どもの問題を指摘すると、家庭で子どもに当たり散らす可能性があるので、子どもの園での生活と活動ぶりを肯定的に伝えていく努力が必要である。親が子育てに関心をもち、子どものことを愚痴のようにでもいうようになったらよいのだが、そのような関係になるには、担任が信頼されるかどうかにかかっている。

2── 保育所の機能と保育士資格

1　保育とは

　保育とは、国際的には Early Childhood care and Education といわれており、乳幼児を対象とした保護と教育のことをいう。乳幼児を対象とした日本の制度は、複線型といわれており、学校制度（学校教育法）である幼稚園と、児童福祉法に基づく保育所[*1]がある。所轄省は、幼稚園は文部科学省であり、保育所は厚生労働省である。

2　保育制度について

　幼稚園は、学校教育法第77条「幼稚園は、幼児を保育し、適当な環境を与えて、その心身の発達を助長することを目的とする」の規定に基づいた学校制度である。3歳児からの3年間の保育であり、年間の保育日数は「39週は下ってはならない」とされており、学校と同じく夏休みや冬休み等がある。保育時間は、3時間から5時間ぐらいとされているが、さらに長くなる傾向にある。
　保育所は、児童福祉法第3章事業および施設の第39条（保育所）に「保育

[*1] ここで保育所と記述するのは、児童福祉法による呼称に基づいている。実際の呼称は、多くの市町村で保育園としているが、同一のことである。

所は、日日保護者の委託を受けて、保育に欠けるその乳児又は幼児を保育することを目的とする施設とする」と規定されている施設である。「日日保護者の委託を受けて」とあるが、実際は入所した場合は、利用者の事由が発生しない限り継続して通所できる。

保育所の実際は、おおむね日曜日と年末年始を休みとするが、年間を通して保育を行う。保育時間は、8時間を基準とし、地域によって運用は大いに異なる。6時間ぐらいのところや、都市部では延長保育として保護者の選択によっては10時間から12時間の場合もある。

3 保育所の利用

幼稚園の入園は、保護者の希望によって選択するので、直接園に申し込むことになる。保育所の利用は、市町村の児童関係を扱う窓口に申し出をして、入所条件を満たしている場合に可能になる。保育所利用条件とは、児童福祉法第24条（保育の実施）「市町村は、保護者の労働又は疾病その他の政令で定める基準に従い（中略）児童の保育に欠けるところがある場合において、保護者から申込みがあつたときは、それらの児童を保育所において保育しなければならない。（後略）」と規定されている。

実際の運用では、入所要件は保護者の労働、疾病、その他とあるような事由で、「保育に欠ける」場合、つまり家庭での育児条件がない場合は利用できる。都市部では保育所が多いため、希望条件にそって所在地や保育時間が選択できる。保育時間は、子育て支援事業の一環として都市部の一部には、日、祭日、年末年始の保育をしている場合がある。延長保育（おおむね7時から19時までが多い）から、さらに延長保育として22時までの夜間保育をする保育所もある。

また夜間保育所という性格を冠した、制度としての夜間保育所がある。夜間保育所の保育時間は、14時から22時（8時間）を基本としているが、延長保育の考えを準用して11時から22時と11時間を超える保育をしていることが多い。保育所によっては、保護者のニーズを受け止め、深夜1時まで保育をしている場合もある。認可されている夜間保育は、全国で63か所（2004年度）であり、増加傾向にある。

保育時間は8時間を基本としているが、働く保護者のニーズを代替して保育をするために決める。都市部で多い12時間を超える保育や夜間保育は、日本の24時間型社会と過重な労働時間を反映しているためである。このような長時間に及ぶ保育時間が、子どもの生活や発達のあり方という立場からみると、はたしてよいのかという見解もあるところである。

4　保育所の機能の拡大

　保育行政のなかに保育内容と保育所の機能を国の基準として示しているのが、「保育所保育指針」である。「保育所保育指針」の基本的考え方、いわば総論では「幼稚園教育要領」と共通にしている。1963年に文部省初等中等教育局長（当時）と厚生省児童家庭局長（当時）による「幼稚園と保育所の関係について」という申し合わせによっている。その象徴的なこととしては、「保育所保育指針」を改訂する場合は「幼稚園教育要領」に連動して行われるのである。現在の「保育所保育指針」は、2000（平成12）年4月から施行されたものであり、政府として行っている子育て支援を反映しており、保育所の機能を拡大したのが特徴である。子育て支援に即したと思われる主なものを取り出してみる。

　「保育所保育指針」の第12章「健康・安全に関する留意事項」には、「病気の子どもの保育」「虐待などへの対応」がうたわれており、都市部では病気で登園ができない子どもを対象として、病児保育（病気の子どもの保育）をする場所を設けている。虐待の疑いがある子どもの保護者への改善を求める、あるいは早期発見により児童相談所等の関係機関と連携を図って解決をはかることになる。第13章「保育所における子育て支援及び職員の研修など」には、「障害のある子どもの保育」「延長保育、夜間保育」「一時保育」「地域活動事業」「乳幼児の保育に関する相談・助言」「家庭や地域社会との連携」「地域活動など特別事業」がうたわれている。

　一時保育とは、利用を申し込んで登録した保護者が、その事業をしている保育所に必要なときだけ利用できることをいう。相談・助言は、所（園）長といった職責にある者が、だれからも子育てに関する相談を、面接あるいは電話で受ける事業である。地域活動事業では、地域の自然を活用した活動や高齢者から遊びやものづくりの指導を受ける、お祭りのような行事への参加、地域の親子への園庭の開放、といったことを試みている保育所がみられる。

5　保育士資格と職域について

　保育を学ぶことは、結果として保育士資格の取得となる。長い間保母という名称で親しまれていたが、1999年から保育士に変更された。男女雇用機会均等法改正により、原則的には職業を性別によって選択の門を閉ざすことのないようにしたためである。なお、名称は保母であったが、1977年から男性も資格取得は可能であったので、市町村によっては採用していたし、民間の保育所では保母として活発に仕事をしていた。

ところで保育士資格の職域は、保育所だけではなく児童福祉法第7条（児童福祉施設）に規定されている、児童福祉施設のすべてに及ぶ。したがって職域では、対象の子どもを乳幼児に限定しないばかりか、児童福祉施設を利用するさまざまな課題を抱えている子どもとなる。そのため職業としての専門性は、施設の目的にそった分野が求められる。また、保育士資格は、2003年から登録を義務化した国家資格となり、より高い専門性[*2]が求められるようになった。

保育士資格に基づいた職域は、増加してきている。たとえば、小児病棟に配置されている保育士は、病棟保育士と呼ばれている。子どもの患者が、治療の苦痛からくるストレスを和らげ、生活や遊びを援助することによって回復が早く、しかも退院後の日常生活への移行がスムースになる。それが2002年度から医療費に算定される制度が開始された。

また、東京都世田谷区といくつかの区では、保育職が児童相談所で研修勤務後に、子ども家庭支援センターに配属され、育児相談とりわけ虐待の相談や児童相談所への橋渡しの業務をすることにしている。保育士が、いわば子育てに特化したソーシャルワーカーの業務を行うということである。

3 ── 保育と子育て支援の課題

1 少子化と人口減少社会

日本の出生数の減少は、1989年合計特殊出生率[*3]が1.57と発表されて（1.57ショックといわれている）以来、関心事となった。その後も減少は続き、2004年は合計特殊出生率1.29で、出生数は111万721人である。2005年は、死亡者に比べ出生者が少ないという、人口減となった。

少子化による人口減少社会の問題とされることは、次のような点である。日常の生活で多くの地域で実感していることでは、「子どもが少ないため活気がなくなっている」「将来に社会を託すものが少ないため希望がふくらまない」といったことがある。社会としては、市場の縮小と労働力の減少等から経済規模が縮小することになる。一方では、高齢者人口が増大することから、人口構成のバランスが崩れる少子・高齢社会となるため、社会保障（年金等）の現状のシステムが機能しなくなり、新しいものに変える必要がある、といったことが考えられる。

地球規模では、人口爆発に対する抑制が人類的課題となっている。人口減

[*2] 保育士の専門性が、象徴的には、児童福祉法第18条の4で「（前略）保育士の名称を用いて、専門的知識及び技術をもって、児童の保育及び児童の保護者に対する保育に関する指導を行うことを業とする者をいう」となったように、保護者への子育てに対する指導が加えられた。あわせて職業としての倫理として、信用失墜行為の禁止（第18条の21）、罰則を科した秘密保持義務（第18条の22）を求められている。

[*3] 合計特殊出生率
15歳から49歳までの女性の年齢別の出生率（人口1,000人に対する出生数の割合）を合計したもの。人口を維持するためには、日本では約2.08が必要とされている。参考までに1973年の合計特殊出生率は2.14で、出生数は209万1,983人である。
合計特殊出生率の国際比較では、スウェーデン1.65、イギリス1.63、フランス1.88、ドイツ1.34（いずれも2002年）、韓国1.19、シンガポール1.26、タイ1.80（いずれも2003年）である（内閣府編『少子化社会白書　平成16年版』ぎょうせい）。

少社会に見合った経済規模と社会システムにした国のあり方を構想するのもよいのではないか、という立場で考える人もいないわけではない。

2 少子化社会対策の政策展開

　少子化を解消する、つまり、人口増に転じるように国のあるべき人口を定めることは、結婚と出産、そして家族のあり方という個人の権利を、国が管理する懸念が生じる。さりとて国の将来のあり方として、放置するわけにもいかない。そこで社会的環境を整備しつつ少子化に歯止めをかけようと、少子化対策の政策を展開している。

　1.57ショック以来、少子化対策として子育てと仕事の両立など主に保護者を支援する内容である「エンゼルプラン」(1995〜1999年度)を実施し、引き続き「新エンゼルプラン」(2000〜2004年度)を策定して少子化対策をはかるが、少子化傾向は進むばかりである。

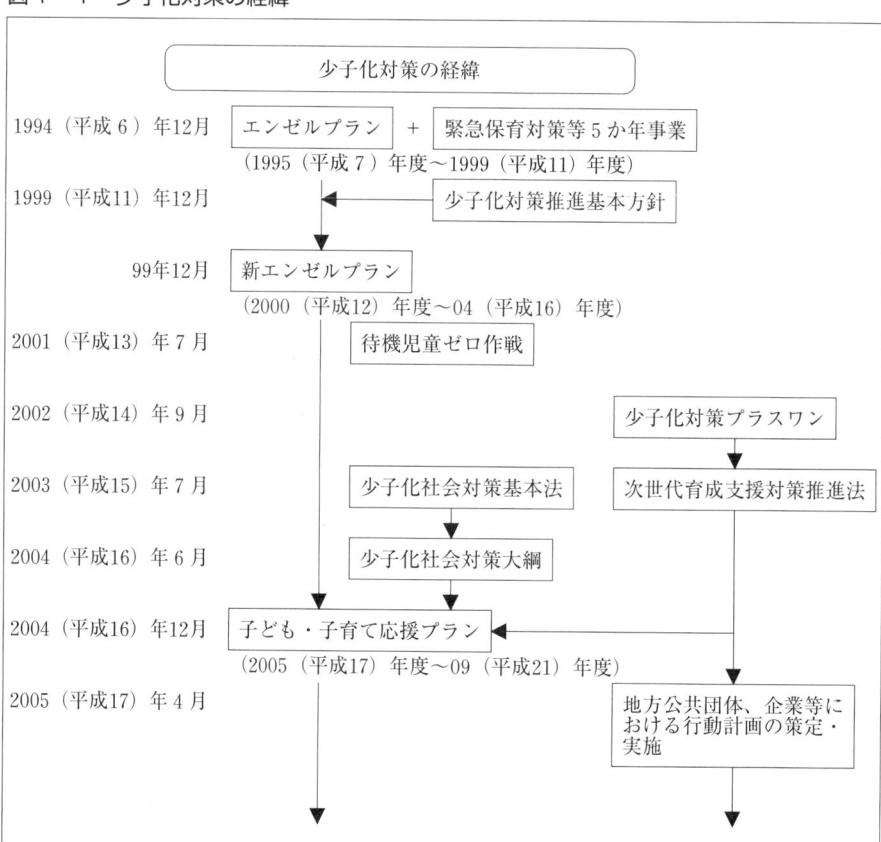

図4-1　少子化対策の経緯

1994（平成6）年12月	エンゼルプラン ＋ 緊急保育対策等5か年事業 (1995（平成7）年度〜1999（平成11）年度)
1999（平成11）年12月	少子化対策推進基本方針
99年12月	新エンゼルプラン (2000（平成12）年度〜04（平成16）年度)
2001（平成13）年7月	待機児童ゼロ作戦
2002（平成14）年9月	少子化対策プラスワン
2003（平成15）年7月	少子化社会対策基本法／次世代育成支援対策推進法
2004（平成16）年6月	少子化社会対策大綱
2004（平成16）年12月	子ども・子育て応援プラン (2005（平成17）年度〜09（平成21）年度)
2005（平成17）年4月	地方公共団体、企業等における行動計画の策定・実施

資料：内閣府『平成17年版　少子化社会白書』ぎょうせい　2005年

そのため「次世代育成支援対策推進法」(2003（平成15）年7月成立、7月施行、2015年での時限立法)と「少子化社会対策基本法」(2003（平成15）年7月成立、9月施行)という子育て支援二法を同時に制定した。これは、少子化対策を社会的総合的に推進することを掲げている。

「少子化社会対策基本法」は、国・地方公共団体が取り組む基本施策として、雇用環境の整備や保育サービスの充実、地域社会による子育て支援の整備、母子医療の充実（不妊治療も含む）、ゆとりある教育の推進、生活環境の整備、経済的負担の軽減などが盛り込まれている。

「次世代育成支援対策推進法」は、子育てを社会全体の問題としてとらえることを打ち出した。法の定義は、「次代の社会を担う子どもが健やかに生まれ、かつ、育成される環境整備のための国もしくは地方公共団体が講ずる施策または事業主が行う雇用環境の整備その他の取り組み」とされている。国・地方公共団体だけでなく、企業も含めた社会の広範囲で子育て支援をするための行動計画を策定することとした。具体的には「次世代育成支援に関する当面の取組方針」(2003年3月)として、①男性も含めた働き方の見直し、②地域における子育て支援、③社会保障における次世代支援、④子どもの社会性の向上や自立の促進、が盛り込まれている。

これを推進するために、次のことが施行（2004年）された。
① 児童手当の支給対象年齢を小学校3年修了[*4]までに引き上げるもの
② 児童虐待防止対策等の充実、新たな小児慢性特定疾患対策の確立を図るもの
③ 育児休業期間の延長、子の看護休暇制度の創設等を行うもの

加えて「少子化社会対策大綱」(2004年6月)に基づく重点施策の具体的実施計画を策定した。新エンゼルプランに代わるものとして、「子ども・子育て応援プラン」を策定（2004年12月成立、2005〜2009年度）した。

「少子化社会対策大綱」は、①若者の自立とたくましい子どもの育ち、②仕事と家庭の両立支援と働き方の見直し、③生命の大切さ、家庭の役割についての理解、④子育ての新たな支え、愛と連帯について、などが盛られている。

たとえば、②の仕事と家庭の両立支援と働き方の見直しでは、めざすべき社会の姿として、希望する者すべてが安心して育児休暇を取得できる職場環境になる（育児休業取得率の目標値を男性10%、女性80%）としている。

これに基づいた「子ども・子育て応援プラン」には、それまでどちらかというと出生率の上昇に重点が置かれていたのを、少ない子どもを大事に育てるという目的が盛り込まれた。さらに、とかく保育事業にゆだねられていたものを見直し、社会全体で幅広く子育てに取り組む、というものにした。子

*4 児童手当の支給対象年齢については、2006年度から小学校修了までに引き上げられた。

どもが健康に育つ社会、子どもを産み・育てることに喜びを感じることのできる社会へ転換をするというのである。子育てを社会的に行うことに踏み出したととらえることができる。

図4-2 「子ども・子育て応援プラン」の概要

【4つの重点課題】【平成21年度までの5年間に講ずる施策と目標(例)】【目指すべき社会の姿〔概ね10年後を展望〕(例)】

4つの重点課題	平成21年度までの5年間に講ずる施策と目標(例)	目指すべき社会の姿〔概ね10年後を展望〕(例)
若者の自立とたくましい子どもの育ち	○若年者試用(トライアル)雇用の積極的活用(常用雇用移行率80%を平成18年度までに達成) ○日本学生支援機構奨学金事業の充実(基準を満たす希望者全員の貸与に向け努力) ○学校における体験活動の充実(全国の小・中・高等学校において一定期間のまとまった体験活動の実施)	○若者が意欲を持って就業し経済的にも自立〔フリーター約200万人、若年失業者・無業者約100万人それぞれについて低下を示すような状況を目指す〕 ○教育を受ける意欲と能力のある者が経済的理由で修学を断念することのないようにする ○各種体験活動機会が充実し、多くの子どもが様々な体験を持つことができる
仕事と家庭の両立支援と働き方の見直し	○企業の行動計画の策定・実施の支援と好事例の普及 (次世代法認定企業数を計画策定企業の20%以上、ファミリーフレンドリー表彰企業数を累計700企業) ○個々人の生活等に配慮した労働時間の設定改善に向けた労使の自主的取組の推進、長時間にわたる時間外労働の是正(長時間にわたる時間外労働を行っている者を1割以上減少)	○希望する者すべてが安心して育児休業等を取得〔育児休業取得率 男性10%、女性80%、小学校就学の始期までの勤務時間短縮等の措置の普及率25%〕 ○男性も家庭でしっかりと子どもに向き合う時間が持てる〔育児期の男性の育児等の時間が他の先進国並みに〕 ○働き方を見直し、多様な人材の効果的な育成活用により、労働生産性が上昇し、育児期にある男女の長時間労働が是正
生命の大切さ、家庭の役割等についての理解	○保育所、児童館、保健センター等において中・高校生が乳幼児とふれあう機会を提供(すべての施設で受入を推進) ○全国の中・高等学校において、子育て理解教育を推進	○多くの若者が子育てに肯定的な(「子どもはかわいい」、「子育てで自分も成長」)イメージを持てる
子育ての新たな支え合いと連帯	○地域の子育て支援の拠点づくり(つどい広場事業、地域子育て支援センター合わせて全国6,000か所での実施) ○待機児童ゼロ作戦のさらなる展開(待機児童の多い市町村を中心に保育所受入児童数を215万人に拡大) ○児童虐待防止ネットワークの設置(全市町村) ○小児救急医療体制の推進(小児救急医療圏404地区をすべてカバー) ○子育てバリアフリーの推進(建築物、公共交通機関及び公共施設等の段差解消、バリアフリーマップの作成)	○全国どこでも歩いていける場所で気兼ねなく親子で集まって相談や交流ができる(子育て拠点施設がすべての中学校区に1か所以上ある) ○全国どこでも保育サービスが利用できる〔待機児童が50人以上いる市町村をなくす〕 ○児童虐待で子どもが命を落とすことがない社会をつくる〔児童虐待死の撲滅を目指す〕 ○全国どこでも子どもが病気の際に適切に対応できるようになる ○妊産婦や乳幼児連れの人が安心して外出できる〔不安なく外出できると感じる人の割合の増加〕

資料:内閣府『平成17年版 少子化社会白書』ぎょうせい 2005年

3　保育に関する当面の課題

少子化対策の子育て支援は「子ども・子育て応援プラン」によって展開されているが、保育事業でのいくつかの具体的状況と課題をみることにする。

1　待機児童の解消

子育て支援として保育ニーズに応える政策を取っているが、保育所を利用したくてもできない場合を、入所待機児童という。待機児童はほとんどが0～2歳児であるが、2000年に3万4,153人だったので、2002年から「待機児ゼロ作戦」として解消に取り組んでいる。

保育所を増設しないで、保育所の定員増と認可外保育施設（事業所内保育施設や保育室や保育ママ[*5]等）への入所も含めて実施しており、2万3,338人（2005年4月）と減少している。待機児童が50人以上いる市町村（2004年に95市町村と区）は、2005年から3年間でその解消のための計画を策定することが義務づけられた。

2　認可外保育施設

保育ニーズを保育所の増設をしないで対応しているため、認可外保育施設であるベビーホテル[*6]や事業所内保育施設の利用が増加している。2004年3月現在では、6,953か所で利用児童数は17万6,909人である。

そのうちベビーホテルは、1,495か所で、2万8,612人が利用し、増加が著しい。ベビーホテルは、かつて劣悪な保育環境で死亡事故等があり、社会問題化した。現在は立ち入り調査で改善を求めるが、子どもの健康診断をしていない、無資格保育士等で、認可外保育施設に適応される指導監督基準をも満たしていないところが多い。

都市部に多い待機児童解消のため、認可外保育を独自に認めている場合がある。東京都の場合は認定保育制度（2001年）を発足させた（2004年6月現在218か所）。横浜市では、保育室制度を設けている（2004年4月現在137か所）。行政の規制緩和の流れを受けての保育ニーズへの対応であるが、営利企業施設も多く、認可外保育施設の指導監督基準による運営である。そのため保育所条件を定めている児童福祉施設最低基準[*7]を満たしていないし、認可外保育の増加による保育ニーズへの対応は、保育所全体の条件の低下につながることが懸念される。

---

*5　保育ママ
家庭福祉員という場合もあり、自宅で保育が可能で保育士資格がある等の条件を市町村が認定して保育をする制度。おおむね生後36日から3歳未満の子ども2～5人を保育する。

*6　ベビーホテル
おおむね都市の駅近くのビルを保育室として、24時間利用可能にしている。利用の年齢枠を設けず、夜間、宿泊の利用も可能である。

*7　児童福祉施設最低基準
児童福祉法第45条に基づいて1948（昭和23）年に制定された。児童福祉施設の種別ごとに、設備の基準、職員、施設設備等が規定されている。

3　幼稚園の預かり保育

　幼稚園は、おおむね3時間から5時間ぐらいの保育時間であるが、預かり保育という正規の保育時間外の長時間の保育をする園が増えている。預かり保育の実施園は、68％に及んでいる。私立幼稚園が多いが（園児数は幼稚園全体の79.3％）、その実施園率は85％を超えている。幼稚園が、保育時間を長くするという保育所的機能を取り入れるようになってきているのである。

4　総合施設

　「経済財政運営と構造改革に関する基本方針2003」では、教育と保育を一体とした総合施設[*8]の設置を決定した。それを受けて、中央教育審議会初等教育分科会幼児教育部会と社会審議会児童部会の合同検討会議は、待機児童解消や地域の子育てニーズに応えるという観点から、「就学前の教育・保育を一体として捉えた一貫した総合施設について」（2004年12月）を公表した。

　総合施設の内容に踏み込んだものでないため、2006年から本格実施をするにあたり、2005年度からモデル事業として全国35の園を指定して実施した。そのタイプは、幼稚園実施型と保育所実施型と幼保連携型がある。実施要綱が示されていないので具体的な内容や制度は、モデル事業の成果にゆだねられているところがある。

　総合施設は、かねてからある幼稚園と保育所の制度の特長を生かす幼保一元化とは異なる、新しい第3の施設である。総合施設に児童福祉法に基づいた保育所の入所要件である「保育に欠ける」が盛り込まれない場合、市町村の実施義務と費用負担義務がなくなる、あるいは幼稚園園舎という条件で長時間の保育が可能なのか等、不透明な点がある。この制度がどのように展開されていくか、日本の保育制度の大転換だけに、実施のための法整備も含めて今後の推移に注目をしたい。

[*8] 総合施設は、「就学前の子どもに関する教育、保育等の総合的な提供の推進に関する法律」が2006（平成18）年10月からの施行に基づき「認定こども園」の名称で実施される。認定こども園は、次の要件によって都道府県によって認定される。①保護者の就労の有無・形態等にかかわらず就学前の子どもに対する教育・保育を提供すること、②子育て家庭への支援を行うこと、③文部科学大臣と厚生労働大臣が協議をして定める基準を参酌して都道府県が定める認定の基準に該当すること。

●考えてみよう●

① 子育て支援のため保育所の機能が拡大しているが、市町村によって異なる。あなたが知りうる保育所では、どのようになっているか調べてみよう。
② 少子化対策のためにさまざまな政策を展開してきたが、歯止めがかからない。原因についてさまざまな見解があるが、あなたはどのように考えるか。
③ 人口減少を押し止めようと政策展開をしているが、人口減少社会でもよいのではないか、という見解もある。それぞれの立場の根拠について考えてみよう。

第5講 DVって何？ ―女性福祉と家族福祉の接点―

●本講のねらい

　夫や恋人から女性に対して振るわれる暴力は、今日ではDVということばによって顕在化され、その社会的支援の必要性が喚起されている。そして、DVへの対応は女性福祉と家族福祉のいずれにとっても重要課題となっている。したがって、本講では、女性福祉と家族福祉それぞれにおけるDVの位置づけについて述べるとともに、DVの定義、発生する背景、被害者保護・発生防止のための制度・政策の動き、具体的な援助実践内容等について概観する。

1 ── 女性福祉・家族福祉のこれまでとこれから

1　女性福祉の力点は「女性の人権」

　女性福祉とは、女性であるという性を主な原因として直面する生活問題・福祉問題を解消するための福祉的支援とその政策化を課題とするものである。これまでの女性福祉は婦人保護事業と母子福祉施策として行われてきた。

　婦人保護事業は、「売春防止法（1956（昭和31）年制定）」第4章「保護更生」を根拠として婦人相談員、婦人相談所、婦人保護施設の3施策から構成されている。刑事特別法である売春防止法は法務省の管轄下にあるなかで、この第4章のみは、厚生労働省による社会福祉事業として行われている。婦人保護事業は、その開始時においては、「性行又は環境に照らして売春を行うおそれのある要保護女子」の「保護更生」を主な目的としていた。しかし、現場では、社会の変動とともに女性に対するさまざまな相談に応じる必要を迫られるなかで、売買春以外にも家族関係の破綻や生活困窮など多様な問題を視野に入れた女性支援が求められるように変化してきた。とくに、近年では、売買春というよりもむしろ配偶者間の暴力からの保護という役割の比重が高まっている。2001（平成13）年に成立した「配偶者暴力防止法」（正式名称は「配偶者からの暴力の防止及び被害者の保護に関する法律」、以下DV

防止法と略）によって、法律上、配偶者間の暴力の相談・指導・被害者保護などの機能が婦人保護事業に追加された。

　また、母子福祉の施策としては、「児童福祉法（1947（昭和22）年制定）」による母子生活支援施設（旧母子寮）、「児童扶養手当法（1961（同36）年）制定」による児童扶養手当制度、「母子及び寡婦福祉法（1964（同39）年母子福祉法として制定、1981（同56）年に現名称へと変更）」による母子自立支援員、母子及び寡婦福祉資金貸付制度などがある[*1]。母子福祉は当初、第二次世界大戦後の「戦争未亡人」と遺児、すなわち、死別母子世帯への生活保障という位置づけをもっていた。しかし、離婚や未婚による生別母子世帯の増加といった現状を背景として、母子世帯支援のあり方の見直しが求められている。2002年には、母子世帯に対して母親の就労による自立の支援と所得保障の縮小をねらいとして、児童扶養手当制度、母子及び寡婦福祉法の改正が実施された。一方、母子生活支援施設の現場においては、支援ニーズの変化が生じている。母子生活支援施設では「ドメスティック・バイオレンス」（以下、ＤＶと略）と子ども虐待が交錯する経験をした母子の割合が増加するなかで、それに対応した身体的・心理的ケアが必要となっている。

　女性福祉は、婦人保護事業や母子福祉施策でのこれまでの取り組みを人権という視点から発展的に継承することが課題となっている。とくに、国連をはじめとする国際的な動きや男女共同参画社会づくり[*2]の推進のなかで、暴力は女性への人権侵害であるという認識が国内外に広まりをみせ、「家庭内のもめごと」という認識にとどまっていたＤＶが顕在化され、その社会的支援の必要性が喚起されている。

2　求められる情緒安定化を支援する家族福祉

　家族および社会福祉をめぐる考え方や状況が大きく変化するなかで、新たな家族福祉の構築が必要となっている。ここでいう新たな家族福祉とは、家族員おのおのの人権を基礎とした福祉を進めると同時に、家庭という生活の場で家族員おのおのに向けられた社会福祉サービスの統合化をはかることをめざすものである。

　家族のかたち（形態）やはたらき（機能）は大きく変わりつつあり、家族が直面する問題も多様化をみせている。家族は「福祉追求の第１次集団」として、生殖・出産や暮らしの維持の場であり、情緒安定の場であるとみなされてきたが、そこでの生活において、さまざまな問題の存在が広く認識されるに至っている。

　家族は、家事・育児・介護といった生命再生産にかかわる機能を家庭外の

[*1] 母子福祉政策以外に、「ひとり親家庭」である父子世帯・母子世帯に共通に行われている経済的援助として、所得税・住民税の軽減措置、医療費助成、公営住宅への優先入居などがある。

[*2] あらゆる分野での男性と女性の義務と権利が対等となる社会をめざして、1999（平成11）年に男女共同参画社会基本法が成立した。男女の人権の尊重をはじめとして５つの基本理念が規定されている。

専門的諸機関に依存しなければならない状態になっている。少子・高齢社会の到来は、家族の小規模化と多様化の方向をさらに推し進めることによって、生命再生産の受け皿を一層縮小させることが予想される。したがって、家族の生命再生産機能の遂行を支援する社会福祉サービスを確立していくことが不可欠となっている。また、子どもの情緒発達や成人の情緒安定に対して家族が果たす役割への期待が高まるなか、その機能が適切に遂行されていないことを示すＤＶや子ども虐待などの問題が浮かび上がっている。

情緒機能の遂行においては、家族は家庭外からの支援を望まない場合が多い。したがって、おのおのの家族の情緒機能に無断で入り込むことは許されない。しかしながら、情緒機能を適切に遂行できていない家族に対しては、家族療法や家族カウンセリング、あるいは友人や近所同士による家族づきあいなど適切な援助や交流の手を差し伸べることによって、問題が深刻化するのを回避できる可能性がある。また、ＤＶや子ども虐待がみられる場合、すなわち、家族の情緒機能が負の方向に大きく傾いている場合には、家族内の被害者を加害者から離して緊急に一時保護することが求められる。同時に、子どもの発達過程にとって家族、とくに親のかかわりは重要な役割を果たすことから、一時保護を支援のゴールとするのではなく通過点ととらえる視点も求められる。被害者の身体的・心理的ケアと加害者の更生をはかることによって、家庭という生活の場の回復をはかる方向での支援、すなわち「家族再統合」を試みることの大切さが指摘されている。

したがって、家族員おのおのの人権の尊重をめざした社会福祉サービスを個々別々のものとしてではなく、家庭という生活の場においてできる限り統合することがこれからの家族福祉の課題となっている。

2 ── 女性福祉と家族福祉の接点としてのＤＶの定義と背景

1　ＤＶの定義

ＤＶは、一般的には「夫や恋人など親しいパートナーから女性に対して振るわれる暴力」という意味で使用される[*3]。暴力には、「身体的暴力（殴る、蹴るなど）」行為以外にも、「精神的暴力（脅迫的発言、侮辱など）」「性的暴力（性的行為の強要、避妊に非協力など）」「社会的暴力（常に監視、外出させないなど）」「経済的暴力（生活費を渡さない、仕事に就かせないなど）」といった行為も含まれる。また、ＤＶの場合、これらの暴力は、１つだけでな

*3
ＤＶは広義には妻から夫への暴力も含まれる。実際、ＤＶ防止法では双方を視野に入れている。しかし、これまでの実践の場での取り組みは、被害女性を対象としたものとなっている。

くいくつもが重複して行われることが多い。

妻に対する夫の暴力による女性の心身の被害状況については明らかになりにくい。また、外部からその発見が困難な家庭内において行われるため、潜在化しやすく、周囲も気づかないうちに暴力が激化し、被害が深刻化しやすい。しかし、暴力は女性の人権への侵害であるという見方が認知されてくるなかで、ＤＶという新しい用語が生みだされ、それに対する社会的支援の必要性も浮かび上がった。すでに述べたように、ＤＶは女性福祉と家族福祉の双方の分野にとってその取り組みが不可欠な今日的課題である。

2　ＤＶの背景と特徴

内閣府が実施した「配偶者からの暴力に関する調査」（2002年）によれば、配偶者や恋人から「身体に関する暴行」「恐怖を感じるような脅迫」「性的な行為の強要」のうちいずれかまたはいくつかを一度でも受けたことのある女性は19.1％、すなわち５人に１人にのぼる。ＤＶが起こる背景には、アルコール依存や薬物依存、精神障害などの病理現象が関連する場合も少なくないが、大方のＤＶの根底には「男は強く、女は弱い」という性別による固定観念や女性を男性よりも低くみなす社会意識があると指摘されている。

暴力行為のうちでも、ＤＶには、①加害男性に犯罪としての認識がない。②ストレスのはけ口として女性に対する暴力が長期にわたって繰り返されやすい。③エスカレートしやすく、殺人や傷害に発展する場合もある。④被害女性が精神的に無力になる。⑤被害女性による子ども虐待に結びつくなど暴力の再生産・暴力の連鎖現象を生じるおそれがある。といった特徴がみられる。加害男性については一定のタイプはなく、年齢、学歴、職種、年収には関係がないといわれる。

また、ＤＶの場合、被害女性がそこから逃れる、あるいは問題解決に踏み出すといった行動をとりにくいメカニズムがあるといわれる。ＤＶ被害女性の声からその要因について考えてみたい。

Ａさん「夫は父親が母親に暴力を振るっていた家庭に育ちました。その影響を受けていたのか、外では愛想がよく穏やかな夫は時に殴ったり蹴ったりと豹変します。しかし、夫は暴力の後に泣いて謝罪することを繰り返しました。それは恐怖ではありましたが、逃げたら子どもや親せきが皆殺しにされるかもしれないという不安と無力感につきまとわれて、長い間身動きできませんでした。」

Ｂさん「夫は食事にうるさく、気に入らないと食べ物を私に投げつけ、暴力を振るいつづけます。夫と離れたいのですが、３人の子どもは手放したく

ありません。専業主婦で収入のない私が自分のみで子どもを育てていけるか不安で夫と離れることに踏み切れないのです」。

　Aさんの例にみられるように加害男性はいつも暴力的というわけではなく、被害女性に対してやさしい時期もみられる。一般的には、軽い暴力がみられる時期から、怒りのコントロールができずに激しい暴力が起こる時期、そして、暴力が爆発した後には反省してやさしくふるまうという時期が繰り返されるという行動サイクルがみられる。ただし、この行動サイクルは多様で、数日、数週間単位でサイクルがみられる場合もあれば、爆発するのは数年、数十年に一度といった場合もある。やさしい時期があることによって、被害女性は「いつか変わってくれるのではないか」「自分だけが相手のことをわかってあげられる」といった思いから被害者であることを自覚しにくい。被害女性がDVから逃れることや問題解決に踏み出すことを難しくしているそれ以外の要因としては、Aさんの例のように、逃げたら殺されるかもしれないという恐怖感や暴力を振るわれつづけられた結果としての無力感、また、Bさんの例のように、加害男性の収入がなければ生活することが困難であるといった経済的問題がある。また、子どもの安全や就学問題、仕事の場や地域社会での人間関係を喪失する懸念などをあげることができる。

3　DVの影響

　被害女性は、暴力によるケガなどの身体的影響を受けるにとどまらず、「心的外傷後ストレス障害（PTSD）」に陥るなど、精神的影響が残る場合がみられる*4。その結果、被害女性が今度は自ら加害者となって子ども虐待にいたる事例も見出される。また、子どもへの影響も無視できない。DVを目撃したことによって、子どもに多様な心身の症状があらわれやすい。また、DVをみながら育った子どもは、自分が育った家庭での人間関係のパターンから、感情表現や問題解決の手段として暴力を用いることを学習しやすい。こうして、家庭でのDVを放置することは暴力の夫婦間・親子間連鎖へと結びつくことになる。

*4　PTSDの症状として、意図しないのにある出来事が繰り返し思い出されたり、そのときに感じた苦痛などの気持ちがよみがえったり、体験に結びつく状況を回避したり、あらゆる物音や刺激に対して過敏に反応し、不眠やイライラがみられたりといったことがあげられる。

3 ── ＤＶ防止のための制度と援助実践の内容

1　改正ＤＶ防止法のポイント

　2001（平成13）年に成立したＤＶ防止法は内閣府・警察庁・法務省・厚生労働省の4省合意のもと、配偶者からの暴力にかかわる通報、相談、保護、自立支援などの体制を整備し、配偶者からの暴力の防止および被害者の保護をはかることを目的として制定された。そして、ＤＶ防止法第3条では、婦人相談所を配偶者暴力相談支援センターとして位置づけた（2002年実施）。その後、被害者の自立支援施策を明確化する必要などからＤＶ防止法は2004（平成16）年に改正された。

　改正ＤＶ防止法では、配偶者には婚姻の届出をしていないが、事実上婚姻関係と同様の事情にあるものを含めるとともに、離婚した元配偶者も法の対象とした。また、成立時は暴力の定義を身体的暴力のみとしていたものから、精神的暴力、性的暴力も含むものとなった。さらに、改正ＤＶ防止法では、被害者への自立支援を明確にするとともに、保護命令制度を拡大した。

　被害者の自立支援の責任の明確化という点では、都道府県に基本計画の策定を義務づけ、国は地方自治体の指針となる基本方針を定めた。基本方針には、福祉事務所による自立支援、住民基本台帳閲覧の制限、雇用・住宅での支援、健康保険取得と子どもの就学での対応などが盛り込まれた。

　生命や身体に危害が加えられることを防止するために地方裁判所が出す保護命令には、「接近禁止命令」と「退去命令」の2種類がある。接近禁止命令に関しては、実効性を高めるために、住所付近の徘徊禁止、配偶者だけでなく同居する子どもへの6か月間の接近禁止などを加えた。ただし、子どもが15歳以上のときは、その同意が必要である。一方、退去命令は、加害者に対して、2か月間住居から出て行くように命ずるものである。ただし、夫婦の生活の本拠をともにした場合にのみ出される。

2　相談と自立支援

1　配偶者暴力相談支援センターの業務

　ＤＶ防止法で位置づけられた「配偶者暴力相談支援センター」の全都道府県での設置数は120（2005年5月時点）である。その内訳は婦人相談所47、女性センター16、福祉事務所34、児童相談所8、支庁などその他15となっている。配偶者暴力相談支援センター全体での相談件数は、事業を開始した2002

年以来年々増加をみせている。2004年度までの3年間の相談合計は13万件弱となった。

以下は、配偶者暴力相談支援センターにおける具体的業務である。
① 相談および相談機関の紹介
② 医学的または心理学的な指導
③ 被害者および同伴する家族の一時保護：自ら実施する場合とNPOが運営する民間シェルターなどで一定の基準を満たすものに委託する場合
④ 被害者の自立生活促進のための就業促進、住宅確保、援護などに関する制度利用についての情報提供、助言、関係機関との連絡調整
⑤ 保護命令制度の利用についての情報提供、助言、関係機関への連絡
⑥ 母子生活支援施設など被害者を居住させ保護する施設の利用についての情報提供、助言、関係機関との連絡調整

2 相談支援における留意点

DV相談は配偶者暴力相談支援センター以外でも、警察や法務局などその他の公的相談窓口、女性団体などが運営する民間相談機関にも寄せられている。民間相談機関のなかには公的取り組みが整備される以前から草分け的に、女性が安心して駆け込める場として活動してきたものも多い。

改正DV防止法の施行を受けて改訂された『配偶者からの暴力　相談の手引（改訂版）』によれば、DV被害者への支援においては以下のような点に留意することが求められる。
① 個人としてではなく組織として対応：担当者が一人で問題を抱え込まずに、組織として問題を多角的に把握することが必要
② 関係機関の連携：地域において関係機関および民間団体などとの間で緊密かつ柔軟に連携
③ 構造的問題としての把握：個人的な問題のようにみえていても、実は構造的問題が大きく関係していることを理解すること
④ 被害者の安全確保の優先
⑤ 支援者の安全確保への配慮：被害者を支援している親族や支援者に対して、ストーカー規制法を適切に運用
⑥ 支援者は被害者の秘密の保持に留意
⑦ 被害者の意思の尊重：支援者の思うように行動しない被害者を非難することによってさらなる被害が生じることのないように配慮
⑧ 支援者自身の心のケア：支援者自身が燃え尽きないようにセルフケアが必要

⑨ 外国人や障害者への配慮

4 ── これからの課題

　ＤＶへの対応は女性福祉にとっても家族福祉にとっても重要な課題となっている。配偶者間の暴力は被害者の人権を侵害するにとどまらず、同居する子どもにも著しい心理的な外傷を与えることが明らかになっている。したがって、ＤＶの発見・事後対応のための施策や援助を充実することは必要であるが、家族福祉の視点からみてより大切なことは、むしろ、家庭という場でＤＶが引き起こされないような啓発や予防に取り組むことである。今日では、加害者がＤＶを繰り返さないための支援も必要との考え方も浮上している。ＤＶの夫婦間・親子間連鎖を断ち切るためには、被害者の安全確保を第一に考えつつ、加害者更生プログラムのあり方についても検討が行われる必要がある。

●考えてみよう●

① 婦人保護事業が根拠としている法律の名称について述べるとともに、主な３施策をあげてみよう。
② ＤＶを受けている被害女性がそこから逃れることや問題解決に踏み出すことが難しい理由を５点あげてみよう。
③ 配偶者暴力相談支援センターの具体的業務を６点あげてみよう。

〈参考文献〉
1　林千代『女性福祉とは何か　―その必要性と提言―』ミネルヴァ書房　2004年
2　女性に対する暴力に関する専門調査会「女性に対する暴力に関する施策についての基本的な考え方」内閣府　2005年
3　内閣府男女共同参画局『配偶者からの暴力　相談の手引（改訂版）』2005年

第6講 特別なニーズ？ ―障害者福祉―

●本講のねらい

　2004（平成16）年に改正された障害者基本法の基本理念には、「すべて障害者は、個人の尊厳が重んぜられ、その尊厳にふさわしい生活を保障される権利を有する」とある。障害者福祉の目的は、この理念の実現である。

　この法律が公布されたのは1970（昭和45）年、名称は心身障害者対策基本法であった。対策とは、辞書では「状況に応じて立てる処理の手段」とある。障害のある人たちは、国からは処理の手段の対象とみなされていた。名称が障害者基本法に変更されたのは1993（平成5）年。この時の基本理念は「尊厳にふさわしい処遇を保障される権利を有する」であった。生活ではなく処遇（それぞれに応じた扱い）ということばが使われた。尊厳にふさわしい生活の保障という理念が障害者に関する法律で確認されたのは、2004年今世紀に入ってからである。改憲の足音も聞こえる敗戦後60年、現行の日本国憲法のもと、ようやくここまできたというのが筆者の実感である（強調は筆者による）。

　この間、「完全参加と平等」を理念とする1981年の国際障害者年[*1]という国際レベルの運動の強い追い風もあった。並行して世界保健機関（WHO）による障害概念の深化など理論的な発展もあった。こうした動向にも学びつつ、何よりも国内の当事者、家族、支援者などによる運動と実践の積み重ねの成果が、日本の障害者福祉施策を何とか充実させてきた。しかし2005（平成17）年10月、人間らしい生活の保障という理念に反する障害者自立支援法が成立した。財源問題の解決を主な理由として、当事者や家族には大きな生活負担を、支援をする職員にも労働条件の悪化を強いる内容である。

　本講では、①障害児者の実態、②障害者福祉論の特徴、③障害とは何か、④障害児者に対する社会福祉サービス提供の内容としくみ、⑤今後の課題、について概説するなかで、私たち誰もが必要とする可能性がある「特別なニーズ」とその保障について考える。

*1　国際障害者年
　国連は1981年を「国際障害者年」とした。テーマは「完全参加と平等」。目的は、「障害者がそれぞれの住んでいる社会において社会生活と社会の発展における「完全参加」並びに彼らの社会の他の市民と同じ生活条件及び社会的・経済的発展によって生み出された生活条件の改善における平等な配分を意味する「平等」という目標の実現を推進すること（『国際障害者年行動計画』1980年）」。

1 ── いくつかの事例から

1　脳性麻痺の武志さんの自立生活支援

　生まれながら重度の脳性麻痺*² という障害のある武志さん（32歳）は、母親の介助を受けながら群馬の農村で暮らしていた。ある日、テレビで「自立生活運動」のことを知った。既に自立生活を始めていた女性と文通をしながら、自分も東京に出て、ひとり暮らしをすることを決心した。自立生活センターと連絡をとり、センターのピアカウンセラーに相談しながら、障害者年金、生活保護、住宅改造、ヘルパー支援などについて学んだ。思い立ってから3年、とうとう念願のひとり暮らしが実現した。当初は、友人と繁華街に出て、お酒を飲んだり、映画を観たりした。望んだ生活が実現できたと思った。4年ほどして、少しむなしくなってきた。自分は本当は何がしたいのか？　どのように生きたいのか？　いろいろ考えるようになった。

　2003（平成15）年4月に支援費制度が導入されて、武志さんの生活も少しは安心できるようになった。これまでは、ボランティアに頼ることも多かった食事づくりや外出も、かなりの時間ヘルパーを利用することで賄えるようになった。ボランティアさんの急なキャンセルによる不安もなくなった。ところが障害者自立支援法が制定された。学習会や集会に参加するなかで、自分のこれまでのような生活ができるのだろうかと心配になってきた。

2　知的障害と自閉性障害の重複障害のある道子さんへの緊急生活支援

　道子さんは、中度の知的障害*³ と自閉性障害*⁴ のある28歳の女性である。養護学校の高等部を卒業した後、近所の授産施設に通っている。家族は、両親と既に結婚して他県で生活する姉がいる。父親は定年退職している。母親は道子さんの幼いときからの療育のこともあり、専業主婦の生活をしてきた。現在は、父親の厚生年金と道子さんの障害者年金で生活している。授産施設の給料は、月8,000円である。

　ある日、父親が脳梗塞で倒れてしまった。母親は、入院した父親のケアで手がいっぱいとなり、道子さんの生活の支援まで行き届かない。困った母親は、授産施設の職員に相談をした。一緒に地元の障害者生活支援センターに行った。センターでは、入所施設のショートステイの利用も提案された。道子さんの自宅から離れたくないという希望もあり、当面、毎日のガイドヘルプによる送迎支援とホームヘルパーによる食事や入浴支援で、自宅で生活を

---

*²　脳性麻痺
　胎内にいるときから出生直後（4週まで）の間に起きた脳の病変による運動の異常である（厚生省脳性麻痺研究班、1968）。ほとんどの脳性麻痺は出産の時期に起こる脳血管性のもので、胎盤から切り離された後、自ら呼吸を始める間の酸素の欠乏による。その結果、永久的に、四肢及び躯幹筋の痙直、麻痺、不随運動、運動失調などを生じた病態を指す。

*³　知的障害
　一般的には金銭管理、読み書き計算など、日常生活のうえで頭脳を使う行動に支障があることを指す。法令上、一般的な知的障害の定義は存在しない。発達期（おおむね18歳未満）において遅滞が生じること、遅滞が明らかであること、遅滞により適応行動が困難であることの3つを要件とするものが多い。判断に際して、「標準化された知能検査で知能指数が70ないし75未満（以下）のもの」といった定義がなされることもある。

*⁴　自閉性障害
　対人的相互反応における質的な障害、意思伝達の質的な障害、行動興味および活動の限定された、反復的常同的な様式、の3つの特徴的な行動が3歳以前からみられることによって定義づけられる発達障害である。発達障害とは、脳の器質的障害によっていくつかの精神機能の発達が部分的ないし広範に障害される病態をさす。

することになった。入所施設は、定員がいっぱいである。個室もなく、食事や入浴の時間も固定されていてあまり人間的な生活とは思えない。かといって、世話人が一人だけのグループホームでは、十分に道子さんのケアができるとは思えない。母親は、今後の生活のことを考えると、とても不安になっている。

3　統合失調症[*5]で入院生活をしていた明さんの生活復帰支援

　明さんは、大学1年生の夏、集中力がなくなったり、疲れやすくなり、家にとじこもりがちになった。その後、人の声や物音、電波やテレパシーなど、そこに実在しない音が聞こえるなど幻聴もみられるようになった。心配した家族が精神病院に連れていこうとしたが、本人も暴れて拒否してしまい、家族も途方に暮れた。父親と母親は、保健所に行き、保健師や精神保健福祉士に相談をした。家族も少しゆとりをもって明さんに接することができるようになると、明さん自身も治療の必要性を感じるようになった。

　やっと近所の精神科クリニックに通院をしはじめた。相談と投薬で少し落ち着いてきた。しかし、大学には行ける状態ではなく、とりあえず休学をすることにした。クリニックの精神保健福祉士（PSW）が、明さんの相談をしながら、大学の保健センターの相談員とも連絡を取りながら、しばらくゆっくり休養することになった。3か月ほど自宅にいたが、大学の新学期を前にあせりも生じて、症状が重くなった。幻聴が強くなり、家で大声を出したりするようになったために、一時入院をすることにした。半年ほどの入院で落ち着きを取り戻した明さんは、PSWや地域の生活支援センターの相談員と相談するなかで、しばらく地域のデイサービスセンターに通うことにした。

*5　統合失調症
　特徴的な症状である(1)妄想、(2)幻覚、(3)解体した会話、(4)ひどく解体した行動、または緊張病性の行動、(5)感情の平板化、思考の貧困、意欲の欠如などの陰性症状のうち、2つ以上のものが1月以上続いており、また障害全体として、半年以上続いている状態。

2ーーー障害のある人たちの実態

　3例しか紹介できなかったが、他にも、視覚障害、聴覚障害、HIV感染者など、障害の種類は多種多様である。生まれつきの障害と中途障害という違いも含め、障害の原因も、事故や病気などこれも多種多様である。そして、生活実態も、収入額、職業の有無、配偶者の有無なども含め、こちらも多様である。一口に「障害がある」といってもその様相は、一人ひとり本当に異なる。日本の障害児者数は、厚生労働省の統計によると表6－1に示される。
　日本の障害者数の特徴を箇条書きにする。
①　この数値自体正確ではない。知的障害は法律上の定義がない。定義があ

表6-1　障害児者数

	総　　数	在　宅　者	施設入所者
身体障害児・者	351.6万人	332.7万人	18.9万人
18歳未満	9.0万人	8.2万人	0.8万人
18歳以上	342.6万人	324.5万人	18.1万人
知的障害児・者	45.9万人	32.9万人	13.0万人
18歳未満	10.3万人	9.4万人	0.9万人
18歳以上	34.2万人	22.1万人	12.1万人
年齢不詳	1.4万人	1.4万人	0.0万人
精神障害児・者	258.4万人	223.9万人	34.5万人
20歳未満	14.2万人	13.9万人	0.3万人
20歳以上	243.6万人	209.5万人	34.1万人
年齢不詳	0.6万人	0.5万人	0.1万人

出典：内閣府編『平成17年度版　障害者白書』

いまいである。在宅者については国勢調査区からの無作為抽出による調査である。精神障害については実態調査は行われていない、などの理由による。

② 入所施設や精神病院への入所・入院の割合が、知的障害（28％）、精神障害（13％）で、身体障害（5％）と比較すると、かなり高い。

③ 身体障害は多くの種類がある。内訳は、視覚障害（9％）、聴覚・言語障害（11％）、肢体不自由（54％）、内部障害（心臓、じん臓など）（26％）である。近年、障害者数そのものも増加傾向にある（特に内部障害）。また、65歳以上に占める割合が60％を超え、高齢化が著しい。

④ 精神障害の内訳は、躁うつなど気分障害（30％）、統合失調症（24％）、神経症など（22％）、てんかん（11％）などとなっている。

⑤ 人口比約5％が何らかの障害があると推測される。世界の国々との比較では、ニュージーランド（20％）、オーストラリア（18％）、フィンランド（17％）、アメリカ（9％）、中国（5％）、インドネシア（3％）、フィリピン（1％）などである。先進国の方が高く発展途上国の方が低い傾向にある。

⑥ 収入については、事業者で雇用されている人の場合、月額で、身体障害約25万円、知的障害約12万円、精神障害約15万円と、知的、精神はかなり低い。また、授産施設等の工賃は、身体2.2万円、知的1.2万円、精神1.3万円と、極めて低い。この収入に、障害者年金（1級で約8.3万円、2級で約6.6万円）が加わる。受給率は、知的で82％、身体で64％、精神で26％である。

3 ── 障害者福祉論の特徴

　図6-1は、障害者福祉と他の領域や他分野との関連をあらわしたものである。障害者福祉論は、児童福祉論、高齢者福祉論などと同様に、一つの講義科目として学ぶ。そのためそれぞれが別の領域と思いこみがちである。児童、高齢は、対象を年齢で切り取った見方である。これに対して障害者福祉は、障害を切り口にしている。図6-1で示したように、他領域や他分野と重なり合うところに特徴がある。

　国際障害者年行動計画（1980）は、「障害者は、その社会の他の異なったニーズを持つ特別な集団と考えられるべきではなく、その通常の人間的なニーズを満たすのに特別の困難をもつ普通の市民と考えられるべき」と定義した。「通常の人間的なニーズ」とは、当たり前のその人らしい生活のために必要不可欠なものやことである。この普通の人の当たり前の暮らしに近づける考え方が、1960年代の北欧で生まれ、全世界に広がったノーマライゼーション*6の思想である。そもそも障害も多種多様であり、その人の生いたちや現在の生活の条件も多様である。「通常の人間的なニーズ」の水準は、その社会の人びとの諸権利の獲得状況による。貧富の差が激しい社会になればなるほど、ニーズそのものが拡散する傾向にある。

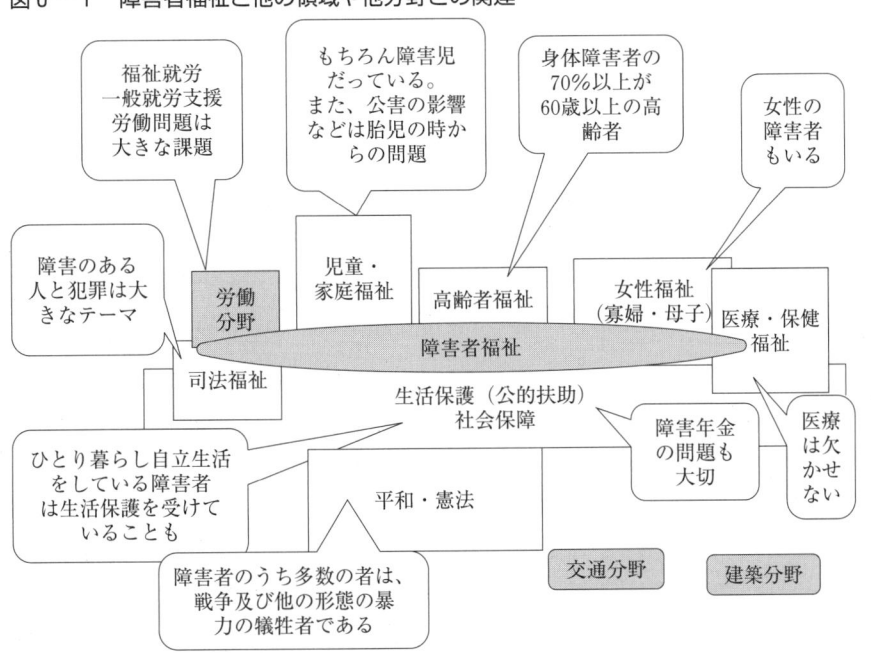

*6　ノーマライゼーション
　障害者であろうと健常者であろうと、同じ条件で生活を送ることができる成熟した社会に改善していこうという営みのすべてをノーマライゼーションといい、障害者が障害がありながらも、普通の市民と同じ生活ができるような環境づくりこそがノーマライゼーションの目的である。

図6-1　障害者福祉と他の領域や他分野との関連

障害のある人一人ひとりが市民として人間らしい生活をするためには、実現の障壁となっている特別な困難を一つひとつ解決しなければならない。解決にあたっては、駅の段差やバスの乗車などの交通やデパートやレストランの利用などの建築の改善などを含むさまざまな分野や領域における共同・協力の支援が必要となる。これらは、広い意味での障害者福祉である。日本においても内閣府が要となり推進している。狭い意味での障害者福祉とは、憲法第25条第2項の「社会福祉、社会保障、公衆衛生」規定の社会福祉に相当する障害にかかわる具体的な社会福祉サービスの提供のしくみや方法をさす。厚生労働省が施策の中心となる。

　障害者福祉は、多様性が特徴である。人間らしくかつその人らしい生活を支援していくためには、①食事の介助や仕事の支援など具体的な場面における直接的な援助、②必要な社会サービスを創造しつつ組み合わせて提供するケアマネジメントのような間接援助、③所得保障、バリアフリー、市民の理解などの社会的諸条件の整備など、多層的な方法を駆使することが必要となる。

4 ── 障害とは何か

　障害とは何かを一口で定義することは難しい。障害の概念は、さまざまな社会的諸条件の影響を受けつつ、時代とともに変化・発展をしているからである。たとえば精神発達の遅れを示す障害の用語も、「白痴」→「精神薄弱」→「知的障害」のように変化している。

　障害者基本法では、障害者を「身体障害、知的障害又は精神障害があるため、継続的に日常生活又は社会生活に相当な制限を受ける者」と定義をしている。三つの障害のみが障害であるという狭い定義であるため、関係者から改善の声があがった。2004年改正時、参議院では、「「障害」に関する医学的知見の向上等について常に留意し、適宜必要な見直しを行うよう努めること」と附帯決議[*7]がされている。

　障害者の権利宣言（1975年）では、「障害者」を「先天的か否かに拘わらず、身体的能力又は精神的能力の不足のために、通常の個人生活又は社会生活に必要なことを確保することが、自分自身では完全に又は部分的にできない人」と定義している。1980年の国際障害者年行動計画では、「障害という問題をある個人とその環境との関係としてとらえることがずっとより建設的な解決の方法である」ととらえている。そして、「個人の特質である「身体的・精神的

*7 「障害者」の定義については、「障害」に関する医学的知見の向上等について常に留意し、適宜必要な見直しを行うよう努めること。また、てんかんおよび自閉症その他の発達障害を有する者並びに難病に起因する身体または精神上の障害を有する者であって、継続的に生活上の支障があるものは、この法律の障害者の範囲に含まれるものであり、これらの者に対する施策をきめ細かく推進するよう努めること。

不全」と、それによって引き起こされる機能的な支障である「障害（能力不全）」そして能力不全の社会的な結果である「社会的不利」の間には区別があるという事実について認識を促進すべき」と、障害を構造的に把握した。この考え方は、1980年WHOにより「国際障害分類」（ICIDH）として提案された。そして、障害観の変革の第一歩となった。さらに2001年にWHOで確認されたICF（国際生活機能分類）は、ICIDH の改訂版である（図6-2）。単なる改訂版ではなく、対象範囲も大きく異なる全く新しいものとなっている。ICIDH は「障害」の分類であり、時には「障害者」の分類とも誤解されてしまうようなものであった。一方、ICF は「機能や健康」の分類であり、「障害」はその否定的な側面として位置づけられている。

　江戸時代（1712年頃）に完成した百科事典『和漢三才図会*8』には、「いざり」「ちんば」「とくりご」という表現で、いくつかの障害（者）が絵入りで紹介されている。江戸時代にも、現在の障害者に相当する人たちは存在した。近代国家が採用した富国強兵政策のもと、労働者と兵隊の育成教育のなかで、障害としてくくり出されていく。救護法（1929（昭和4）年）では、「不具廃疾、疫病、傷病、その他精神又は身体の障碍により、労務を行うに故障のある者」（強調は筆者）と表現されている。碍という音は同じでも意味の異なる漢字が使われていた。障害ということばが使用されたのは、敗戦後成立した

*8　和漢三才図会
　1712年頃（江戸中期）に出版された、105巻81冊からなる百科事典。寺島良安著。万物のあらゆる事象を80あまりの部類に分けて、図を付けて考証している。和漢の事象を併記したところが特徴的。

「躄（いざり）」

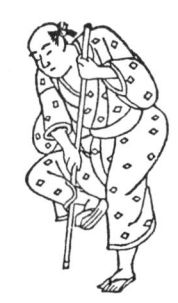

「跛（ちんば）」

寺島良安（島田勇雄他訳注）『和漢三才図会2——寺島良安』東洋文庫451　平凡社　1985年　266頁

図6-2　国際生活機能分類の概念図

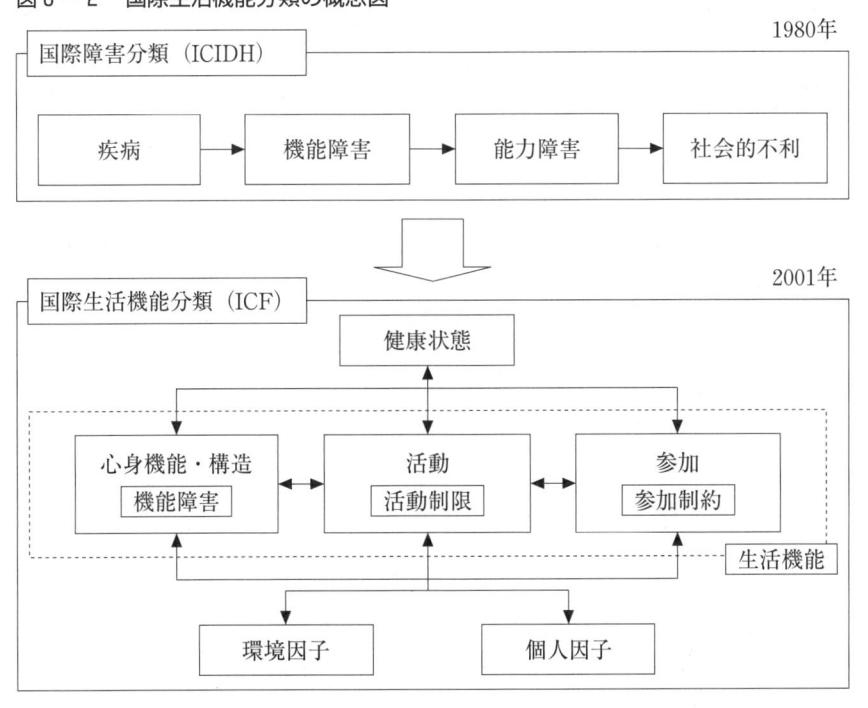

国際障害分類（ICIDH）　1980年

疾病　→　機能障害　→　能力障害　→　社会的不利

↓

国際生活機能分類（ICF）　2001年

健康状態

心身機能・構造（機能障害）　←→　活動（活動制限）　←→　参加（参加制約）

生活機能

環境因子　　個人因子

＊9　差別用語
　主に社会において歴史的に差別されてきた集団（例：少数民族、被差別階級、女性、同性愛者、障害者）に属する人びとに対する蔑称。日常会話や主要メディアにおいては一般に禁句、放送禁止用語とされている。

身体障害者福祉法（1949（同24）年）においてである。「ちんば」「いざり」ということばは、「差別用語＊9」であり、現在では使われることはない。また「つんぼ」「おし」「不具」「白痴」ということばが、法律用語として使われなくなったのは1980年代初めであり、「精神薄弱」ということばが「知的障害」に置き換えられたのも2000年のことである。このように、障害や障害のある人をあらわすことばは、時代とともに変化している。

　具体的な支援は、具体的な人に対して行われる。障害のある人は連れてくることができるが、障害そのものをみることはできない。障害は、必ず具体的に名前がある人とともにある。したがって、その支援というのは、障害の軽減のみを意味しない。障害という問題は、ある個人とその環境との関係としてとらえることでより建設的に解決できるという考えは、ICFにより明確になりつつある。

5　障害者福祉サービス提供のしくみ

　障害のある人たちの特別なニーズを満たすためには、その特徴から、多様なニーズを満たさなければならない。そのために障害に関する法律は、ざっと数えて50近くもある（図6－3）。これらが関連しつつ、障害のある人たちの生活を法的に支えている。

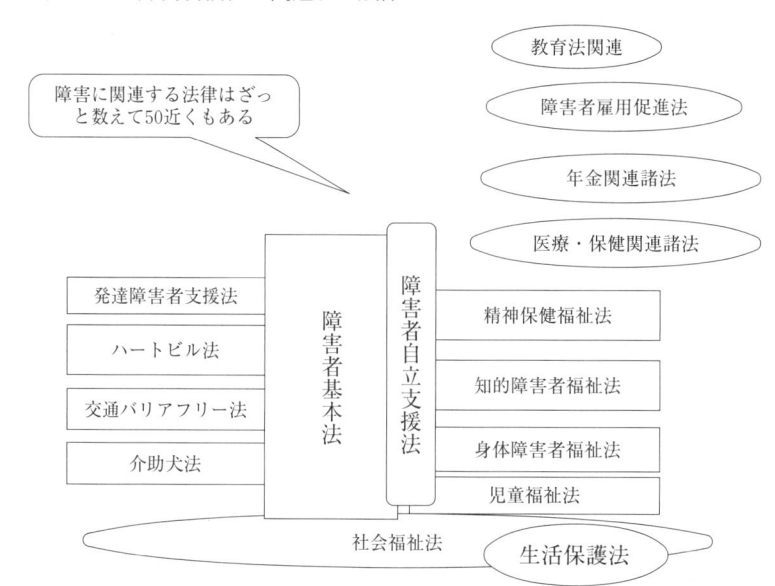

図6－3　障害者福祉に関連する法律

- 教育法関連
- 障害者雇用促進法
- 年金関連諸法
- 医療・保健関連諸法
- 発達障害者支援法
- ハートビル法
- 交通バリアフリー法
- 介助犬法
- 障害者基本法
- 障害者自立支援法
- 精神保健福祉法
- 知的障害者福祉法
- 身体障害者福祉法
- 児童福祉法
- 社会福祉法
- 生活保護法

（障害に関連する法律はざっと数えて50近くもある）

第6講 特別なニーズ？ ―障害者福祉―

　障害のある人たちに対する社会福祉サービスは、法律に基づいて提供される。この際には、「国及び地方公共団体は、障害者の権利の擁護及び障害者に対する差別の防止を図りつつ障害者の自立及び社会参加を支援すること等により、障害者の福祉を増進する責務を有する」（障害者基本法第4条）の規定が要となる。

　2000（平成12）年の社会福祉法の成立により、基本的なサービス提供のしくみは、措置制度から利用契約制度に転換した。障害児施設などに残る措置制度、事業費補助の制度、そして支援費制度により、社会福祉サービスが提供されている。

　支援費制度は、2003年4月から始まった新しいサービス提供のしくみである。市町村から支給決定を受けた障害のある人が自らサービスを選択し、サービスを提供する事業者との間で契約を結び、サービスの提供を受けた後、市町村がそのサービスに対して支援費を事業者に支払い（代理受領）、利用者は事業者に直接利用料を支払う制度である。支援費制度は、厚生労働省の予想を上回る利用があり、初年度から大幅な予算不足に陥ることになった。

　このため、2004年10月、厚生労働省は、「今後の障害保健福祉施策について（改革のグランドデザイン案）」を提示した。そしてこの施策の具体化に向けて、2005年2月「障害者自立支援法」を提案した。法案は、当初比較的まと

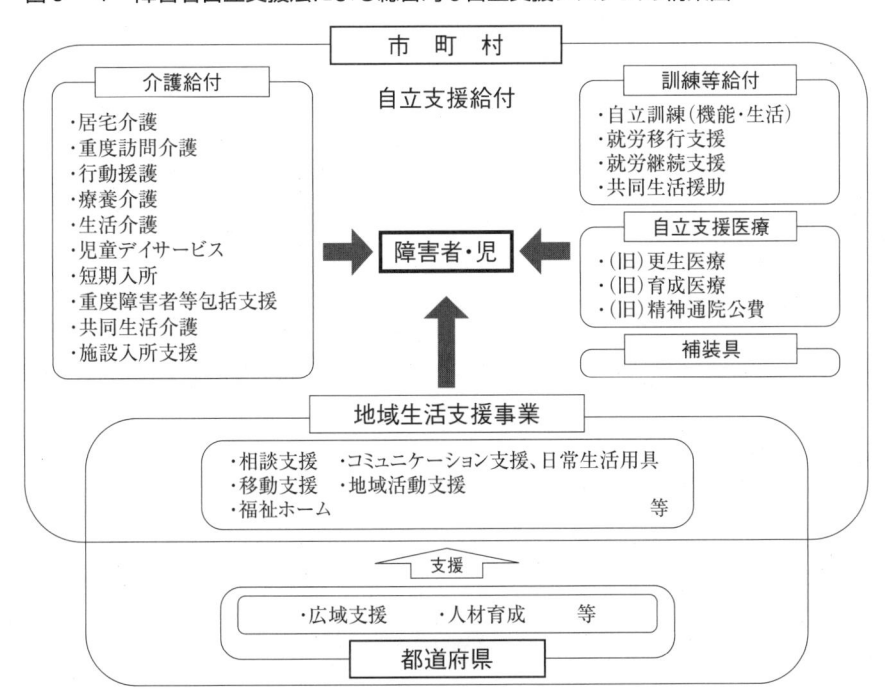

図6－4　障害者自立支援法による総合的な自立支援システムの構築図

```
                            ┌─────────────┐
                            │  市  町  村  │
                            └─────────────┘
                              自立支援給付
┌─────────────────┐                    ┌─────────────────┐
│    介護給付      │                    │    訓練等給付    │
│・居宅介護       │                    │・自立訓練（機能・生活）│
│・重度訪問介護   │                    │・就労移行支援   │
│・行動援護       │                    │・就労継続支援   │
│・療養介護       │                    │・共同生活援助   │
│・生活介護       │   →  障害者・児  ← └─────────────────┘
│・児童デイサービス│                    ┌─────────────────┐
│・短期入所       │                    │   自立支援医療   │
│・重度障害者等包括支援│                │・(旧)更生医療   │
│・共同生活介護   │                    │・(旧)育成医療   │
│・施設入所支援   │                    │・(旧)精神通院公費│
└─────────────────┘                    └─────────────────┘
                                        ┌─────────┐
                                        │  補装具  │
                                        └─────────┘
                            ↑
                    ┌─────────────────┐
                    │  地域生活支援事業 │
                    │・相談支援  ・コミュニケーション支援、日常生活用具│
                    │・移動支援  ・地域活動支援│
                    │・福祉ホーム        等│
                    └─────────────────┘
                            ← 支援
                    ┌─────────────────┐
                    │・広域支援  ・人材育成  等│
                    └─────────────────┘
                    ┌─────────────┐
                    │  都道府県    │
                    └─────────────┘
```

図6-5　介護給付・訓練等給付の支給決定（厚生労働省）

> 障害者の福祉サービスの必要性を総合的に判定するため、支給決定の各段階において、①障害者の心身の状況（障害程度区分）、②社会活動や介護者、居住等の状況、③サービスの利用意向、④訓練・就労に関する評価を把握し、支給決定を行う。

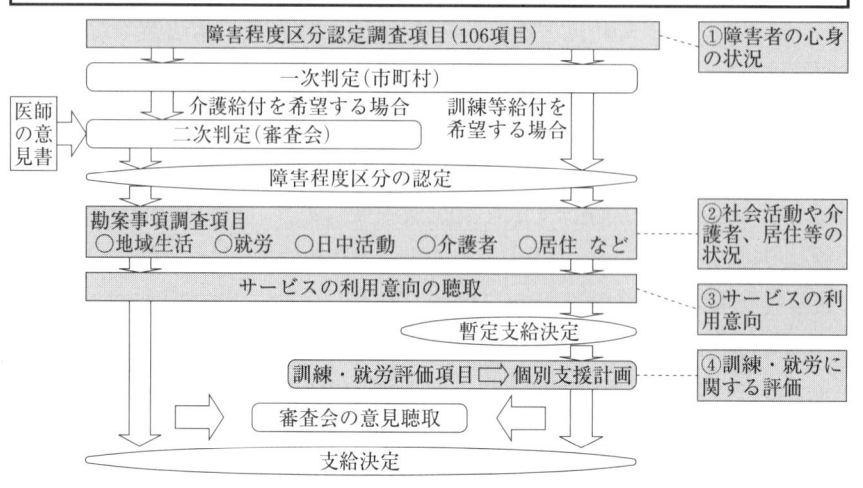

- 障害程度区分認定調査項目（106項目） → ①障害者の心身の状況
- 一次判定（市町村）
- 医師の意見書 → 介護給付を希望する場合／訓練等給付を希望する場合
- 二次判定（審査会）
- 障害程度区分の認定
- 勘案事項調査項目　○地域生活　○就労　○日中活動　○介護者　○居住　など → ②社会活動や介護者、居住等の状況
- サービスの利用意向の聴取 → ③サービスの利用意向
- 暫定支給決定
- 訓練・就労評価項目 → 個別支援計画 → ④訓練・就労に関する評価
- 審査会の意見聴取
- 支給決定

まっていた障害者団体の運動により審議が遅れたこと、郵政民営化による国会解散と重なり、一度は廃案となった。総選挙後、障害者自立支援法は再提案され、10月末に成立した。

厚生労働省の説明では、障害者自立支援法による改革のねらいは、①障害者の福祉サービスを「一元化」（市町村／3障害）、②障害者がもっと「働ける社会」に（訓練等給付など）、③地域の限られた社会資源を活用できるよう「規制緩和」（ＮＰＯの活用など）、④公平なサービス利用のための「手続きや基準の透明化、明確化」（障害程度区分の導入など）、⑤増大する福祉サービス等の費用を皆で負担し支え合うしくみの強化（利用したサービスの量や所得に応じた「公平な負担」／国の「財政責任の明確化」）である。

これまでの施設体系やサービスを再編化したものが、図6-4である。

そして、介護給付・訓練等給付の利用手続き（自立生活医療・補装具・地域生活支援事業は別）の流れを示したものが図6-5である。

6　障害者福祉の国内外の課題

> 「ある社会がその構成員のいくらかの人々を閉め出すような場合、それは弱くもろい社会なのである」　国際障害者年行動計画（1980年）

国内では、成立した障害者自立支援法が、戦後障害者福祉施策における最大の改革であるがゆえに、サービス提供のしくみ（障害程度区分の認定、相談支援など）、施設の再編成などの具体化をめぐって、広範な課題が山積している。

障害のため、就労の機会も保障されず、障害者年金の額も生活保護を下回るなど、大部分が低所得階層である障害者にとって、生活保障の中核をなす所得保障と就労保障が基本的な課題である。とくに、障害者自立支援法では、サービスの利用における原則1割の定率負担（応益負担）が導入されている。低所得者に対する一定の配慮があるものの十分とはいえない。

そもそも障害が重ければ重いほどより多くの支援が必要となる障害者にとって、定率負担という方法の導入は、社会福祉の原理に適うものなのか？

障害により日常生活に不便が生じている時に、通常の生活を営むために必要なサービス（特別なニーズ）は、金銭で購入すべき対象となるか？　今後は介護保険への吸収合併も提案される。丁寧な議論が必要である。

一方、国際的な動向としては、障害者の権利条約の制定と批准が大きな課題となっている。条約の制定過程においても、南北問題が大きく横たわっている。生きることに精いっぱいの状況では、個々の障害児者の生活保障は、後回しになってしまう。1981年の国際障害者年の前に提案された国連の報告には、「戦争が障害発生の最大の原因である」という一文がある。現在でも、貧困と戦争が障害発生の最大の要因であることを忘れてはならない。

● 考えてみよう ●

① 近年、障害者団体だけではなく、「障がい」の「害」の字をひらがなにする地方自治体も出てきた。その背景について調べ、自分の考えをまとめてみよう。
② 社会福祉実践（ソーシャルワーク）の立場から「障害は個性である」という考え方を批判的に検討しつつ、「障害」とは何かについて、自分の考えをまとめてみよう。

〈参考文献〉
1　佐藤久夫・小澤温『改訂版　障害者福祉の世界』有斐閣　2002年
2　小澤温編『よくわかる障害者福祉』ミネルヴァ書房　2003年

第7講 高齢者の多様なニーズとは？ ―高齢者福祉―

●本講のねらい ―高齢者福祉とは―

　我々は、日本人として長い寿命を期待することができる。2004年の簡易生命表によると、日本人の平均寿命は、女性が85.59歳、男性が78.64歳である。また、戦前には、約3割の人しか65歳に達することができなかったが、現在では、男性でも9割近く、女性では9割以上の人が、65歳を迎えることができるようになっている。少子化で日本の総人口は減少に転じたものの、高齢者人口は今後数十年にわたって増え続けると推計されている。そのため、2005年5月現在、約400万人いる介護サービスを必要とする状態にある高齢者の数が、今後も当分の間は増え続けることになることが予測される。

　年をとると、体の機能が衰えてそれまでのように動かなくなる。そして、病気になったり、経済的に苦しい状況に追い込まれたりすることもある。しかし、どんなに困難な状況においても、可能な限りその人らしい生き方ができなければならない。高齢者福祉は、高齢となることによって生じたさまざまな困難を抱えている人びとが、その困難な状況に対処していく過程を支えるものである。本講は、高齢者福祉のしくみがそのような困難な状況に置かれた人びととどのようなかかわりをもっているのかということについて、基礎的な理解ができるようになることをねらいとしている。

1 ── 高齢期をどうみるか

　多くの人は、人として生まれ、大人になって社会にその一員として貢献する。これは足し算の過程である。ところが、ある時点を境に、引き算の過程に入ることになる。これが老化といわれるものであるが、老化は、人によっても、一人の人がもっている機能の一つひとつにおいても、またその程度もさまざまである。耳が遠いけれども目はよくみえる高齢者もいれば、その逆の場合もある。なかには、30代の人びとに劣らない体力を維持している高齢者もいる。就労についていえば、2004年高年齢者就業実態調査（厚生労働省）に示されているように、55～59歳の約3割が「年齢に関係なくいつまでも働

きたい」と答えており、実際、社会のさまざまな場で高齢者の働く姿をみることができる。また、ボランティア活動を行うために高齢者が組織した特定非営利活動法人（ＮＰＯ法人）などもあり、積極的に社会に貢献している高齢者は多い。年をとることによって心身の機能が低下するといっても、それは非常にゆっくりとしたものであり、高齢者は、それまでのやり方を少しずつ変えたりしながらうまく適応している。

ところが、脳の血管がつまったりすることによって手足に麻痺が起こったり、また脳の細胞が機能しなくなって認知症になったりすると、適応というかたちでは対処することができなくなるため、家族や介護サービスを提供する人びとの支援が必要となる。心身機能の低下だけでなく、定年退職や引退、配偶者との死別、などの変化にうまく対処することができない人もいる。高齢者福祉を担う援助者は、これらの人びとの意思を酌みながら、必要な介護その他のサービスを利用することを含め、その人が自分の生活の質を維持することができるように支援する。

2 ── 支援のしくみ

身体が不自由になったり、認知機能が低下して日常生活に支障をきたすようになったりした高齢者を支援するしくみとして、介護保険制度（図7-1）がある。この制度は、保険というかたちで高齢期の要介護状態というリスクに備えるものである。市（区）町村を単位として、40歳以上の住民が毎月保険料を支払い、介護が必要となったときに、定められたさまざまなサービス＊を利用することができる。ただし、65歳未満の人が介護保険のサービスを利用するためには特定の疾病を患っていることが必要である。

介護保険の介護サービスを利用することができる状態には、要介護と要支援という2つの段階があり、利用できるサービスには、在宅サービス（ホームヘルプ、デイサービス、福祉用具のレンタルなど）、福祉用具の購入、住宅改修、地域密着型サービス（夜間の訪問介護や地域の小規模なサービス）、そ

図7-1　介護保険制度のしくみ

サービス提供機関 ⇔ 住民（被保険者） → 市(区)町村（保険者）
　　　　　　　サービスの　　　　　　保険料
　　　　　　　利用と提供

＊ 介護保険制度で利用できる主なサービス
・主な居宅サービス
訪問介護（ホームヘルプ）、訪問入浴介護、通所介護（デイサービス）、通所リハビリテーション、短期入所生活介護（ショートステイ）、短期入所療養介護（ショートステイ）、訪問リハビリテーション、福祉用具貸与、など。
・介護保険施設
介護老人福祉施設（特別養護老人ホーム）、介護老人保健施設、介護療養型医療施設（介護保険適用の病院・診療所）。
・地域密着型サービス
地域密着型介護老人福祉施設入所者生活介護（小規模介護老人福祉施設）、地域密着型特定施設入居者生活介護（小規模で介護専用型の特定施設）、認知症対応型共同生活介護（グループホーム）、認知症対応型通所介護（デイサービス）、小規模多機能型居宅介護、夜間対応型訪問介護（ホームヘルプ）。

して施設サービスがある。要介護の人に対しては、主として介護支援専門員（ケアマネジャー）がサービスの利用などの支援にあたり、どのようなサービスを利用するのかを相談しながら決めていく。要支援の人については、地域包括支援センターが支援を行うが、施設サービスを利用することはできない。また、高齢になると次第に足腰が衰え、体力も弱り、とくに病気というほどではないが、日常生活を営むうえで何らかの支援を必要とすることも少なくない。これらの人びとに対しても、転倒骨折予防や栄養指導などを含む包括的な支援が地域支援事業（介護予防サービス）として地域包括支援センターによって行われる（図7－2）。

　高齢者を支援するしくみは、介護保険制度だけではない。たとえば、介護を必要とする状態となる原因となるさまざまな病気を治療するための医療は、すべての高齢者にとって身近な支援のしくみである。そして、病気によって損なわれた心身機能を回復させるための機能訓練も提供されている。また、多方面にわたる日常生活支援、生きがいや就労の確保、判断能力が衰えたときの年金の管理・光熱水費の支払い・介護サービスの申請などの援助、生活保護といった福祉サービスがあるが、これらは主として老人福祉法に基づいて実施されている（図7－3）。

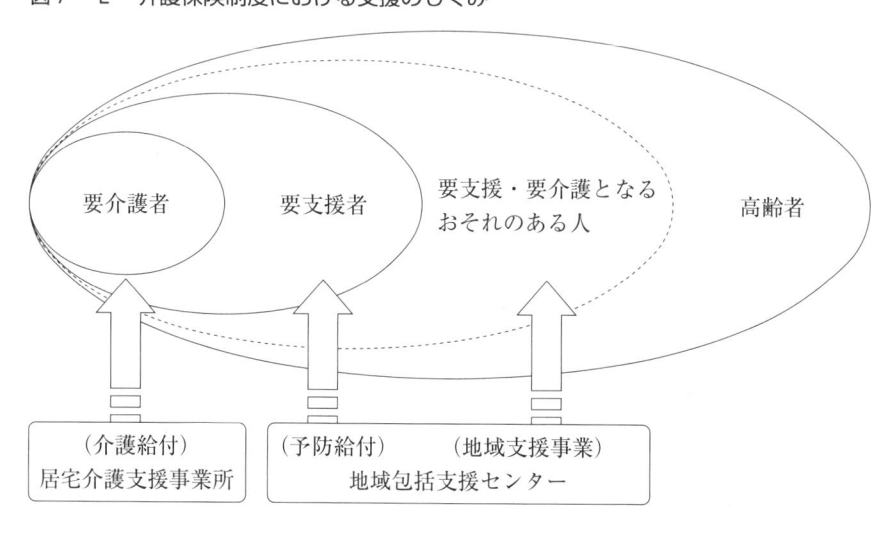

図7－2　介護保険制度における支援のしくみ

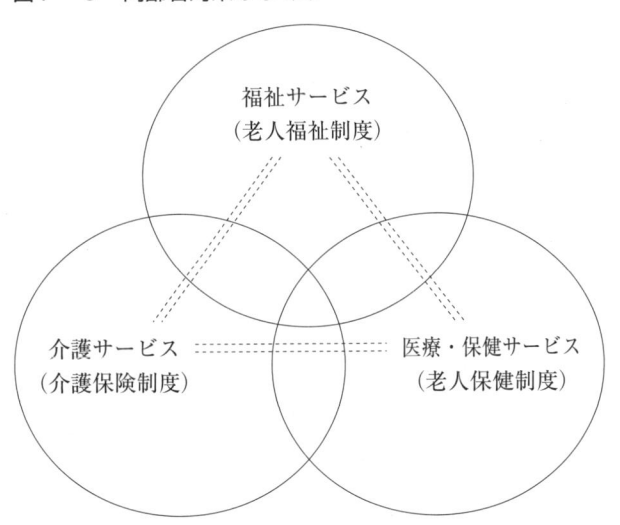

図7-3　高齢者対策のしくみ

```
        福祉サービス
       （老人福祉制度）


介護サービス          医療・保健サービス
（介護保険制度）        （老人保健制度）
```

3 ── 高齢期の生活困難に対して高齢者福祉のしくみをどのように活用するか

　高齢期の生活困難は、その人を取り巻く事情によって異なるが、困難を抱えることになる最大の要因として、脳血管疾患や骨折などによる身体機能の障害と、アルツハイマー病その他の原因によって引き起こされる認知症の2つがあげられる。とりわけ認知症は、在宅生活の継続を困難にすることが多く、アルツハイマー病だけでなく脳血管疾患によっても起こり、身体機能の障害と認知症の両方を抱える場合も珍しくない。ここでは、2つの事例を通して、高齢者が生活困難を抱えることになるきっかけと、どのような対処が現在の高齢者福祉のしくみの下で可能なのかをみていきたい。

1　脳梗塞で半身麻痺となった場合

　Mさんは、70歳で脳梗塞により左半身が不自由となった。現在は、病院に入院しながら機能訓練を行っているが、車椅子を使う生活になりそうである。夫とは早くに離別しており、子どもはいない。

1　介護保険の申請

　脳梗塞によって左半身が不自由となったMさんは、介護保険の利用を申請することができる。申請をすると、病院に調査員がやってきて、Mさんの身体の状況を確認する。一月後、Mさんは要介護であると認定され、利用することができるサービスの額が決まったので、ケアマネジャー（介護支援専門

員）とともにどのようなサービスを利用するかを決めていくことにした。

2　自宅に戻る場合

　Mさんは、なんとか自宅に戻って生活したいと思っていた。その場合に介護保険で利用することのできるサービスは、住宅改修、福祉用具の購入やレンタル、ホームヘルプ（訪問による家事の援助や入浴・排泄などの介助）などである。自宅内の段差解消や手すりの設置、入浴補助具の購入や、ベッドのレンタルなどによって生活環境を整えたうえで、買い物に行ってもらったり、部屋を掃除してもらったり、入浴を介助してもらうことが必要となるだろう。さらに、自宅での生活を継続するためには介護保険では提供されない支援が必要となることも多いが、必要なサービスが市町村によって提供されているかどうかを含め、ケアマネジャーなどが適切に情報提供を行うことが期待される。

　また、病院を退院してもすぐには家での生活が困難である場合は、一定期間、老人保健施設に入所して機能訓練を続けた後に、自宅に戻ることも考えられる。

3　施設に入所する場合

　しかしながら、Mさんの自宅が団地の3階にあり、エレベーターがないような場合には事情が異なる。身体が不自由になったMさんにとって、階段を3階まで上り下りすることは困難であり、買い物や入浴の介助にホームヘルプを利用したとしても、ほとんど自宅から出ることのない生活になりそうである。また、火事や天災などの際の避難のことを考えても不安が大きい。Mさんはいろいろ考えたうえで、施設に入所することに決めた。担当のケアマネジャーはMさんに、介護保険で利用することのできる施設には、老人保健施設の他にも、介護を受けながら生活することのできる特別養護老人ホームと医療サービスが充実している療養型の医療施設とがあることを説明した。Mさんは、身体は不自由であるものの、とくに医療を必要とする状態ではないので、特別養護老人ホームに入所することにした。

2　高齢で認知症の場合

　Sさんは80歳。数年前に夫と死別して以来、ひとりで暮らしている。息子夫婦は近くに住んでおり、週に一度は様子を見にSさん宅を訪れる。最近のSさんは記憶力が衰え、外にふらっと出かけては、家に帰ることができなくなってしまうことがたびたびあり、先日も警察から連絡が入って息子夫婦を

驚かせた。息子夫婦がＳさん宅に同居するようになったが、夕方になると「家に帰る」といって家族を困惑させている。息子の顔がわからないこともある様子である。

1　利用者の状態に応じた支援

　Ｓさんは認知症であると思われるが、まず医師の診断が必要である。同時に、介護保険の要介護認定を申請することができる。要介護であると認定されれば、ホームヘルプやデイサービス（日中、どこかに通所して過ごすこと）、そしてショートステイ（特別養護老人ホームなどの施設に短期間入所すること）などの利用が考えられる。また、介護保険にはないサービスについて、ケアマネジャーをはじめとする福祉や医療の関係者から適切な情報提供が行われなければならない。

2　施設入所か在宅生活の継続か

　どこで生活するかは、まず本人の意思を尊重しなければならない。本人の心身の状況や家族の事情によっては、認知症の人びとのためのグループホーム（小規模の施設）や特別養護老人ホームなどへの入所が必要となることもある。家で生活することと施設で生活することのどちらが望ましいかということは、容易に判断することができるものではない。本人の意思を尊重しながらも、質の高い生活が維持できる条件を整えることが大切である。今後は、地域のなかに小規模の施設をつくり、デイサービスのような「通い」のサービスだけでなく、ショートステイや長期の入所まで、利用者のニーズに応じて対応できる事業所が増えてくると思われるので（地域密着型サービス）、24時間の継続的な支援が必要な場合でも、誰もが自宅からそう遠くない場所で生活することができるようになるかもしれない。

4 ── 個別で多様なニーズに応じるために

1　個別で複雑なニーズへの対応

　上述した２つの事例によって、介護保険をはじめとする高齢者福祉のしくみがどのように利用されるかを多少なりとも理解することができただろうか。しかし実際には、介護保険制度その他の既存のサービスを利用すれば問題が概ね解決できるような場合ばかりではない。ここでは、応用問題として若年

性の認知症に関する事例をあげるとともに、現行制度の課題の一つについて考えたい。

2　55歳でアルツハイマー病の場合

　Bさんは会社員である。しばらく前から仕事上の失敗が目立つようになった。Bさん自身もだんだんと自分の状態を不安に感じるようになり、妻に伴われて受診したところ、アルツハイマー病の初期であるとの診断であった。Bさんには大学生と高校生の2人の子どもがいる。

1　考えられる支援

　Bさんの場合、適切な投薬と会社の上司や同僚からの理解・協力があれば、まだしばらく仕事を続けることができるかもしれない。また仕事を辞めることになっても、一定期間は家族の支援によって能力の維持をはかりながら生活の質を維持することが可能である。

　さらにアルツハイマー病（特定疾病）であることによって、65歳未満であっても要介護と認定されれば、介護保険のサービスを利用することができる。たとえば、人との交流を維持するためのデイサービス、ホームヘルプやショートステイなど、Bさんに必要なサービスはいくつもあると思われる。また場合によっては、グループホームへの入所が検討されることになるかもしれない。

2　現状における課題

　Bさんは55歳であり、まだ認知失調の程度も軽い。Bさん自身も、残された能力を維持する努力をしてできる限り家族と充実した生活を送りたいと考えている。ところが現状では、介護保険制度の利用者の大部分が高齢者であることから、それぞれのサービスの内容もまた、高齢の人びとのニーズにそうものとなっている。Bさんのような若い利用者のニーズに対応できるサービスがまだ少ないために、要支援・要介護と認定されても利用できるサービスがないということになりかねない。介護保険制度が、特定の疾病を抱えていれば40～64歳であってもサービスを利用することを認めている以上、Bさんのような人に適したサービスを確保することも必要である。また、Bさんの家族構成を考えると、一家の生活を維持するための収入を確保する方法も考えなければならない。

5 ── 介護保険制度を超えて

　高齢者の生活を支えるものとして、老人福祉法による日常生活関連サービスや介護保険法による介護サービス、そして医療や保健のサービスなどがあることを学んできた。これらは、高齢者の健康を保持するとともに日常の衣食住にかかわるさまざまな便宜を供与するものである。しかし、日々の暮らしを成り立たせていくためには、一定の経済的な基盤がだれにも必要である。高齢者の生計を支える中心となるのは何といっても公的年金であるが、預貯金や住宅などの財産も高齢期の生活に大きな安心感をもたらしている。ところが、新聞やテレビなどで、高額な商品の購入契約や住宅リフォームをめぐって高齢者が被害に遭うという話がよくきかれる。長年の努力によって高齢期の生活を支えるために築き上げた財産が一瞬にしてなくなってしまう。認知症で判断力が低下している場合でなくても、ひとり暮らしでさびしい思いをしている場合など、高齢者は詐欺や悪徳商法の被害者となりやすい。また、大きな財産がなくても、身体が不自由になったり認知症になったりして介護が必要となった場合には、きちんとサービスが利用できるように利用手続きを支援したり、年金の出し入れや光熱水費の支払い手続きなどを支援して、高齢者の経済的な生活基盤が維持されるようにしなければならないことがある。

　判断能力が衰えた高齢者の権利や財産を守る主なしくみとして、民法による成年後見制度と、社会福祉の制度としての地域福祉権利擁護事業とがある。成年後見制度は主として財産を守るしくみであり、判断能力の程度によっていくつかの類型がある。そして地域福祉権利擁護事業は、福祉サービスの利用や日常的な金銭管理を支援するためのしくみである。その人の判断能力の程度や資産の状況に応じて2つの制度を適切に利用することで、認知症であっても軽度であれば自宅でひとり暮らしを続けることも可能であり、犯罪の被害者となることを防ぐこともできる。

　ここで次の事例について考えてほしい。Kさんと息子さんは、今後どうすればよいだろうか。

1　権利侵害のみならず家族関係の破綻をも招いた場合

　Kさんは、夫と二人で始めた事業に成功し、かなりの資産を築き上げた。大きな家を建て、大企業に勤めるようになった息子が別に住むようになってからは、夫婦で豊かに暮らしていた。夫の死後も、貯えた資産で生活の不安

はなかった。Kさんは、夫とともに事業を営んできた経験から、交渉ごとには自信があり、Kさん宅にはいろいろな人が出入りしていた。ところがKさんは、自分の判断力や記憶力が次第に衰えてきていることを自覚しながらも、自分ではどうすることもできないまま約1年が経過した。母の様子がおかしいことに息子が気づいたときには、預貯金は全くなく、それどころか、莫大な借財まで抱えていた。Kさんは、自分の財産がなくなってしまったことも借財があることも理解していない。息子は、認知症について理解しながらも、大きな借財をつくりながら、表面上は以前どおりの「しっかりもの」としてふるまう母を受け入れることができない。

2　考えなければならないこと

高齢者の生活と財産を守るにはどうすればよいのか。この事例については、Kさんが財産をなくしてしまうようなことのないようにすることはできなかったかということと、今後Kさんがどこでどのように生活をしていくことになるかを考えなければならない。また、社会福祉の対人援助の側面からは、怒りや落胆に苦しむ息子にどのように援助を行うかを含め、家族関係の修復を目的としてKさん親子を支援する方法を考えることになる。

具体的には、息子がKさんと一緒に暮らす気持ちになれないでいる状況で、Kさんがこのままひとり暮らしを続けていくことができるかどうかを判断しなければならない。判断にあたっては、介護保険制度のしくみがKさんと息子にとって役立つかどうか、さまざまなサービスが2人にとって利用する価値のあるものかどうか、などどのような支援を2人は必要としているのか、などに焦点をあてる。また、高齢者の権利をどのように守っていくかということが重要であり、Kさんはこれまで、地域から孤立した暮らしをしていたのか、地域から得られる支援や協力はあるのか、社会福祉の専門職者として2人にどのような援助をすることができるのかなどについて考えたうえで、成年後見制度や地域福祉権利擁護事業の活用を含め、適切な方法を探ることが必要である。

おわりに

高齢者福祉制度は、介護保険の創設によって、2000年4月を境に大きく変わった。それ以前は、人口の高齢化によって介護が必要な高齢者が増え、介護期間が長期化したにもかかわらず介護サービスは十分ではなく、家族が介

護を担わざるを得ない状況が深刻化していた。核家族化によって介護を担う立場の者は限られるうえに介護役割は固定化し、介護に対する不安は大きかった。介護保険制度によって介護サービスの量は飛躍的に増え、現在では、この制度が人びとの生活にすっかり定着している。とりわけ、経済的な不安がなく、心身機能に障害のない家族が身近にいる人びとが上手に利用すれば、有用な制度である。しかし、ひとり暮らしであったり、十分な年金もなく経済的な不安を抱えていたりすると、心身機能の低下で弱い立場に追い込まれた場合、制度を有効に利用することができないことがある。このような人びとを生まないためのしくみが、必ずしも十分に機能していない面があり、今後の課題である。また、介護が必要となるかもしれないということは、高齢者にとって大きな不安であるが、介護だけが高齢者の生活問題なのではない。まずは経済的基盤と良質の衣食住を確保することが必要であり、各人の必要性に応じて就労の場を獲得したり、生きがいを感じて生活することができるように支援したり、生活圏内で事故や犯罪に遭う危険性を減らしたりする支援を行うことも重要である。

　高齢者の問題は、だれにとっても身近な問題であり、身近に考えることができる問題である。制度は必要に応じて見直されるものであり、介護保険制度については、2006年度から予防に重点を置いた支援が要支援の人びとを中心に行われることになった。介護保険に限らず、高齢者の問題と高齢者のための制度に一人ひとりが関心を寄せることが、高齢者福祉についての理解を深め、よりよい制度を構築することにつながっていく。

● 考えてみよう ●

① 日常生活のなかで「高齢者」に目を向けてみよう。あなたは、どのような理由でその人を高齢者だと判断したのか考えてみよう。また、テレビや雑誌で高齢者はどのようなかたちで取り上げられているか。高齢者に関する記事やドラマのなかでの役柄などに、何か特徴はあるだろうか。

② 身近な中高年の人たちに、介護保険制度についてどんなことを知っているか、また介護保険をよい制度だと考えているかをたずねてみよう。

〈参考文献〉
1　『老人福祉のてびき』長寿社会開発センター（毎年発行）
2　モブ・ノリオ『介護入門』文藝春秋　2004年
3　田辺聖子『残花亭日暦』角川書店　2004年

第8講 セイフティネットとは？ ―公的扶助―

●本講のねらい

　本講のねらいは、公的扶助（生活保護制度）の仕事に携わっている公的扶助ソーシャルワーカーの社会的な役割について、「セイフティネット」ということばをキーワードとしたうえで、「ひとり親世帯」（離別母子世帯）に対する援助活動の事例に即して考えていくことにある。

　なお、公的扶助ソーシャルワーカーの主な職種には、福祉事務所の社会福祉主事（ケースワーカー・地方公務員）や保護施設の生活指導員（社会福祉法人が経営している場合は、民間施設職員）などがあるが、本講では、福祉事務所の社会福祉主事の仕事の内容に即してみていくことにする。

1────社会的セイフティネットと公的扶助の役割

　最初に、キーワードとして用いる「セイフティネット」ということばの使い方について明らかにしておきたい。

1　セイフティネットとは

　「セイフティネット」ということばは、通常、どのような意味で使われているのか。

　2001年1月に、厚生労働省が従来の厚生省と労働省を統合して発足したが、その平成13年版『厚生労働白書』（2001年）では「生涯にわたり個人の自立を支援する厚生労働行政」というタイトルを掲げるとともに、第1部のなかで「社会保障の役割」について、今後の社会のあり方としては、一人ひとりの個人が「その能力を十分に発揮し、個性を活かして生きていくことができる社会」が求められるが、「個人が社会の中で生活していく際には、自らの責任や努力では対応できない老齢、疾病、障害、失業など、さまざまな困難な事態（リスク）が発生することになる。そのため、こうした事態（リスク）に備えて、社会全体で支え合う仕組みを用意し、個人の自立した生活を下支えしていく必要があり、こうした機能を果たす社会保障の役割は、極めて重要

である」として、社会保障制度全体を「社会のセーフティネット」と名づけるとともに（124〜126頁）、第2部のなかの「地域福祉の推進」の第3項「生活保護」で、「生活保護制度は、生活に困窮する者が、その利用し得る資産や他法他施策などを活用しても、なお、最低限度の生活が維持できない場合に、健康で文化的な最低限度の生活を保障する制度」であり、「国民生活の、いわば最後のよりどころとしての機能を果たしてきた」と説明している（268頁。句読点を書き加えて引用。以下、同じ）。

つまり、一人ひとりの個人は、①まず、自らの責任や努力で生活していくことが求められるが、②それでは対応できないさまざまな困難な事態（リスク）に備えて、社会全体で支え合うしくみが「社会のセーフティネット」としての社会保障制度であり、③そのなかの「最後のよりどころ」が、生活保護制度、すなわち公的扶助である、という説明であり、平成14年版『厚生労働白書』（2002年）の第2部のなかの「地域福祉の推進」の第8項「生活保護制度の運営」でも、生活保護制度について「社会保障制度の最後のセーフティーネット」ということばで説明している（228頁）。

2　社会的セイフティネットの重層性と公的扶助の役割

ところで、以上の説明で明確になったように思われる「セイフティネット」ということばの意味について、旧厚生省時代の平成11年版『厚生白書・社会保障と国民生活』（1999年）では、第1編のなかの「社会保障の機能」において、その第1の機能が「社会的な安全装置（社会的セーフティネット）の役割」にあると指摘したうえで、次のような詳しい説明を行っている（31〜32頁）。

(1) セイフティネットということばには、①サーカスなどで、地上高く張られたロープの上で演技したり、空中ブランコをする場合に、うっかり落下しても、けがをしないように「床の上に張られた網」を意味する場合と、②人びとが困難な状態に陥った場合に援助したり、そうした事態になることを防止するための「仕組みまたは装置」を意味する場合の、2つの意味がある。

(2) 社会保障制度の機能をあらわす「社会的安全装置（社会的セーフティネット）」には、①人びとが「人生の危険（リスク）を恐れず、生き生きとした生活を送ることができ、チャレンジング（挑戦的、魅力的）な人生に挑むことができる」という個人的なレベルと（ミクロの視点）、②そのことを通じて「社会的な活力」を高めるという社会的なレベルの（マクロの視点）、2つの効果がある。

(3) 社会的レベルの効果については、「社会的セーフティネット」が不安定に

なると、「生活の不安感や不安定を通じて、例えば、多くの人々が、将来に対する不安から貯蓄をするために消費を節約する等の行動をとることによって、経済に悪影響を及ぼしていき、社会の活力が低下していく」という逆の場合を考えると、より一層明確になってくる。

(4) 「社会的セーフティネット」は単一のものではなく、医療保険、年金保険、社会福祉など「いくつものセーフティネットが重層的に存在する」ことによって、人びとが安心して日常生活を送ることができるが、そのなかでも、生活保護制度は「他の制度では救済できない」場合の「最後のよりどころ」であり、「最後のセーフティネット」といえる。

2 ── 現代の貧困問題の多様性と複雑性 ―ひとり親世帯の事例より―

では、重層的な社会的セイフティネットとしての社会保障制度の機能について、①個人的レベル（ミクロの視点）と、②社会的レベル（マクロの視点）という2つの側面に着目した場合、そのなかの「最後のセイフティネット」である公的扶助（生活保護制度）の運用に携わっている公的扶助ソーシャルワーカーには、どのような社会的役割を果たすことが求められているのか。

ここでは、「最後のセイフティネット」である生活保護を実際に受給している人びとの全体的な状況について概観したうえで（②社会的・全体的なマクロの視点）、ひとり親世帯（離別母子世帯）の事例を手がかりとして（①個人的・個別的なミクロの視点）、公的扶助ソーシャルワーカーが直面している、現代の貧困問題の多様で複雑な実態についてみておきたい。

1 貧困問題の多様性 ―被保護者・被保護世帯の全体的な動向―

生活に困窮している人びとを対象としている公的扶助の場合は、子どもを対象としている児童福祉や高齢者を対象としている高齢者福祉などのように、もともと「生活困窮者」という基本的な属性をもった対象者がいる訳ではないので、実際に生活保護を受給している人びと（被保護者・被保護世帯）の特徴については、統計的な資料によって全体的にみていくことが不可欠であるが、その際には、その時々の経済的・社会的な状況（景気の動向）が、被保護者・被保護世帯の動向に密接に関連しているという視点が重要になってくる（マクロの視点）。

図8-1は、これまでの被保護者・被保護世帯の全体的な動向を示したものである。これをみると、被保護者数は、戦後の生活困難が残っていた1950

年代初めの200万人台から、高度経済成長の末期にあたる1970年代半ばには130万人台へ減少したが、低成長期以降、とくに1980年代前半には140万人台まで増加してきた。しかし、その後、生活保護の受給要件の認定の仕方を厳しくするという政策のもとで（保護の適正化）、1980年代半ばから被保護者数が急激に減少し始め、1990年代半ばには88万人台にまで減少した。

ところが、最近では、バブル経済が崩壊した後の長く続く不況のもとで、深刻な失業問題に加えて、主要都市におけるホームレス問題が大きな社会問題になるなかで、被保護者数が上昇傾向に転じ、「被保護者100万人時代」「被保護世帯100万世帯時代」といわれる状況があらわれてきている。

次に、表8－1と表8－2によって、被保護者・被保護世帯の生活実態の状況をみると、生活困難に陥った原因を示している保護の開始理由については、1950年代には稼働収入の減少（失業）が一定の割合を占めていたのに対

図8－1　被保護世帯数、被保護人員、保護率の年次推移

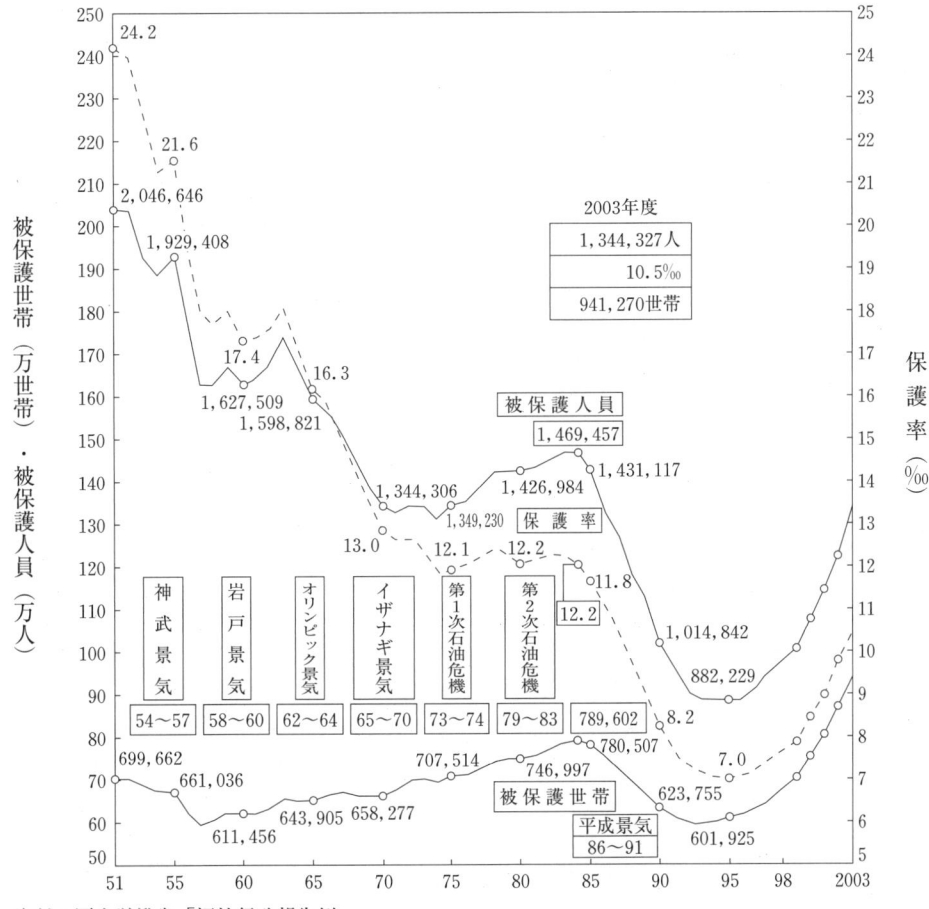

資料：厚生労働省「福祉行政報告例」

して、その後は、世帯主の傷病が6割台から7割台を占めるようになり、被保護世帯の世帯類型についても、1970年代前半までは、稼働者のいる世帯を含む「その他世帯」の割合が高かったのに対して、その後は、非稼働世帯である高齢者世帯と傷病・障害者世帯が、合わせて8割以上を占めるようになってきた。しかし、最近では、次第に深刻さを増してくる不況のもとで、稼働収入の減少（失業）を理由とする保護の開始が1割台半ばまでに増加してき

表8-1　保護の開始理由別被保護世帯構成割合の推移

年度	総数(%)	傷病(%) 総数	世帯主	世帯員	稼働収入減(%)	その他(%)
1956年	100.0	35.9	27.1	8.8	23.4	40.7
60	100.0	56.8	35.9	20.9	8.1	35.1
65	100.0	68.9	51.0	17.9	8.5	22.6
70	100.0	80.9	68.5	12.4	4.5	14.6
75	100.0	75.1	67.4	7.7	6.6	18.3
80	100.0	70.4	64.1	6.3	8.0	21.7
85	100.0	72.2	68.4	3.8	6.9	20.9
90	100.0	80.8	78.7	2.1	3.5	15.7
95	100.0	78.1	75.9	2.1	6.8	15.1
2000	100.0	43.2	41.7	1.6	13.9	42.9
03	100.0	38.6	37.2	1.4	15.5	45.9

注：1995年までと2000年以降とで、項目の集計方法が変更されているが、「稼働収入減」の項目はそのままになっている。
資料：厚生労働省「生活保護動態調査」「社会福祉行政業務報告」

表8-2　世帯類型別構成割合と世帯保護率の推移

年度	世帯類型別構成割合(%) 総数	高齢者世帯	母子世帯	その他 総数	傷病障害	その他	世帯保護率(‰) 総数	高齢者世帯	母子世帯	その他	備考 人員保護率(‰)
1957年	100.0	20.1	15.8	64.1	—	—	25.7	227.6	178.1	17.6	17.9
60	100.0	21.5	13.3	65.2	—	—	25.5	246.0	179.5	17.7	17.4
65	100.0	22.9	13.7	63.4	29.4	34.0	23.2	173.5	248.2	15.5	16.3
70	100.0	31.4	10.3	58.3	35.9	22.4	21.1	165.2	175.9	13.0	13.0
75	100.0	34.3	9.5	56.3	46.1	10.2	20.7	144.1	173.5	12.4	12.1
80	100.0	32.6	12.6	54.8	43.5	11.3	20.4	97.2	201.0	12.2	12.2
85	100.0	32.5	14.4	53.1	43.6	9.5	20.4	79.5	216.8	12.0	11.8
90	100.0	39.3	11.7	49.0	41.1	7.9	15.2	57.2	131.7	8.7	8.2
95	100.0	43.7	8.6	47.8	42.3	5.5	14.2	45.1	103.7	8.0	7.0
2000	100.0	45.5	8.4	46.1	38.7	7.4	16.5	43.9	106.1	9.3	8.4
03	100.0	46.4	8.7	44.9	35.8	9.0	20.5	49.6	145.3	11.6	10.5

資料：厚生労働省「被保護世帯全国一斉調査」「厚生行政基礎調査」「国民生活基礎調査」「社会福祉行政業務報告」

ている。

　このような被保護世帯の動向に、世帯類型別の世帯保護率の推移や、2003年7月における被保護世帯の平均人員数が1.42人になっているという状況を重ね合わせると（全世帯の平均人員数は2.76人）、単身高齢者世帯や母子世帯（ひとり親世帯）、あるいは傷病者や障害者のいる世帯の生活の困難さが推測できるであろう。

2　貧困問題・生活問題の複雑性　—ひとり親世帯の事例より—

　以上が統計的な資料からみえてきた、生活保護制度の対象になっている「生活困窮者」の全体的な動向であり、これが同時に、公的扶助ソーシャルワーカーが直面している現代の貧困問題の多様な実態でもある（マクロの視点）。

　そこで次に、世帯保護率がきわめて高い母子世帯（ひとり親世帯）の事例を手がかりとして、公的扶助ソーシャルワーカーの仕事の内容について、さらに具体的にみていくことにする（ミクロの視点）。

1　生活保護の申請経過

　30歳代の未婚女性（A子さん）。生後3か月の次男との2人世帯。長男（10歳）は児童養護施設入所中。妊娠（9か月目）を隠して就労した直後に産気づき、緊急入院。預貯金もなく、援助可能な親族もいないため、会社の通報で生活保護の申請となる。

2　A子さんのこれまでの生活

　実父は、A子さんが9歳の時に自殺。祖母に育てられるが、実母が再婚した後に同居。養父は酒を飲むと暴力を振るう。中学卒業後に単身上京し、23歳まで卸問屋に勤務。その後、消費者金融から借金をし、その返済のため職場を転々とする。パチンコ店で働いていた時の同僚と結婚し、長男を出産（25歳）。夫は借財が原因で失踪し、A子さんと長男は生活保護を受給（27～29歳）。その後、販売の仕事（常勤）に就き、就労自活。31歳の時に正式に離婚。長男は小学校に上がった頃から非行を繰り返し、A子さんの長男への虐待もあって、A子さんが33歳の時に児童自立支援施設に措置され、その後、児童養護施設に措置変更。

　離婚後、居住アパート近くの商店の息子（Bさん）とつき合う。当初、Bさんの親との関係は良好。33歳の時に、勤務先のお金を持ち出した疑いをかけられて退職。消費者金融やBさん、Bさんの親から借金をし、不就労なども重なって、Bさんの親との関係が悪化。その頃、次男を妊娠するが、Bさ

んは認知せず。家賃の滞納もあり、アパートを出て知人宅を転々とする。その後、妊娠を隠して現在の会社に就職し、社員寮で生活を始める。

出典：岡部卓「相談援助活動の実際」『新版・社会福祉学習双書』編集委員会編『新版・社会福祉学習双書2005　第6巻　公的扶助論』全国社会福祉協議会　2005年　209～210頁を一部改編。

3 ── 公的扶助ソーシャルワーカーの援助活動と公的扶助のしくみ

　これまで、多様に広がってきている現代の貧困問題の全体的な動向をふまえたうえで（マクロの視点）、ひとり親世帯（離別母子世帯）の事例に即して、公的扶助ソーシャルワーカーが直面している、複雑で解決が困難な貧困の実態（生活問題）を具体的にみてきた（ミクロの視点）。

1　公的扶助ソーシャルワーカーの援助活動の実際

　では、このひとり親世帯（離別母子世帯）に対して、実際に、どのような援助活動が行われたのか。

　援助計画の内容は、母子の健康状態の把握と養育援助、親族関係の把握、Bさんに対する次男の認知と養育料の請求、A子さんの能力の活用、長男との関係の改善、関係機関との連携と協働であり、A子さん世帯に対しては、次のような援助活動が取り組まれた。
①生活実態の把握と信頼関係の確立：出産に備えてA子さんの心身をリラックスさせ、母子の健康管理に留意する。子どもの養育と今後の生活に対するA子さん自身の意向を確かめるために、信頼関係を確立する。
②A子さんの意向に即した援助方法の採用：A子さんは子どもと一緒の生活を希望しているので、関係機関（児童相談所、児童福祉担当のソーシャルワーカー、婦人相談員）と協議し、婦人相談所で一時保護するとともに、母子生活支援施設で子どもと一緒に生活できるような援助方針を採用する。
③A子さんをめぐる諸関係の調整：A子さんのいら立ちや不安感を解消するために訪問面接を行うとともに、Bさんに対する次男の認知と養育料の請求、A子さんが長男を引き取って生活するための親子関係の調整などを行う。

出典：『新版・社会福祉学習双書』編集委員会編『前掲書』210頁を一部改編

2　援助活動の制度的基盤としての公的扶助のしくみと考え方

　ここで、以上のような公的扶助ソーシャルワーカーの援助活動を支えている制度的な基盤としての公的扶助（生活保護制度）のしくみと考え方（基本原理）について、簡単にみておきたい（詳しくは、参考文献1と4を参照）。

　生活保護制度による給付には、被保護世帯の居宅での生活を全体として支えるための8種類の扶助（生活扶助、教育扶助、住宅扶助、医療扶助、介護扶助、出産扶助、生業扶助、葬祭扶助）と、被保護者の必要に応じた施設での生活を支えるための5種類の保護施設があり（救護施設、更生施設、医療保護施設、授産施設、宿所提供施設）、それが生活保護制度のしくみの大きな特徴点になっている。つまり、「最後のセイフティネット」は、同時に、生活に困窮している人びとの生活を全体として支えるための「包括的なセイフティネット」になっているのである。

　ところで、大切なのは、このような「最終的・包括的なセイフティネット」の基礎にある基本的な考え方（基本原理）を、どのように理解するのかということであるが、その点について、生活保護制度は、憲法第25条が規定している生存権に基づく保護請求権を、生活に困窮しているすべての人びとに無差別・平等に保障するとともに、その人びとの社会的な自立を援助することを目的として掲げている（生存権保障と自立助長*1の原理）。

　先に紹介した、ひとり親世帯（離別母子世帯）に対する公的扶助ソーシャルワーカーの援助活動は、まさに、こうした生存権保障と自立助長の原理を具体化するために行われたものといえるであろう。

　しかし、他方で、生活保護制度は、現代社会（資本主義社会）の社会原理である個人責任主義を反映して、貧困問題は、基本的には個人や家族の責任によって解決すべきであるという考え方を保護の受給要件の基礎に置いているために（保護の補足性*2）、生活保護制度を運用する仕事に携わっている公的扶助ソーシャルワーカーは、個人や家族の責任を強めるような政策の動きがあらわれてくると（濫救を防止するための保護の「適正」な実施の強調）、保護の要否を認定する際に、生存権保障と個人責任主義という2つの対抗的な考え方の矛盾に悩む場面に直面することも多くなり、そこに「最後のセイフティネット」としての公的扶助（生活保護制度）の、見逃すことのできない、あと1つの特徴があらわれてくることになる。

*1　自立助長
　生活保護法を制定したときの解説書では、「自立助長」の意味について、すべての人がもっている「何等かの自主独立」の「可能性を発見し、これを助長育成」して、その「能力に相応しい状態において社会生活に適応させること」と説明している。

*2　保護の補足性
　生活保護法第4条では、①「利用し得る資産、能力その他あらゆるものを、その最低限度の生活の維持のために活用する」、②民法に定める「扶養義務者の扶養」が優先する、③他の法律に定める「扶助」が優先する、という3つの要件を保護の受給要件として規定しており、それを「保護の補足性」という。

4 ── 今後の課題 ─公的扶助ソーシャルワーカーの社会的役割─

これまで述べてきたことを、①ミクロの視点と、②マクロの視点という2つの視点からまとめてみると、公的扶助ソーシャルワーカーの社会的役割について、次のように整理できるであろう。

1 ミクロの視点

公的扶助ソーシャルワーカーの仕事の内容は、第3節で紹介したように、生活保護制度を制度的基盤として、生活に困窮している人びとが直面している、自分では解決できない複雑で困難な生活問題について、援助活動を通して具体的に解決することであり、そこでは、①被保護者・被保護世帯のために、健康で文化的な生活にふさわしい諸条件を整備するともに（生存権保障：人間らしい生活の保障）、②被保護者一人ひとりの願いに即した生活を実現していくことが求められている（自立助長：その人らしい生活の実現）。

2 マクロの視点

公的扶助ソーシャルワーカーは、そのような仕事を通して、第2節で述べたような、現代の多様な貧困問題を具体的に解決していく社会的役割を担っている。

3 ミクロの視点とマクロの視点の統合

では、公的扶助ソーシャルワーカーの社会的役割は、以上のことに尽きるのであろうか。最後に、今後の課題として、ミクロの視点とマクロの視点を統合させる、あと1つの社会的役割について考えてみたい。

すなわち、現在のように失業問題が深刻になってくると、その深刻さは、公的扶助ソーシャルワーカーの日々の仕事において、生活保護の申請者数や被保護者数の増加となってあらわれるとともに（ミクロの視点）、それが保護率の上昇傾向となってあらわれてくるが、そのことは同時に、貧困問題の広がりが社会的に明らかになってくることを意味している（ミクロの視点から、マクロの視点への展開）。

つまり、公的扶助ソーシャルワーカーは、日々の仕事を通して、現代の多様で複雑な貧困問題の深刻さと、その広がりを具体的に明らかにしていく社会的役割を担っているのであり、言い換えると、公的扶助ソーシャルワーカーには、現代社会が直面している貧困問題の広がりを明らかにするとともに、

その貧困問題を解決する方法を具体的に示すという、いわば、実践的な「社会診断家」としての役割が期待されている、ということである（マクロの視点からみた、ミクロの視点の意味）。

そして、公的扶助ソーシャルワーカーが、そのような「社会診断家」としての役割を積極的に担うことによって、「最終的・包括的なセイフティネット」としての公的扶助が現代社会において果たすべき「社会診断的機能」が、大きくクローズアップしてくることになる（ミクロの視点とマクロの視点の統合）。

なお、図8－2は、ここで述べた公的扶助ソーシャルワーカーの4つの社会的役割について、簡単に示してみたものである。

図8－2　公的扶助ソーシャルワーカーの4つの社会的役割

(1) 被保護者・被保護世帯に対する個別的援助活動（ミクロの視点）
　① 生存権の保障：人間らしい生活の保障（ミクロの視点①）
　② 社会的自立の援助：その人らしい生活の実現（ミクロの視点②）
(2) 現代の貧困問題を解決する社会的役割（マクロの視点）
　① 貧困問題を具体的に解決する役割（マクロの視点①）
　② 貧困問題に対する「社会診断家」の役割（マクロの視点②）

●考えてみよう●

① 3つの「セイフティネット」（社会的セイフティネット、最後のセイフティネット、包括的セイフティネット）ということばを使って、公的扶助の社会的役割について、具体的に考えてみよう。
② ミクロの視点とマクロの視点という2つのことばを使って、公的扶助ソーシャルワーカーの仕事の特徴について、具体的に考えてみよう。

〈参考文献〉
1　真田是ほか編『図説・日本の社会福祉（第6章）』法律文化社　2004年
2　岡部卓『改訂・福祉事務所ソーシャルワーカー必携』全国社会福祉協議会　2003年
3　「生活保護50年の軌跡」刊行委員会編『生活保護50年の軌跡』みずのわ出版　2001年
4　「新版・社会福祉学習双書」編集委員会編『新版・社会福祉学習双書2005・第6巻・公的扶助論』全国社会福祉協議会　2005年
5　厚生労働省編『厚生労働白書』ぎょうせい　各年版

第9講 病いをもつ人とともに —医療福祉—

●本講のねらい —医療福祉とは—

　医療福祉とは、憲法第25条に規定された「すべての国民の健康で文化的な生活を送る権利」（生存権、健康権）が実現されるように、傷病にかかわる社会問題や、傷病がもとになって起こる個々人の生活問題の解決・軽減をめざす制度・政策体系と実践活動の総称である。

　福祉サービスの資源不足を医療機関が補ってきた「福祉の医療化[*1]」の時代を経て、今日では保健・医療・福祉の統合が叫ばれる時代となり、「医療」も患者の病理だけでなく生活全体を視野に入れた対応が求められるようになってきている。

　医療福祉は、広義には医療と福祉を統合的にとらえる概念であるが、狭義には、病気やケガにともなって、経済的問題や就労・就学の問題、後遺症や障害に応じた居所や介護の確保等、生活上のさまざまな困難を現実に抱えることとなった人びととその家族に対する相談援助活動をいう。古くは「医療社会事業」ともいわれた活動であり、医療機関においてこうした活動にあたる専門職は「医療ソーシャルワーカー（Medical Social Worker、以下MSWと略[*2]）」と呼ばれている。本講では狭義の医療福祉実践、つまり、MSWの活動を中心に医療福祉をみていくこととする。

　なお、精神疾患に起因する生活困難への支援を行う専門職は、精神科ソーシャルワーカー（もしくは精神医学ソーシャルワーカー、PSW）と呼ばれ、1997年に「精神保健福祉士」として国家資格化されている。精神科ソーシャルワーカーは旧来医療ソーシャルワーカーの一種ととらえられてきたが、近年、「知的」「身体」「精神」の3障害の施策の統合化が進められつつあるなかで、その活動を「障害者福祉」としてとらえる傾向が強まっている（詳しくは第6講を参照）。

[*1] 福祉の医療化
　川上武が『日本の医者』（勁草書房、1961年）、『現代日本医療史』（勁草書房、1965年）、『医療と福祉』（勁草書房、1973年）等の著書のなかで展開してきた独自の概念。社会政策・社会事業の一環として扱うべきものを医療に転嫁し代替してきた政策を指す。

[*2] 医療ソーシャルワーカー
　近年、医療職ではなく福祉職であることを明確化する意図で、「保健・医療分野のソーシャルワーカー」、あるいは単に「ソーシャルワーカー」と表現されることも多い。

第9講　病いをもつ人とともに　―医療福祉―

1──── A子さんの事例にみる医療ソーシャルワーカーの働き

1　来談の経緯

　A子さんは現在35歳の女性で、2年前に離婚し、4歳になる長男との2人暮らしである。離婚後、日中は長男を保育所に預け、家電製品の部品を組み立てる工場でパートタイマーとして働き出した。1か月程前に職場で受けた健康診断の結果、精査を勧められて受診した病院で、A子さんは子宮癌と診断された。幸い早期発見であったが、「早急に入院・手術を」と医師から勧められ、A子さんは戸惑った。「癌」という病名に動揺する一方で、子どもの世話や金銭面のことが心配で入院はためらわれた。入院の日程を決められないA子さんをみて、医師はＭＳＷに相談してみるようにと病院内の相談室を紹介した。

2　初回面接時の状況

　ＭＳＷのもとを訪れたＡ子さんは、次のように語った。
　先程医師から子宮癌であると告知を受けたばかりで、まだ信じられない気持ちである。動揺して医師からの説明の半分も頭に入ってこなかった。早く入院治療を始めれば命に別状はないとはいうが、本当に大丈夫なのか。手術で子宮を摘出してしまうと女性ではなくなってしまうようで怖い。まだ気持ちの整理がつかない。それに、自分が入院してしまうと、その間子どもの世話をする人間がいなくなってしまう。両親は遠方に住んでいるし、脳梗塞の後遺症で思うように動けなくなった父の面倒をみている母に、さらに負担をかけることはできない。前夫は既に新しい家庭があるし、心情的にも彼に長男を預けたくない。近所には子どもを何日も預かってくれるように頼めるほどの知人もいない。入院中、長男にさびしい思いをさせるかと思うとつらい。子どもにどう話せばいいのか。医師を信用していないわけではないが、もし治療がうまくいかなかったら、離婚で父親を失った長男が今度は母親まで失うことになるかもしれず、いたたまれない。また、医療費がどれくらいかかるのかも心配である。実際に勤務した日数分しか給与が支払われないため、休めばその分収入は減る。前夫からの養育費の支払いも滞っており、あてにできない。医療費どころか生活自体が苦しくなってしまう。入院して治療を受けなくてはいけないのはわかっているが、いろいろ考えると不安でどうしていいのかがわからなくなる。

3　医療ソーシャルワーカーの対応とその後の経過

　A子さんは、不安に思っていることを話せたことで若干落ち着きを取り戻した様子だった。

　A子さんの話を傾聴していたMSWは、入院中の子どもの世話や医療費の支払い、生活費の問題、療養にまつわる不安等について一緒に考えていくことを申し出た。そして、子どもの世話については、児童相談所を通して施設や里親宅での一時保護を依頼することも考えられること、医療費の支払いについては、高額療養費制度やその貸付制度などが利用できること、A子さんはパート先で健康保険に加入しているので、療養のために仕事を休んでいる間は傷病手当金を受給できる可能性があることなどを簡単にA子さんに紹介し、A子さんが必要を感じた事柄については手続きを進められるようにサポートする旨を伝えた。

　A子さんは、まだ冷静には考えられないが、いろいろな手立てがありそうだとわかって少しほっとした、と語った。そして、あらためて担当医から病状や治療方法、予後についての説明をきいたうえで、問題への対応を具体的に考えていくこととし、MSWが担当医との日程調整を行うこととなった。

　A子さんの了解のもとで、MSWは初回の面接で話されたことを担当医に伝え、翌日にはA子さんと担当医があらためて話をする機会を設定することができた。その場にはMSWも同席し、一緒に医師の説明を聞いた。その後MSWと相談したA子さんは、長男の預け先が確保でき次第入院することを決めた。

　さっそくMSWが連絡をとったうえで、その日のうちにA子さんが直接児童相談所を尋ね、長男への対応を相談した。長男の預け先はすぐにみつかり、その翌日、A子さんは入院した。長男に申し訳ない気持ちはどうしても出てくるが、その分ちゃんと手術を受け、治療に専念して早く長男のもとへ帰りたい、とA子さんはMSWに話した。

　A子さんの治療は順調に進み、無事退院することができた。入院中、治療を受けるなかでのつらさや不安を話したり、医療費の支払い方法などの金銭面での対応について相談するため、A子さんは時折相談室を訪れた。また、経過観察のための定期的な通院となってからも、仕事を再開する準備の相談や、ちょっとした身体の不調から「再発」ということばが頭をよぎって不安におそわれたときなど、MSWに会って話をしていく。

　最近は、外来の待ち合い室で同世代の女性と知り合いになり、同じ病気を体験した他の人たちとも情報交換したり、ゆっくり話せる機会が欲しい、と

話し合うようになったとのことで、2人して相談室を訪れ、患者会の開催についてMSWと相談を始めているところである。

4　医療ソーシャルワーカーの果たした役割

　この事例のように、疾病によってそれまでの生活を一時的にでも変更せざるを得ないような問題が同時に複数発生することは多々起こりうることである。医療機関の第一の目的は疾病の治療であり、生活の支援ではないが、これらの問題解決が図られなければ治療を行うこと自体ができなくなる。MSWは心理・社会・経済的側面から生活を支えることで、疾病をもつ人の医療サービスを受ける権利を保障し、医療機関の目的達成に寄与する役割を担っていたといえる。

　また、このことは、単に医療機関の目的のために患者が医療サービスを受けられる状態をつくるということだけにとどまらない。疾病をもつ人が「患者」という役割のみに矮小化されることなく、社会の一員として自らの生活を送る権利を保障するという大きな意義につながるものである。

2────医療ソーシャルワーク実践の現状

1　活動領域・対象者

　MSWの多くは、病院・診療所・老人保健施設・保健所（保健センター）等の保健・医療機関に所属しており、各機関を拠点に実践を行っている。これらのほとんどの機関は、社会福祉サービスの提供を第一義とする機関ではない。この点が生活保護・高齢者福祉・児童福祉・障害者福祉等の領域の施設・機関とは異なる特徴となっている。

　また、その相談援助の対象は、ほとんどが現に保健・医療サービスの提供を受けている患者およびその家族である。現実には同じひとりの人が傷病者でもあり障害者でもある、あるいは高齢者でもあるといったように、他の領域におけるソーシャルワークの対象者と必ずしも明確に区分されるものではない。したがって、そのなかには児童から高齢者まであらゆる年代を含んでおり、抱えている生活問題も多種多様である。

　国内で今日どれくらいのMSWが働いているのか、公式な職種の規定がないため正確にはわからないが、厚生労働省による医療施設調査等の統計から推測すると、2002年現在で、PSWも含め、およそ1万5,000人から2万人程

度ではないかと思われる。最も多いのが病院で、「医療社会事業従事者」としてカウントされている約8,000人程がＭＳＷに相当すると思われる。これは1病院あたり0.9人、100ベッドに0.5人という人数であり、どの保健・医療機関にもＭＳＷが配属されているというわけではなく、配属されていても人員数が少ない状況を示している。したがって、本来的には医療福祉の対象と考えられる患者・家族であっても、そのすべての人に保健・医療機関においてソーシャルワーカーによる支援が保障されているとはいえない現状である。

2　業務内容

これまでにもＭＳＷ業務の分析はさまざまな形で試みられているが、1989年、厚生省に設置された「医療ソーシャルワーカー業務指針検討委員会」がまとめた報告書として「医療ソーシャルワーカー業務指針」（以下、「業務指針」と略す）が発表され、ＭＳＷ（ＰＳＷを含む）の業務の範囲と方法に関しての一応の標準が示された。2002年には改訂版が出され、現行の「業務指針」では、ＭＳＷ業務の範囲を以下の6種類に大別している。

1　療養中の心理的・社会的問題の解決、調整援助
2　退院援助
3　社会復帰援助
4　受診・受療援助
5　経済的問題の解決、調整援助
6　地域活動

現時点では、この指針が広くＭＳＷの間に認められているものと思われる。しかしながら、これらの業務範囲自体はＭＳＷ固有のものとはいえない。た

表9-1　ソーシャルワーカー（ＳＷ）の業務

	度数	順位1位（最小値）	順位3位（最大値）	合計	平均値*	標準偏差
心理社会問題解決	1501	1	3	2680	1.79	.860
退院援助	2254	1	3	3463	1.54	.678
社会復帰援助	1350	1	3	2830	2.10	.711
受診受療援助	1182	1	3	2297	1.94	.799
経済的問題援助	1849	1	3	4190	2.27	.761
地域活動	287	1	3	717	2.50	.743
苦情の解決	459	1	3	1190	2.59	.678
その他	195	1	3	445	2.28	.907

＊ＳＷの業務8項目から多い業務を上位から3項目順位をつけるようもとめた。平均値は少ない程順位が高いことを示す。
出典：日本医療社会事業協会「病院における社会福祉活動推進に関する調査結果報告書」2003年

とえば、医師による退院援助や看護師による地域活動というものも存在する。また、保健・医療機関以外の機関・職種の業務範囲と重なる場合もあろう。ＭＳＷの業務の専門性は、業務の範囲そのものというよりも、そこで行われる援助がソーシャルワークであることにあるといえよう。

　ＭＳＷの業務は、経済的問題への対応を中心として発展してきた。現在もこの問題への取り組みは減少していない。しかし、新たな傾向として、退院援助の増加があげられる（表９－１参照）。このことは、一方では公的医療費支出の抑制のために患者の在院期間の短縮化を図る政策の影響であり、もう一方では、ノーマライゼーションを求めるわれわれの地域生活・在宅生活への願いによるものでもある。

3 ── 今後の課題

1　医療ソーシャルワーカーの課題

　医療の概念の変化・拡大に伴い医療の領域で扱われる問題も多様化し、保健・医療機関の分化が進むことにより、患者の移動頻度が増加するとともに移動範囲も拡大してきている。それにともない、ＭＳＷも地域を超えたＭＳＷ同士のネットワークを形成し、相互に情報を提供しあうシステムをつくる必要があろう。一方では公的介護保険制度や障害者自立支援制度にケアマネジメントが導入され、従来のＭＳＷ業務とケアマネジャー業務との関係性の整理も必要になっている。

　保健・医療機関は、福祉サービスを必要とする人びとが集約される場所でもある。それだけに、ＭＳＷへの潜在的な需要はかなり高いものと思われる。しかし、現在までのところ、ＭＳＷの公的資格制度はない。十分なサービスを提供するためにも、社会的認知を高めるためにも、資格制度がつくられ、養成課程も含めた専門職としての位置づけや財政基盤の確立等の外的条件の整備がはかられる必要がある。

2　医療福祉領域の広がりと新たな課題

　包括医療や全人的医療の思想の広まりから、医療は傷病の予防からリハビリテーション、あるいはターミナル・ケアまでの長いプロセスを包含しているという見方が浸透しつつある。また、医療は患者のもつ傷病の治療のみにとどまらず、傷病への対処を通じた患者・家族のＱＯＬ（生活の質）の向上

をめざす取り組みであると考えられるようになってきた。その意味では、保健・医療と社会福祉の実践領域はますます接近し、重なりを広げてきている。現実の実践場面では、保健・医療と福祉がひとりの人に別個にかかわるのではなく、統合された形で提供されるべきものとしてとらえられる。そのためには、従来の医療のあり方とは異なる医療提供の方法・システムづくりが必要であろう。

　また一方では、公的医療費支出の削減を意図した保健・医療供給の抑制政策の一環として、保健・医療機関の施設類型化（種類分け）や、在宅医療・在宅福祉の強化が進められている。医療福祉サービスの多様化は、患者・家族の選択肢を広げる効果をもつ。しかしその一方、種類ごとの医療機関数・病床数やその配置は地域の実情に合わせて計画的に決められているわけではない。また、医療費負担が患者により多く求められるようにもなってきている。そのため、病状に適した機能をもつ医療機関、無理のない費用負担で入れる施設が近隣の地域にない等、かえって医療へのアクセスをしにくくさせている側面がある。現状では、種類分けされた医療機関相互、あるいは医療と福祉の機能の連続性・一貫性も確保されているとはいいがたく、どこにも行き場のない患者が出るといった混乱も生じている。それぞれの施設・機関が自施設のことのみ考えていたのでは、行き場のない人びとが各施設・機関に滞留することとなり、経営の危機にもつながりかねない。その意味でも、地域全体でいかに施設・機関相互の役割分担を進め、保健・医療資源と福祉資源の連携システムをつくり上げていくのかが課題である。

●考えてみよう●

① 本文中のA子さんの事例に登場した社会保障制度や福祉制度、医療制度がどのようなものか、詳細について調べてみよう。
② もしも自分自身が6か月以上の入院（もしくは自宅療養）を余儀なくされるような病気になったとしたら、家族の生活も含め、生活はどのように変化するか、考えて書き出してみよう。

〈参考文献〉
1　「医療ソーシャルワーカー業務指針」厚生労働省健康局長通知　健発第11129001号　2002年11月29日
2　社団法人日本社会福祉士会・社団法人日本医療社会事業協会編『保健医療ソーシャルワーク実践1』中央法規出版　2004年
3　NPO法人日本医療ソーシャルワーク研究会監修　荒川義子・村上須賀子編『実践的医療ソーシャルワーク論』金原出版　2004年

第10講 真の意味での解決を模索する —司法福祉—

●本講のねらい

　社会福祉は、現代社会に起こっている社会問題を対象にして、その解決・緩和を図る公的・社会的施策の一つである。この社会問題のなかには、「法にふれる行為」とされる犯罪・非行の問題のように、必ず「司法」を通じて解決を図らなければならない問題群がある。さらにまた、高齢者の財産管理や家庭に恵まれない子どもへの家庭保障などのように、成年後見制度や養子縁組制度など「司法」を活用することが問題解決に役立つような問題群もある。

　本講では、法的な解決がついた後も、なお残る人びとの生きづらさ、あるいはときを変え、場所を変え、同じような問題が繰り返される社会問題について、法的解決とともに、臨床的な視点から「真の」意味での解決を模索する司法福祉の考え方について理解する。

1ーーー 司法福祉とは何か

　日本国憲法は、私たちに幸福追求の権利（第13条）をはじめ、基本的人権を保障しており、かつ、それらを実現する方法の一つとして司法を活用する権利、裁判を受ける権利（第32条）を保障している。私たちはこれらの権利に基づき、司法を通じてさまざまな問題の解決を図ることができる。だが、本講のねらいでも述べたように、もし、ある問題について何らかの形で法的な決着がなされたとしても、その問題がときを変え、場所を変え、似たような形で生じ続けていくのであれば、問題そのものは「未解決」にとどまっているといわざるを得ない。そして、そのような事態が繰り返されれば、人びとは法的な決着そのものに不信を抱くようになってしまう。

　たとえば「非行」を例に考えてみよう。20歳に満たない「少年」が窃盗事件を繰り返し、警察につかまったとする。彼はその後、家庭裁判所で審判を受け、少年院へ行くことを宣告された。法の意図は、彼が少年院で矯正教育を受け、行った行為を悔い改め、迷惑をかけた人たちに思いをはせ、でき得る限りの償いをし、再び社会に戻る道を模索することである。だがこのよう

な少年が地域に戻ることは、実はそう簡単ではない。いくら本人が心を入れ替え、「まっとうに」生きることを決意しても、家庭は相変わらず崩壊したまま、地域の人びとは以前の彼を忘れておらず受け入れようとしない、心安く話しかけてくれるのは昔の非行仲間だけ、そんな事態が繰り返されれば、彼は自暴自棄になり、再び犯罪に手を染めてしまうかもしれない。

　他の例をみてみよう。独りで生活している老齢の親が、別居の子どもたちに扶養してもらいたいと考えたとする。子どもたちは話し合いを重ねたが、結局、誰も親の面倒をみようとは言い出さなかった。その場合、法的には、親は「直系血族及び兄弟姉妹は互いに扶養する義務」（民法第877条）に基づき、家庭裁判所[*1]に審判を求めることができる。訴えを受けた家庭裁判所は、だれがどのように扶養すべきかを決めることになる。だが仮に裁判所の決定を受け、子どもたちが月々なにがしかのお金を親に送金することになったとしても、それで一件落着といえるのだろうか。親が求めていたのは、お金ではなく子どもたちとのかかわり、疎遠になってしまった子どもたちとの関係を修復することだったのかもしれない。

　これら2つの例からは、法的な解決とともに、問題の内面をも考慮に入れた臨床的な、真の意味での「解決」が不可欠であることを強く感じる。では真の意味での「解決」とは何だろうか。それを考えるうえで重要なのは審判、裁判、調停、その後の執行も含め、法的な解決のプロセスを問題解決の場としてとらえ直し、そこで提起されている問題とは何かを検討することである。

　たとえば老親の事例の場合、家庭裁判所はまず調停という場を活用して親、子ども双方からじっくり話をきき、親子関係の調整を図ることができる。そして事案を受け持つ調停委員や家庭裁判所調査官[*2]などのスタッフが、法的な解決に配慮しながら、それだけでは解決できない問題にも目を向け、それらの緩和・解決の方向を模索していく。もし調停を通じてこの親子間に本当に必要なものは何かを把握できれば、必要に応じて社会福祉機関などと連携しながら、法的な決着をつけるとともに、問題の本質である親子のかかわりの回復に向けた働きかけを行うことも可能になる。

　以上のように、法的解決の過程と並行して、これと価値を共有しながら、相互に連携して展開される、臨床的な解決の過程を担う社会福祉を「狭義の司法福祉」、司法と福祉の統合としての司法的援助を「広義の司法福祉」と呼ぶ。そして、これらを体系的に考察しようとするのが司法福祉論（学）である。

[*1] 家庭裁判所
　家事審判、人事訴訟（婚姻関係や子の認知など）、少年審判を専門に扱う裁判所のこと。

[*2] 家庭裁判所調査官
　各家庭裁判所に置かれ、裁判官を補助する公務員。家事審判法で定める家庭事件に関する調査、少年の保護事件の審判に必要な調査・資料の提出、少年の試験観察などを行う。

2——— 司法福祉が扱う諸問題

　司法福祉が扱う問題は少年非行、成人の犯罪、子ども虐待、ドメスティック・バイオレンス、高齢者虐待、障害者虐待、子どもの親権、面接交渉権、成年後見など多岐にわたる。これらについていくつかの事例をもとに司法福祉の視点を明らかにし、検討すべき課題について整理する。

1　少年非行

　少年法の第1条には、「少年の健全な育成を期し、非行のある少年に対して性格の矯正及び環境の調整に関する保護処分を行う……ことを目的とする」と規定されている。また少年法第3条では、非行少年について、14歳以上20歳未満で犯罪行為をした少年（犯罪少年）、14歳未満で刑罰法令にふれる行為をした少年（触法少年）、20歳未満で、将来、罪を犯し、または刑罰法令にふれる行為をするおそれがある少年（ぐ犯少年）という3つの類型を定めている。

【事例1】　犯罪少年
　少年X（16歳）は暴走族のメンバーである。親から放任されがちだったXは家に居場所がなく、暴走族の仲間といるときだけが心安らぐ時間だった。ある日の夜、集団で暴走行為をしていたら、偶然他の暴走族グループと鉢合わせをした。ちょっとした小競り合いから乱闘騒ぎになり、Xは日頃のイライラをはらす絶好の機会とばかりに暴れ回った。ふと我にかえると、自分の前に頭からダラダラと血を流した少年が倒れていた。
　近隣住民からの通報により警察が駆けつけ、Xは逮捕された。その後、彼は家庭裁判所で審判を受け、少年院送致が決定した。だが彼は、暴力をふるったことは「よくない」が、つかまった自分は「運が悪かった」と思っている。

　Xにとって必要なのは、まずは自分のした暴力行為を認め、責任を引き受けること、傷つけた少年の痛みに気づき、償いを考えることであろう。
　家庭裁判所では、家庭裁判所調査官がX本人や保護者と面接し、Xの生育歴や環境、抱えている問題などについて調査を行う。裁判官はそれらを踏まえたうえでXの処分を決定する。
　本事例の場合、Xは少年院で法務教官らによる矯正教育を受けることになった。もし少年院ではなく、保護観察処分がなされた事例であれば、保護

司と保護観察官のもと、地域で更生をめざすことになる。これらの法に基づいた処分を通じて、少年一人ひとりの問題点を把握し、彼にとっての更生はどうあるべきか、何を目標に誰がどのようにアプローチすべきか、そしていかに事件がもたらした傷を修復していくかが重要な課題になる。

2　成人の犯罪

　犯罪は、刑法にあらかじめその内容が規定されている。もし成人が何らかの罪を犯した場合、刑法の規程に基づき逮捕、拘束され、裁判によって刑が宣告される。しかし、裁判が終わり、刑が執行されたからといってすべてが解決するわけではない。

【事例2】　犯罪被害者
　ある日、小学校に包丁をもった男が乱入し、校庭で遊んでいた子どもに切りつけた。事態に気づいた教員らが必死に取り押さえたが、子ども1人が死亡、2人が大けがをして救急車で運ばれた。

　安全なはずの学校で起きた痛ましい事件。かわいい子どもを理不尽に殺され、傷つけられた親は、ことばで言い表すことができない大きな怒りと悲しみにさいなまれることだろう。また、教え子を守れなかった教師、大切な友達を失った子どもたちの心の痛み、地域の人たちの恐怖は、たとえ加害者が厳罰に処されたとしても、そう簡単に癒えるものではない。
　犯罪被害者の怒りや悲しみをどう受け止めるのか、犯罪によって壊された日常生活をどう取り戻していくのか、犯罪が地域にもたらした傷をどう修復していくのか。裁判が終わった後も続くであろうこれらの問題に対し、継続して取り組む専門家の必要性が今、強く叫ばれている。

3　虐待

　日本では1990年代後半に子ども虐待、2000年前後にドメスティック・バイオレンス、2005年になって高齢者の虐待が世間の注目を集めるようになってきた。これらの虐待は年間、どの程度生じているのだろうか。全国的な公式統計がないので正確な実態把握は難しいが、被虐待者が死に至る最悪のケースは子どもの場合、年間100件近く生じていると報告されている。
　子どもにしろ、高齢者にしろ、虐待死事例を調べれば調べるほど、「似たような事例が、ときを変え、場所を変え、全国各地で繰り返し生じている」ことに驚かされる。この事態を何とか変えることはできないのだろうか。

【事例３】 介護殺人（高齢者虐待）

　独身の息子（38歳）が認知症で要介護３の母親（70歳）を自宅で介護していた。２人暮らしで、利用している介護サービスは週２回のデイサービスのみ。ある夜、息子は失禁を繰り返し、わけのわからないことばをわめきながら徘徊する母親の姿をみて怒りを抑えきれなくなり、殴る蹴るの暴行をはたらいた。翌日、母親は硬膜下血腫で死亡した。

　虐待が高じて死に至る事例は、実際、それほど多いわけではない。また、事例を詳しく調べると、加害者が被害者を憎んでいた事例ばかりではなく、近所の人が感心するほどかいがいしく面倒をみていた事例などもみられる。それなのに、なぜ事件は生じてしまったのか。そこには加害者の性格、介護知識の不足などの個人的な要因もさることながら、介護サービスの不備、困ったときに施設を利用できなかったり、金銭的な不安から利用をためらったり、介護者へのケアそのものが不十分だったり、実は社会的な要因が深くかかわっているのである。

　このような事件の解決に向けて重要なのは、当事者（加害者）の立場からみた困難を、当事者の立場に立って把握することである。そして、加害者が直面した困難のうち、他の介護者にも共通にみられる困難があれば、それは社会的な課題として取り上げ、改善に向けた取り組みを行うことである。そのためには、法の手続きのなかで加害者本人が語ることば、すなわち供述や裁判での証言を丁寧に分析することが必要になる。同様のことは子ども虐待、障害者虐待に関してもいえる。過去に生じた事件の検証を行うことなく、加害者個人にかかわる要因の指摘のみで事件が終結したら、同じような事件が再び、どこかで発生することは確実である。

4　司法の場におけるソーシャルワーク

　「司法」を活用することが問題解決につながる事例として、家事調停や審判がある。なかでも、最近は離婚や子どもの親権、面接交渉など、法的な検討に加えてソーシャルワークが必要とされる事例が目につくようになってきた。ここでは子どもの権利擁護に関する事例を一つ取り上げ、司法の場におけるソーシャルワークについて考える。

【事例４】　子の親権、面接交渉権

　Ａ（男性、19歳）はＢ（女性、18歳）と大学で出会い、卒業と同時に結婚。半年後、Ｂは女児を出産した。しかし、付き合っていた頃からＢに支配的だっ

たAは、結婚後、何か気に入らないことがあるとBにあたり、身体的・心理的暴力を繰り返すようになった。ある日、AはBが大学の男の先輩からかかってきた電話にうれしそうに答えたと激高、Bに乱暴を働いた。Bは耐え切れず子どもをつれて家を出、福祉事務所に駆け込んだ。

AはBとの離婚を望み、家庭裁判所の調停を経てAとBの離婚は成立し、子の親権者はBに指定された。別居から4年後、Aは子どもとの月1回程度の定期的な面接を主張し、「子の監護に関する処分の調停」を申し立てた。

Aの主張：Bに暴力をふるったことは悪いと思っている。だが、自分は父親だ。父親が自分の子どもに会いたいと思うのは自然ではないか。また、子どもにとっても、たとえ別居していたとしても父親から気にかけてもらっている、愛されていると実感できるのは幸せではないか。

Bの主張：子どもは今、自分のもとで心身ともに健康に成育している。Aから暴力を受けていた時、子どもは泣き叫び、ちょっとの音にもビクビクするなど不安定な様子だった。今も、父親のことは一言も口にしない。お願いだから、自分たちにもうかかわらないでほしい。今でも、Aとの生活を思い出すだけで胸が苦しくなり、眠れなくなるので安定剤を飲んでいる状況である。

家庭裁判所の調査結果は、以下の通りであった。「母は子を慈しみ、適切な世話を行い、十分な子育てをしている。また、母は通院しながらも資格を身につけるために努力しており、将来の経済的な自立に向け、堅実な努力をしている。父は暴力をふるったことを反省しているが、加害者としての自覚は乏しく、相手を対等な存在と認め、その立場を思いやる視点に欠ける」。

結局、Aの申立ては認められなかった。ほっと胸をなでおろしたB、だがその背後には複雑な表情を浮かべた小さな子どもが佇んでいた。

さて、この結末をどうとらえればよいだろうか。ドメスティック・バイオレンスの視点からみれば、面接交渉が認められなかったことは妥当であろう。一方、当事者である子どもの思いは、どのように反映されたのだろうか。

この問題提起は単に「それなら子どもに直接、意見を聴こう」というものではない。子どもに自分の気持ちをいわせることは危険かつ残酷な行為である。自分を取り合う形で父母の対立に挟まれた子どもの本心は、「両方の親と仲良くありたい」かもしれない。また、もし、実は父親に会いたいと思って

いても、今実際に暮らしている母親に対する遠慮と見捨てられるのではないかという不安から、本当の気持ちをいえず躊躇するのかもしれない。

子どもが自分の思いをどのような形であらわしているのかを読み取り、理解し、そこから最善の方法を考えていくのは家庭裁判所調査官の重要な役割の一つである。家庭裁判所調査官は専門的な見地から、必要なサポートを考案し、必要な支援を組織しなければならない。これには専門家としての力量と、高度な専門的知識が求められる。今後はこのような司法の場でのソーシャルワークのあり方について検討を進めることが必要である。

3 ── 司法福祉のこれからの課題

改めて、司法福祉とは何だろう。法的な解決過程と並行して、これと価値を共有しながら、相互に連携して展開される、臨床的な「真の」解決過程を担う社会福祉のあり方を考える、かつ司法と福祉の統合としての司法的援助を考える、これらを体系的に考察すること、と先に述べた。いくつかの具体例を通じて、司法福祉が課題とする事項をみてきたが、実はそれらの根本には、常に、法的な解決に加え根底にある問題そのものの緩和・解決を図ることへの熱い思いが存在することに気づいていただけただろうか。

犯罪、非行もさることながら、この先、「司法」を活用することが問題解決に役立つような問題群が、ますます増えてくることだろう。このような法にかかわる諸問題の本質をいかに認識し、分析していくかが問われている。

社会で生じている問題をリアルにとらえる手法、たとえば犯罪心理鑑定や裁判「事例」分析、審判例分析、調停事例の検討などを含め、「規範的解決過程と並行して、これと価値を共有しながら、相互に連携して展開される、実体的解決過程を担う社会福祉のあり方を考える」研究方法の確立をめざすこと、それは司法福祉の今後の大きな課題である。

　◆ 考えてみよう ◆

① 事例1について、少年Xの問題点は何か。Xに対し、だれが、どのようにアプローチするとよいのだろうか。

② 事例3の介護殺人のように、ときを変え、場所を変え、起こり続ける社会問題について、どのような課題を見出すことができるだろうか。

〈参考文献〉
子どもの虐待防止ネットワーク　あいち編『子どもの虐待死「10年の実状」』キャプナ出版　2006年

第11講 住民参加と福祉でまちづくり —地域福祉—

●本講のねらい

　本講では、地域福祉の考え方について学ぶ。地域福祉とは自立生活を地域の力によって支援していくために、個人と地域に働きかけていくアプローチである。とはいえ児童や高齢、障害といった分野別の福祉と異なり、地域にアプローチするといってもわかりにくい。つまり地域とは何かということを理解しなければならないからである。さまざまな問題が起こり、それを解決している空間としての地域のとらえ方が必要である。そのときに自分自身も地域住民の一人であるという視点から考えていくことがスタートになる。本講を通して、どうしたら自分が今暮らしているまちの地域福祉が推進できるのかという問題意識をしっかりと育んでほしい。

1 ——— 地域の現状を把握すること

　地域福祉を考えていくとき、まず「地域」とは何かという疑問にぶつかる。辞書で調べると、地域とは「区切られた土地」とある。しかし地域福祉でいう地域とは、単なる土地を示すだけではない。そこに暮らしている人やそこで営まれている生活、また人と人とのつながりやさまざまな制度やしくみなど地域を構成しているものはたくさんある。地域福祉を学習していくためには、まず自分の地域を知ることからはじめてみよう。

　本講の最後にある「考えてみよう」で示した地域のデータを明らかにすることは、地域特性（コミュニティ・プロフィール）を把握するという地域福祉援助の基本である。一人ひとりに個人のプロフィールがあるのと同じように、地域にもそれぞれの違いがあり、さまざまな表情や個性がある。このことを地域の固有性という。この地域特性は時間とともに変化する。今の現状を知るだけではなく、過去と比較をしてみることで変化がみえてくる。また将来推計などで未来を考えてみる視点も大切である。

　自分が調べたコミュニティ・プロフィールを、友だちのものと比較してみると、さらに自分の地域の特徴がはっきりとしてくる。地域福祉の学習では、

全国各地、ときには世界各国の地域の事例が紹介される。そのときに自分の地域のことをしっかり踏まえておくと、それらと「比較」をしながら考えることができる。

こうした「地域特性の把握」と「地域間の比較」という視点から地域をとらえていくことが、地域福祉援助の基本であるが、実際のソーシャルワーカーは、さらに社会福祉調査などを用いて地域福祉の潜在的なニーズを明らかにしたり、課題を明確にしている。

2 ── 地域福祉の活動ととらえ方

　Aさんは、重度の障害がある。Aさんの介護をしていた母親が亡くなったが、遠く離れたところにある福祉施設には入所したくなかった。自分の生まれ育った家で暮らし続けることはできないか、市役所にある福祉事務所に相談に行った。Aさんの要望をよく聞いてソーシャルワーカーは在宅生活が継続できるようにケアプランを考えてくれた。ワーカーはAさんが地域で自立生活ができるよう関係機関と調整し、彼に必要なサービス（ホームヘルプと配食サービス）が提供されるように契約を手伝ってくれた。Aさんは福祉施設に入所することなく、住み慣れた自宅で落ち着いた生活を営んでいる。

　Bさんは定年退職し、これからは地域のなかで何か役に立つことができたらと思っている。そこでボランティア・市民活動センターに出かけてみた。そこにはコーディネーターと呼ばれる人がいて、Bさんの話をよく聞いてくれた。そのうえで地域のなかにある活動先をいくつか紹介して、後日Bさんが見学に行かれるように連絡をとった。Bさんはそれまで企業で身につけていたパソコンの技術を活用したボランティア活動に出会うことができ、少しでも暮らしやすい地域になるように活発に活動している。

　Cさんは長いことボランティア活動をしていた。今回、Cさんの住む市で地域福祉計画を策定することになった。Cさんは公募委員に応募したところ選出された。これまでCさんがボランティア活動を通して考えてきたことをもとに、行政や市民が力をあわせて地域福祉を推進するために、どんな施策が必要なのかを策定委員会で検討している。

　このように地域のなかではさまざまな活動が行われている。こうした活動を総合的にとらえて全体としてみることで地域福祉の全体像がみえてくる。

　地域福祉を推進していくためには、3つの要件がある。まず、地域のなかでだれもが自立生活が営めるように支援をしていくこと。2つ目に、地域住

民が積極的に地域福祉活動に参加していくこと。3つ目に、行政と地域住民が協働して計画的に地域福祉を推進していくことである。

3 ── 地域福祉の考え方

1 社会福祉法における地域福祉の位置づけ

社会福祉法では地域福祉について「地域における社会福祉」（社会福祉法第1条）と定義している。具体的には次のように述べられている。

> ●社会福祉法　第4条（地域福祉の推進）
> 地域住民、社会福祉を目的とする事業を経営する者及び社会福祉に関する活動を行う者は、相互に協力し、福祉サービスを必要とする地域住民が地域社会を構成する一員として日常生活を営み、社会、経済、文化その他あらゆる分野の活動に参加する機会が与えられるように、地域福祉の推進に努めなければならない。

この法文を理解するポイントは3点ある。

まず第一に、地域福祉は、①地域住民、②社会福祉を目的とする事業を経営する者、そして、③社会福祉に関する活動を行う者という三者が相互に協力して推進に努めなければならないということ。

第二に、①地域住民という概念のなかには、福祉サービスを必要とする人たちも同じ地域社会を構成する一員として含まれているということ。つまり、福祉サービスの利用者は特別な人たちとして切り離すのではなく、地域住民として社会的に包含してとらえていくというソーシャル・インクルージョンの理念が位置づけられている。

第三には、地域住民にとって社会、経済、文化その他あらゆる分野の活動に参加する機会が与えられること。このことは「完全参加」というノーマライゼーションの原則を述べている。

つまり社会福祉法で規定された地域福祉とは、三者による相互の協力によって、ソーシャル・インクルージョンやノーマライゼーションという考え方を、それぞれの地域で実現していくことである。

しかしこのことは、時間さえかければ自然に地域が変化していくものではない。誰かがこの推進に向けて働きかけなければ、地域は変わっていかない。地域とは、ユートピア（理想郷）ではないからである。たとえば重度障害のある人たちは、地域のなかで抑圧され差別され、ときには排除されてきたのである。今だに障害者施設等が建設されようとすると地元で反対運動が起こ

ることもある。

　私たち日本人の福祉意識として「総論賛成、各論反対」といった傾向がある。総論では福祉はよいこと、大切なこととしながらも、実際に個人の生活に直接関与する事柄になると受け入れることが難しくなる。このギャップが「福祉は偽善だ」ということばに象徴される。ソーシャル・インクルージョンやノーマライゼーションを具現化していくためには、地域の福祉意識を変革し、必要なシステムを構築していくことが不可欠である。地域福祉の推進とは言うは易く行うは難しいものである。

2　地域福祉の実体化の背景

　戦後日本の社会福祉の歩みを地域福祉の視点から、その時代に何を中心に社会福祉が発展してきたかを振り返ると、次の4つに時代区分することができる。第一期（1945～1970年）貧困問題を中心とした時代。生存権の保障を確立するために各福祉法が制定され、それにともない社会福祉事業が体系化されていった。第二期（1970～1990年）福祉施設を中心とした時代。高度経済成長期のなかで保育や介護といった生活問題について福祉施設を整備することで対応してきた。第三期（1990～2000年）在宅福祉を中心とした時代。ノーマライゼーション思想と社会保障改革のもと在宅福祉サービスの基盤整備が図られてきた。以上のような時代を踏まえ、社会福祉基礎構造改革によって、現在は第四期（2000年～）地域福祉を中心とした時代に移行してきたといえる。このように地域福祉は、日本の社会福祉の発展のなかで実体化してきたシステムであるといえる。

　また社会福祉基礎構造改革は、社会福祉の範囲だけの検討ではなく、社会保障全体のなかで考えられてきた。またその背景には、地方分権と規制緩和という一連の行政改革の影響がある。2000年には「地方分権一括法*1」という大きな改革が施行されている。地域福祉を考えるときは、こうした社会全体の文脈とも関連させて考察していかなければいけない。

　さらに政策動向だけではなく、地域のなかにはさまざまな地域福祉実践がある。1995年、阪神淡路大震災の救済支援活動を契機として、「ボランティア元年」と呼ばれた。それは単に多くの人びとが関心を示し、ボランティア活動をしたからというだけではない。それまで日本のボランティア活動は行政の補完的役割が強かった。それは行政が本来やるべきことを財源や人手の不足からボランティアによって補わせるという、上下関係の構図であった。しかし震災後に行政機能が麻痺したなかで、市民の安心と安全、生活を支援するためには市民活動と行政機能が対等な立場に立って、それぞれの役割を果

＊1　地方分権一括法
　地方分権を推進するために、475本の法律改正案から成る法律として可決成立し、2000年4月1日から施行された。主な目的は、住民にとって身近な行政は、できる限り地方が行うこととし、国が地方公共団体の自主性と自立性を十分に確保することとされている。

第11講　住民参加と福祉でまちづくり　－地域福祉－

たす協働というしくみの重要性に気がついたのである。1998年には、特定非営利活動促進法が制定されるなどしてＮＰＯ活動*2 も各地に広がってきた。また地域のなかでは、小規模多機能施設の開設や、最近では地域福祉型福祉サービス*3 といった新しいタイプの活動も生まれている。こうした市民活動による地域福祉の実体化も進行している。

3　地域福祉というシステムの構築

　在宅福祉サービスを構造的にとらえていくことの必要性を指摘しているのは、大橋謙策である。彼は在宅福祉サービスの構造を三層に示している。ピラミッドの頂点に「直接対人援助サービス」がある。これは個別支援のための各種サービスである。今日、地域のなかにはさまざまな在宅福祉サービスのメニューがある。ただしサービスがあるだけでは、豊かな在宅生活を営むことはできない。それらのサービスを本人や家族のニーズに応じて、「ケアマネジメント」を担当する専門職が必要である。この専門職が地域のなかにきちんと配置されていること。さらには質の高い専門性を有していることが大事である。さらに在宅福祉サービスには、土台となる部分の環境醸成が求められる。ここでは物理的なハードな側面と意識的なソフトの側面がある。前者の側面についていえば、質の高い在宅福祉にしていくためには「宅」の部分がきちんと整備されていることが基本である。快適な生活のために住宅改装が必要であるし、自宅から外出したときの移送サービスについても整備されていないといけない。役所に行く、病院へ行く、買い物に行くといったときの交通手段の問題である。車を運転できなくなった高齢者や障害のある人たちにとって郊外の大型ショッピングセンターまでは「遠い」道のりになる。また公共建築物をはじめ、街のなかをバリアフリーにしていくことも必要であるし、ユニバーサルデザインの発想による都市計画も重要な課題である。後者の側面では、近隣の人たちが福祉をよく理解して受け入れていく意識がなければ、豊かな自立生活にはならない。要介護の人が近くにいることを迷惑がられたり、偏見をもたれていたら、本人や家族にとっては大きなストレスになる。在宅福祉サービスをこのように構造的にとらえることが必要である。これが分断されていると、サービスはそれぞれのサービス整備だけに目が奪われ、環境醸成がともなわないことがある。

　地域福祉とは、この在宅福祉サービ

*2　特定非営利活動の種類
1．保健、医療又は福祉の増進を図る活動
2．社会教育の推進を図る活動
3．まちづくりの推進を図る活動
4．学術、文化、芸術又はスポーツの振興を図る活動
5．環境の保全を図る活動
6．災害救援活動
7．地域安全活動
8．人権の擁護又は平和の推進を図る活動
9．国際協力の活動
10．男女共同参画社会の形成の促進を図る活動
11．子どもの健全育成を図る活動
12．情報化社会の発展を図る活動
13．科学技術の振興を図る活動
14．経済活動の活性化を図る活動
15．職業能力の開発又は雇用機会の拡充を支援する活動
16．消費者の保護を図る活動
17．前各号に掲げる活動を行う団体の運営又は活動に関する連絡、助言又は援助の活動

*3　地域福祉型福祉サービス
　日常生活の場において、生活のしづらさを抱えた住民の生活の継

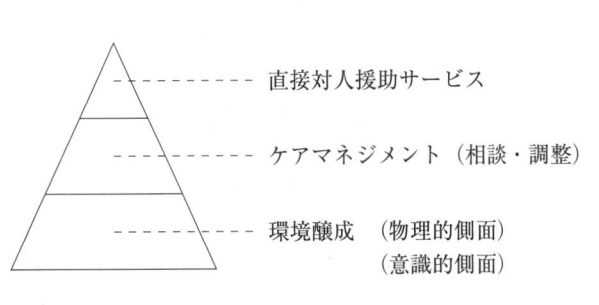

ピラミッド図：
- 直接対人援助サービス
- ケアマネジメント（相談・調整）
- 環境醸成（物理的側面）（意識的側面）

107

スの構造を相対的に大きくしていくという発想である。つまり個別のサービス提供と専門職の配置や質の担保、さらに地域の環境醸成を総合的に推進していくことが地域福祉の特徴である。すなわち、地域福祉をこれからの新しい社会福祉の推進システムとしてとらえていくことが重要である。

4 ── 地域福祉の実践の諸相

1　ボランティアや市民活動

　地域福祉の実践を草の根的に支えているのはボランティアや市民活動である。福祉だけではなく環境や教育、あるいは国際貢献など幅広い活動が展開されている。とくに最近は、災害時の救援ボランティア活動が注目されている。また各地でNPO活動も広がってきている。NPO法人とは特定非営利活動を行う団体で、所定の要件を満たすことで認証された法人である。また市町村社会福祉協議会（以下、社協）には、ボランティア・市民活動センターがある。ボランティア活動に関するコーディネート、情報提供、保険手続きなどを行っている。

2　民生委員・児童委員の活動

　民生委員は、民生委員法によって委嘱された人たちであり、地域福祉の最前線で活躍する人たちである。民生委員は、社会調査や相談、連絡通報、調整、生活支援、意見具申など、地域のなかでさまざまな活動を行う。児童委員は、児童福祉法によって民生委員が児童委員を兼ねることとなっている。また児童福祉問題を専門に担当する主任児童委員もいる。民生委員・児童委員の任期は3年間である。

3　福祉教育・学習活動

　地域住民に福祉理解を促し、地域福祉を実践していくために必要な学習の機会を提供していくこと。広報・啓発活動や福祉教育・学習活動は、住民の福祉意識を形成していくうえでとても重要である。生涯学習の視点から公民館などと連携してさまざまな場面で福祉を学習すること、また学校での「総合的な学習の時間」などを用いて社会福祉のメッセージを子どもたちに伝えていく活動が各地で広がっている。

続性や豊かな社会関係など、地域生活の質を高めることを目的とした活動やサービスを通して、住民・利用者・事業者・行政が協働して、共生のまちづくりをすすめるための地域福祉資源。宅老所・グループホーム・ふれあい・いきいきサロン・住民参加型在宅福祉サービスなどをいう。

4　セルフヘルプグループ活動

　地域のなかに同じような課題を共有している人たちが、自分たちの力で課題解決を意図したり、相互に相談に応じたり、自分たちの要求を行政などに対して提言する活動をしている。とくに同じ立場や体験をしてきた者同士が相談しあう（ピアカウンセリング）ことで、専門職への相談とは異なる効果をもたらすことも多い。こうした人たちや活動を組織化したり、支援していくことも、とても大事な地域福祉の実践である。

5　計画策定活動

　市町村では各種の福祉計画が策定されている。社会福祉法第107条[*4]にある地域福祉計画は策定にあたって住民参加が重要視されている。それぞれの自治体が、自らの地域福祉の方向性や具体的な施策の内容について選択し決定していく時代である。地域住民のニーズを受け止めるだけでなく、住民意見を提言として施策化し、行政と住民の役割分担をすることで協働を促進し、計画の進行管理にまで住民参加が可能なシステムを創り出すことが必要である。市民主導のワークショップや地域懇談会、市民参加型調査などを通して計画策定活動が広がりつつある。

6　社会福祉協議会の活動

　地域福祉を推進する機関として、市区町村の社協は社会福祉法第109条[*5]で位置づけられている。高齢者や障害者の在宅生活を支援するために、さまざまな在宅福祉サービスを行っているほか、高齢者や障害者、子育て中親子が気軽に集える「サロン活動」やボランティア・市民活動センター、福祉教育支援事業など多様な福祉ニーズに応えるため、それぞれの社協が地域特性を踏まえ、創意工夫をこらした独自の事業に取り組んでいる。

　たとえばT市社会福祉協議会では、共同募金の配分をするときに市民公開のプレゼンテーションを実施している。配分を受けようとする団体は自分たちの活動を発表し、審査員によりそれぞれの配分の可否や金額を決定していく。この審査員には、小学生たちも参加している。これによりボランティアや市民活動への支援の透明性が高まり、それぞれの活動が活性化している。

[*4] 社会福祉法第107条
（市町村地域福祉計画）
第107条　市町村は、地方自治法第2条第4項の基本構想に即し、地域福祉の推進に関する事項として次に掲げる事項を一体的に定める計画（以下「市町村地域福祉計画」という。）を策定し、又は変更しようとするときは、あらかじめ、住民、社会福祉を目的とする事業を経営する者その他社会福祉に関する活動を行う者の意見を反映させるために必要な措置を講ずるとともに、その内容を公表するものとする。
一　地域における福祉サービスの適切な利用の推進に関する事項
二　地域における社会福祉を目的とする事業の健全な発達に関する事項
三　地域福祉に関する活動への住民の参加の促進に関する事項

[*5] 社会福祉法第109条
196頁参照

5 ── 地域福祉の事例 ―長野県茅野市から学ぶ―

　長野県茅野市は八ヶ岳山麓に位置する人口5万6,000人のまちである。高齢化率は19.8％。ここでは市民・民間主導、行政支援による公民協働の「パートナーシップのまちづくり」に取り組んでいる。地域福祉も重点分野のひとつとされ、1996年から4年間にわたって市民参加で地域福祉計画が策定された。なんと300回以上の会議を重ねて市民と行政がつくりあげた計画である。そのなかでさまざまな声が寄せられた。「市役所まで遠くてなかなか行くことができない」「窓口がたくさんありすぎて、どこへ相談したらよいかわからない」「ボランティアは暇な人がやるもの、といった偏見がたくさんある」「障害者は地域のなかでとても肩身が狭い思いをしている」などなど厳しい意見があった。それらの一つひとつをどう解決していくかを真剣に検討した。その結果が「福祉21ビーナスプラン（茅野市地域福祉計画）」としてまとまり、2000年度から施行されている。

　この地域福祉計画の特徴は、「保健福祉サービスは、できるだけ身近なところで利用したい」という市民ニーズに応えるため、「暮らしの範囲を段階的なレベルにわけて（生活圏の階層化）、保健福祉サービスもそれらの階層にあわせて体系化する（保健福祉サービスの重層化）」という考え方にある。具体的には、近隣市町村を含む広域範囲を第1層、市全域を第2層、保健福祉サービスエリア（4か所）を第3層、市内の小学校域（10地区）を第4層、自治会単位（99区）を第5層とした。それに保健福祉サービスを展開するのに効果的なしくみを重ねた結果、第3層に「保健福祉サービスセンター」を設置して地域包括支援を行うシステムをつくることを決定した。

　現在では何か生活で困ったことがあれば、市内に4か所ある「保健福祉サービスセンター」のうち、一番近いところへ相談に行けばよいようになっている。介護保険のことでも、障害のことでも、子どもの問題でも、そこに行けば総合相談支援が受けられるというOne Stop Serviceが実現している。保健・医療・福祉がしっかりとチームアプローチできるしくみでもある。またこうした行政サービスの見直しだけではなく、市民活動も活発になっている。自分たちにできることは自分たちでやっていこうという市民意識の高まりとともに、ボランティアやＮＰＯ活動として広がっている。こうした活動を支えているのは市民の学習活動でもある。茅野市はもともと公民館活動が盛んであったが、この公民館を中心として地域福祉学習に取り組んでいる。市民はさまざまな学習を通してこれからの地域福祉のあり方について学ぶ。そうし

た取り組みは条例をつくるという市民活動にもなり、「パートナーシップのまちづくり条例」「地域福祉推進条例」という形に至った。市民のなかには「地域福祉は与えられるものではなく、自分たちでつくっていくもの」という考え方が確実に広がりつつある。

6 ── 地域福祉のこれからの課題

　地域福祉がこれからの社会福祉のひとつの軸になることを述べてきたが、2000年から数年しか経っていないのに、すでに地域によって大きな格差が生じてきている。従来の制度や規制が緩和されたことによって、自由に創意工夫をしながら地域福祉を推進している自治体が各地で登場している。住民のニーズをしっかり受け止めて、それを解決していくために市町村が独自でサービスを開発したり、システムをつくり出すような市町村が各地で生まれてきている。そのなかには今後の自治体経営のひとつの柱に福祉政策を位置づけ、まさに「福祉立地」によって地域を活性化させようというところもある。コミュニティビジネス*6などとも結びつけて、福祉でまちを元気にしていこうという積極的な発想である。こうした福祉でまちづくりを推進するためには、職員の意識改革、住民の積極的な参画、そして市町村長のリーダーシップの影響も大きい。

　ところが一方ではいまだに都道府県や国の指示を待って、指示がなければ動かないという受け身の自治体もある。何も無理をして仕事を増やさなくても、最低基準だけを果たしていればよいという考え方である。こうした地域では住民も声を出さないことが多い。このことは単に職員の意識や姿勢だけの問題ではなく、今日の行財政改革のなかで地域福祉をどのように位置づけていくかという大きな問題が背景にある。国は社会保障の基準を示すだけで、あとは市町村が独自にやっていくことがよいのか、それとも福祉サービスについては国や県の指導を厳しくして画一的にやっていく方がよいのか、こうした「地域間格差」の問題はこれからの地域福祉の大きな課題である。

*6　コミュニティビジネス
　市民が主体となって、地域が抱える課題をビジネスの手法やさまざまな地域の資源を活用しながら解決し、それを通じて利益を得る事業のことをいう。またこのことを通してコミュニティの再生を図っていくことを目的とする。

●考えてみよう●

① 自分の暮らしている地域について、基礎的データを調べてみよう。データの一覧を作成して、それを友だちと比較してみると地域の特徴がよくわかる。

人口の変化　　現在：　　5年前：　　10年前：　　20年前：
老齢人口・高齢化率の変化
生産年齢人口、年少人口、
外国人登録人口

市町村の沿革　　地勢、面積、自然　　産業別就業人口
市長の名前、経歴、在任期間　　市会議員数（女性議員の数）
保育所、幼稚園、小学校、中学校、盲・聾・養護学校の数、公民館、図書館の数

② 自分の地域の社会福祉の状況について調べてみよう。

福祉事務所の所在他
社会福祉協議会の所在地と業務内容
社会福祉施設の名称、種別、所在地と利用者定員
ボランティア・市民活動センターの所在地とボランティア登録人数、団体、活動
種別ＮＰＯの数、活動種別
障害のある市民（身体障害、知的障害、精神障害）の数
民生委員・児童委員の数、主任児童委員の数
介護保険事業の利用者数、　　生活保護の受給世帯数
福祉計画の有無（老人保健福祉計画、介護保険事業計画、障害者に関する計画、
　　　　　　　　次世代育成支援に関する計画、地域福祉計画、地域福祉活動計
　　　　　　　　画）
最近、地域のなかで話題（新聞などにとりあげられた）になった福祉の出来事

③ 自分たちのまちにある地域福祉計画について調べてみよう。
　1　計画の有無について調べる。
　2　計画がある自治体は計画策定の経過、計画の内容、進行管理の方法について調べる。
　3　計画がない自治体は担当者から計画策定をしない理由についてヒアリングする。
　4　厚生労働省のホームページ等を活用して各地の地域福祉計画について調べてみる。

④ 自分たちのまちのボランティア・市民活動の実態と課題について調べてみよう。
　1　地域全体の様子を知る。ボランティア・市民活動センターへ行って資料をもらう。
　2　見学や体験活動などにより、実際の活動に参加してみる。
　3　実際に活動している方にインタビューしてみる。活動をはじめた動機やこれまでの経過、現在の課題などについてうかがって、まとめてみる。

〈参考文献〉
1　阿部志郎『地域福祉のこころ』コイノニア社　2004年
2　大橋謙策・原田正樹編『地域福祉計画と地域福祉実践』万葉舎　2001年
3　平野隆之・宮城孝・山口稔編『コミュニティとソーシャルワーク』有斐閣　2001年
4　土橋善蔵・鎌田實・大橋謙策編『福祉21ビーナスプランの挑戦』中央法規出版　2003年

第3部

社会福祉のプロとなるために

第12講 社会福祉の援助方法 —ソーシャルワーク—

●本講のねらい

　社会福祉の目的を実現するための方法は多岐にわたる。人びとが抱えるさまざまな生活問題へ社会的に対応するためには、法律と施策、実施機関や施設といった制度が不可欠である。しかし、制度の整備だけでは個々の問題は解決されない。制度を機能させる専門的援助方法（ソーシャルワーク）が十分に展開されてはじめて、一人ひとりの当事者への対応が可能となる。
　社会福祉援助は、当事者を含む多様な人びとによって実践されているが、本講では、専門的援助活動を担うソーシャルワークについて概観する。

1 ── ソーシャルワークの視点

　社会福祉が対象とする生活問題は、非常に広い幅と奥行きをもつ。経済的困窮、心身の障害やそれに伴う社会的疎外、難病や慢性病など治癒の難しい病気、高齢期の生活困難など目にみえる「現象」が多様なだけでなく、その原因や当事者を取り巻く環境は個々に異なり、問題は単純ではない。
　複雑な状況を読み解き、援助を必要とする人の意思を丁寧に汲み取りながら問題を解決していくために、ふまえておくべき基本的視点を考えてみたい。

第12講　社会福祉の援助方法　―ソーシャルワーク―

1　生活問題を多面的にとらえる

1　生活問題の構造を把握する

　社会福祉は、個人の自助努力では解決できない生活問題を対象とする。したがって、当事者が抱える困難は、個別の問題であるが、私的な出来事ではない。ソーシャルワークでは、個別の問題を社会的文脈のなかに位置づけ、その構造を把握することが求められる。

　経済的に困窮して援助を求める人がいたとしよう。多くの場合、当面の食事や宿泊所を提供するだけでは問題の解決につながらない。困窮している原因、背景をさぐり経済的安定を図るためには、その人の現況だけでなく、仕事や家庭など個人を取り巻く環境に関する理解が必要となる。

　家族や友人との人間関係、職場や学校といった所属組織との関係など当事者に関する情報収集を進めると、一人の困窮者が生まれた社会的状況がみえてくる。経済的困窮という現況が同じでも、そこに至る背景と原因は人によってみな異なる。債権者から逃れている元会社社長もいれば、リストラによる解雇と離婚が重なったサラリーマンという例もある。

　第一印象や先入観にとらわれることなく、実態を正確に把握し、問題の社会的要因を明らかにすること。すなわち、生活問題の構造をしっかり把握することが適切な援助への第一歩となる。

2　生活問題を時間の流れのなかで理解する

　生活問題を多面的にとらえるためには、その構造を社会という空間のなかで把握するだけでなく、時間の流れのなかに位置づけることも必要である。個々の人間が直面する困難には、それぞれの「歴史」がある。

　一人の人間が自力で対応しきれないほどの問題を抱えるまでの道筋は、その人の生活過程と社会状況の変化、つまり時間軸のなかではじめて理解される。現時点で類似している二人の当事者の生活問題の「歴史」をそれぞれたどっていくにつれて、まったく異なる実態が浮き彫りになることもある。

　時間の流れを無視して「現況」を類型化すると、思わぬ落とし穴にはまってしまうことになりかねない。年齢も疾患も同じ高齢者に対して、医学的の治療ならひとつの方向からのアプローチが考えられる。だが、治療をめぐる生活支援を担当するソーシャルワークでは、医学上の診断を流用するわけにはいかない。

　年齢と疾患がまったく同じでも、それまで積み重ねてきた生活は一人ひとり違う。個々人の「歴史」の流れのなかに病気という「問題」が発生し、そ

の後の対応もその時間の流れの延長線上にある。大家族の主婦として一家を切り盛りしてきた経歴をもち、病気の後遺症を抱えてでも自宅で過ごしたいと願う人がいる一方で、離婚や子どもとの死別の末に独身となり、病後の療養先として施設を選ぶ人もいる。

援助を必要とする人の「歴史」を理解することによって、問題を、目前に浮上した「事件」としてではなく、一人の人間の生活全体のなかに位置づけることができる。個々に異なる生活の流れのなかに、それぞれの人にふさわしい援助の方向がみえてくるはずである。

2　当事者の主体性を尊重する

社会福祉援助実践の担い手は、必ずしも専門職に限定されない。生活問題を抱えた人の家族、知人や友人、近隣の人びと、ボランティアなど広範な人びとが、それぞれのもち味を活かした援助を展開している。専門職の実践には、体系的理論や方法が求められ、当事者だけでなく、援助者としての家族や隣人などに働きかけて有効な援助体制をつくり上げる役割も期待されている。

専門的援助としてのソーシャルワークは、当事者や非専門職がもたない知識や理論に基づいて展開されるために、ともすれば「指導」的側面が強くなる。状況によって、専門職主導の場面があることは当然だが、問題解決の主体はあくまでも当事者であることを忘れてはならない。

援助を必要とする人びとの多くは、適切な支援なしには自らの意思を明確に示すことができない。一人ひとりについての理解を深め、当事者が自らの意思を表現できる環境をつくり、その声に耳を傾けること。援助は、そこで汲み取られた本人の意思に基づいて進められる。

かつて慈善事業においてみられたパターナリズム[*1]は今も払拭されたわけではない。専門職が、当事者の意思を十分に受けとめないまま自らが考える「あるべき援助」を推し進めてしまうと、一時的に事態は改善されるかもしれないが、本質的な問題解決にはつながらない。

ソーシャルワークは、専門職が一方的に援助を「与える」行為ではない。当事者の主体性を尊重しながら、ともに困難な状況を切り拓いていく営みなのである。

3　多様な社会関係のなかで問題解決に取り組む

社会問題としての生活問題を解決するためには、当事者を取り巻く環境への働きかけが必要になる。個別の援助計画を立てる際には、家族、知人・友人、職場の関係者などの人びととのつながりが配慮され、地域の機関、施設、社

*1　パターナリズム
　父親の子どもに対する保護・統制を意味し、一般にこの関係を擬した社会関係に対して用いられる。

会的諸サービスとの調整が求められる。

　施設ケアから在宅ケアの流れのなかで、一人のクライエントの問題解決にかかわる職種や機関は拡大する傾向にある。慢性的な病気と身体的障害を抱えながら住み慣れた自宅での生活を望む高齢者の在宅療養を支えるためには、保健・医療・福祉の多職種が連携をとりつつ、地域の社会資源を適切に組み合わせなくてはならない。社会福祉専門職は、その支援の網の目をつくり維持するコーディネーターの役割を果たすことが多い。

　立場の異なる多くの人びとと協力しながら有効な援助をつくり出していくためには、視野を広く外に開き、状況の変化に柔軟に対応できる調整能力が望まれる。

4　実践を方法につなぐ

　対人援助の方法は、理論や一連の手順として定型化しきれない側面をもつ。個々の生活や人と人との関係は個別性が強いこと、個人を取り巻く環境や社会状況が絶え間なく変動していることを考えると、援助の方法は単一の固定したものではなく、実践のなかで練り上げられていくものであるといえよう。

　実効ある専門的援助方法をつくるためには、個々の実践を「対象化」し方法に反映させる工夫が不可欠である。援助の過程を正確に記録し自己評価するとともに、同僚や関係者と共有し議論を重ねることは、その基礎作業となる。

　社会福祉の援助専門職確立に尽力したメアリー・リッチモンドは、医学や法学など諸科学の知見を導入するとともに所属していた慈善組織協会（COS）の活動体験を活かして科学的実践方法を編み出した。それ以降、援助の方法は、さまざまな実践の成果を反映させながら発展してきた。

　ソーシャルワークは、「個人的」な関係のなかで完結する援助ではない。先人が築いてきた方法を学びつつ実践を積み重ね、そのなかで得たものを個々の体験にとどめずに「対象化」する、こうした個々の専門職の実践が、援助方法を豊かで実効あるものにしていくのである。

2 ── ソーシャルワークの体系

1 援助技術の専門分化

　ソーシャルワークは、個人や集団に直接働きかけ社会生活上の問題を解決しようとする直接援助と、社会福祉サービスや実践の円滑で効果的な展開をめざして環境に働きかける間接援助に大別されてきた。

　直接援助の方法には、個別援助技術（ソーシャル・ケースワーク）と集団援助技術（ソーシャル・グループワーク）があり、間接援助の方法としては、地域援助技術（コミュニティワーク）、社会福祉調査法（ソーシャルワーク・リサーチ）、社会福祉運営管理（ソーシャル・アドミニストレーション）、社会活動法（ソーシャル・アクション）、社会福祉計画法（ソーシャル・プランニング）などがあげられる。

　また、ケアワーク、ネットワーク、ケアマネジメント、スーパービジョン、カウンセリング、コンサルテーションなど保健、医療、福祉、教育などの対人的サービスに共通した関連技術もソーシャルワークの方法に含まれる。

　これらの援助技術（表12－1）は、個々に独立したものとして成立し類型化されているわけではない。諸技術の体系は、社会福祉の専門的援助の実践の積み重ねのなかで形成されてきたものであり、重層的構造をもつ。ソーシャ

表12－1　ソーシャルワークの分類例

直接援助技術	個別援助技術（ソーシャル・ケースワーク） 集団援助技術（ソーシャル・グループワーク）
間接援助技術	地域援助技術（コミュニティワーク） 社会福祉調査法（ソーシャルワーク・リサーチ） 社会福祉運営管理（ソーシャル・アドミニストレーション） 社会活動法（ソーシャル・アクション） 社会福祉計画法（ソーシャル・プランニング）
関連援助技術	ケアワーク ネットワーク ケアマネジメント スーパービジョン カウンセリング コンサルテーション

ルワークの端緒は、1900年代初頭のアメリカにおいて、慈善事業から誕生したケースワークに見出される。その後専門的援助方法の発展過程のなかで、セツルメント運動や青少年サービス団体の活動のなかからグループワークが形成され、個人を取り巻く地域社会への視点の拡大がコミュニティワークを生み出した。

アメリカでソーシャルワークが専門的方法として発展していく過程では、個々の技術に依拠した専門職が分立する状況があらわれた。ケースワーカーが、対応しているクライエントに集団援助が必要であると判断した場合には、グループワーカーを紹介し、グループワーカーが個別援助をケースワーカーに依頼するといった事態も生じた。解決すべき問題に対して専門職が方法を工夫するのではなく、ワーカーが専門とする方法によって援助を求める人を選別することになってしまったのである。

しかし、ソーシャルワークの方法の発展過程を注意深くたどっていくと、それぞれの援助技術は、別個のものとして並立しているのではなく、社会福祉諸問題の異なる側面を担う方法として重なり合い相互に連関をもっていることに気づく。集団援助技術のグループワークの過程で個別援助のケースワークが用いられることは珍しくないし、間接援助技術のコミュニティワークにおいて、直接援助が用いられる場面もありうる。

ソーシャルワークの方法の体系は、細かく分かれた方法の集合体ではなく、援助実践の過程で分化・発展してきた技術の複合体である。専門職が対応を迫られる諸問題は、問題解決の処方を一つ選んで適用することによって解決するほど単純ではない。個々の技術を学ぶにあたっては、ソーシャルワークの方法全体を念頭に、一つひとつを切り離すことなく、それぞれの重なりとつながりに留意する必要がある。

2 統合化の動き

ソーシャルワークの方法の専門分化と専門職の分立が進むにしたがって、アメリカでは、ソーシャルワークの同一性を問う動きが出現する。1970年にバートレットは『ソーシャルワーク実践の共通基盤』を著して、ソーシャルワーカーとしての専門知識と価値観の共通性を強調した。

その後、実践分野や専門とする援助技術の違いがあるにしても、実践に共通する基盤をもとに、ソーシャルワーク統合化への試みが続けられ、援助技術を統合して包括的に援助を展開するジェネラル・ソーシャルワークが進展をみせている。

専門職のあり方も、スペシャリスト（特殊領域の専門家）にとどまらず、

ジェネラリスト（総合的専門家）の幅広さをあわせもつことが求められるようになった。ここで注意すべきは、援助の方法の統合化が特殊専門性の否定を意味するわけではないことである。

　自分の特殊専門性を強調して他の専門職と対立したり、クライエントを選別したりすることは、スペシャリストとしての資質を損なうものであり慎まなければならない。多面的な諸問題に対応していくためには、狭い個別領域にとらわれない幅広い方法の工夫が不可欠である。

　一方、さまざまな領域で練成されてきた専門援助技術をさらに磨いて統合化に活かす努力も怠ってはならない。各専門分野の蓄積が有効に組み合わされることによって、ジェネラル・ソーシャルワークは、複雑化する社会福祉の諸問題に対応可能な方法となる。統合化とは、個々の専門技術を全体のなかに溶解させてしまうことではなく、その個別性を包括的に再編する過程である。

　ひとつの体系のなかに細分化して示された諸技術を、問題の個別性に応じて柔軟に組み合わることができるならば、他職種と共有する関連技術であるネットワークやケアマネジメントなどを用いる際に、ソーシャルワークの独自性を発揮することが可能になるであろう。

　援助技術は、単なる手順やマニュアルではない。専門職による多様な援助のアプローチのかたちを示すものである。社会福祉の諸問題は、習得した技術を間違いなく適用することによって解決されるわけではない。個々の問題の多面的な把握に基づき、それらの技術を駆使する方法が組み立てられてはじめて解決への方向がみえてくる。

3───社会の変動と方法の進展

　ソーシャルワークは、近代社会が産業化のなかで生み出した生活問題を対象として20世紀初頭の欧米で誕生した。援助の方法は、困窮した人びとを「救済」する慈善事業に端を発するソーシャル・ケースワークから集団を対象とするソーシャル・グループワーク、さらには地域に働きかけるコミュニティワークへと拡大・発展し、現在は多彩な技術を含む体系が形成されている。

　ソーシャルワークの誕生から今日に至るまでの進展をたどると、社会の変動にともなって、個人と社会をめぐる問題のとらえ方やアプローチが次第に変化してきたことがわかる。

第12講　社会福祉の援助方法　―ソーシャルワーク―

　初期の理論形成に大きな貢献をしたメアリー・リッチモンドは、ソーシャル・ケースワークを、「個人と社会環境との間を個別に、意識的に調整することを通してパーソナリティを発達させる諸過程」と定義し、社会的視点から個別援助の方法を示した。

　1930年代から40年代のアメリカでは、大恐慌や第二次世界大戦などによって多くの社会的生活問題が生み出され、社会福祉実践の分野の拡大とともに、ソーシャルワークの方法は徐々に専門分化していった。その過程で、精神分析理論を基礎に個人の心理的側面に焦点をあてた援助方法をとる診断派と社会制度や機関の機能に応じた援助をめざす機能派が対立し、論争が展開された。

　第二次世界大戦後は、精神病院などで治療的なソーシャルワークが進展する一方で、1960年代の公民権運動や障害者の自立運動などを背景に援助者の治療者的役割の限界が指摘され、当事者の力を引き出し高めるエンパワメントアプローチが登場する。

　1970年代以降、産業構造の変化や人口の高齢化にともなって、ソーシャルワークの対象は量的に拡大するだけでなく質的に多様化複雑化し、援助方法にも新たな枠組みが求められるようになった。そうした状況の変化に対応するアプローチとして提示されたのが一般システム理論[*2]と生態学[*3]からの知見を結びつけたエコシステムの視点である。

　人間とそれを取り巻く環境との交互作用に焦点をあてて問題をとらえるエコシステム論的アプローチは、複雑な現代の社会福祉問題の諸要素をシステムとして解明することをめざすものであり、リッチモンド以来、常にソーシャルワークの課題となってきた個人と社会・環境の関係を現代社会の構造のなかで読み解く試みとして注目されている。

　ソーシャルワークが誕生してから約1世紀の間、援助技術は進展をみせているものの、その成果が現実の実践に活かされる方法として定着しているとはいい難い。とりわけ、アメリカの理論や方法を学ぶことが先行し、社会に根づいた独自の方法を創り上げる動きが十分でなかった日本のソーシャルワークにはその傾向が強い。

　問題を抱えた個人とそれを取り巻く環境・社会を、システムにおける要素に還元してその調整をはかるのではなく、地道な実践をふまえて、一人ひとりの人間の主体性と個別性を尊重した実効ある援助方法を創り上げていくことが求められている。

*2　一般システム理論
　理論生物学者であるフォン・ベルタランフィが提唱した理論。自然科学領域で発展した多要素の相互依存関係によって体系が成り立つとするシステム理論が、生命現象を含むすべての事象に普遍化されるとした。

*3　生態学
　人間を含む動植物とそれらの物理的、生物的環境との関係を研究する学問。生物学の領域で自然生態学として始まったが、近年、人間の生活と環境との関係に焦点をあてた人間生態学が進展し、社会福祉領域にも影響を与えている。

●考えてみよう●

① 1922年から1928年にかけてアメリカで開催された「ミルフォード会議」について調べ、そこで提示された「ジェネリック-スペシフィック」概念について考えてみよう。
② エンパワメントアプローチが登場した時代と社会的背景について調べ、その具体的方法について考えてみよう。

〈参考文献〉
1 M．リッチモンド（小松源助訳）『ソーシャル・ケース・ワークとは何か』中央法規出版 1991年
2 ゾフィア T．ブトウリム（川田誉音訳）『ソーシャルワークとは何か』川島書店 1986年
3 H．M．バートレット（小松源助訳）『社会福祉実践の共通基盤』ミネルヴァ書房 1978年
4 植田章・岡村正幸・結城俊哉編『社会福祉方法原論』法律文化社 1997年

第13講 社会福祉の経営

●本講のねらい

　私たちの日常生活のなかで「経営」ということばを聞いてすぐに浮かぶのは、会社の経営であろう。会社の役員の立場に置かれた人が、会社の利益をあげるためにどのような事業展開をするかを考え、実施していく。その過程では、新しい機械を購入したり、社員のリストラを行ったり……。

　これは経営の一側面であることは確かである。社会福祉施設においても会社経営と同様に、赤字にしない努力や効率性を高める仕事の仕方を検討することが求められている。しかし他方で、社会福祉の経営には会社経営とは異なる側面もある。

　本講では、社会福祉の経営論とはどのようなものなのかを紹介しよう。

1 ── だれのための経営か ──社会福祉のミッション（使命）──

【事例】

　まずは次の事例を読んでみてほしい。この事例は、ある特別養護老人ホームの施設長を任されたWさんの施設改革の取り組みである。

　Wさんが任された施設は、この5年あまりの間経営難に陥っていた。その一番の原因は、職員に支払われる給料（人件費）の額が大きいことにあると考えたWさんは、職員の数を減らすために次のような改革を計画した。

① 入浴の回数を週2回から1回にする。
② これまで利用者の要望に応じて行っていたおむつ交換を、1日に2回、時間を決めて一斉に行うようにする。
③ 日中に行っていたレクリエーション活動をやめ、各自の部屋で過ごしてもらうようにする。
④ 朝晩の着替えをやめ、外出する時だけ着替えるようにする。

　　　　　　　　　＊　　　＊　　　＊

　このような計画を実施した1年後、Wさんの施設は大幅に人件費を減らすことに成功した。

この事例を読んでどのように感じただろう。Wさんの改革をあなたは支持できるだろうか？　おそらく多くの人は、理由をはっきりと説明できないまでも、これでよいのだろうかという疑問を感じたのではないだろうか。

　あなたがこの改革に違和感をもったのは、たぶん経営改善のためにとった手段が、処遇の質の低下を招いたからであろう。その結果、利用者の人間らしい生活をする権利を奪うような事態を招いている。

　ここで改めて社会福祉の経営は、だれのために行うのかということを考えてみたい。社会福祉はひと言でいえば第2講で学んだように、憲法第25条に規定された生存権を保障することを目的とするものである。したがって、その経営もまた、社会福祉を必要とする人びとの利益に結びつくものでなければならないのである。

　このような価値に基づいて経営をしようとすると、実際にはさまざまな課題に直面する。たとえば、施設を経営する場合に、利用料を多く支払ってくれる人と利用料が支払えない人とが利用を希望したら、どちらと契約するだろうか。施設の収入のことだけを考えれば、多く払ってくれる人が望ましい。しかし、社会福祉のミッション（使命）からすれば、どちらの人が施設サービスをより緊急に必要としているかという視点から検討しなければならない。

　※ここにあげた事例は、社会福祉の経営の学習のために作成したものである。実際には社会福祉施設の運営に関する国の基準が定められており、事例のような処遇水準で運営することは認められない。

2 ── 社会福祉の経営論

1　経営論が登場した背景

　社会福祉の分野に経営論が登場したのはごく最近のことである。なぜ経営論という領域が登場したのかを説明しておきたい。

　それは、1990年代から2000年にかけて行われた社会福祉基礎構造改革によって社会福祉のしくみが変わったことをきっかけにしている。それまでの社会福祉に必要な費用は、一部の利用者負担を除いては、公費（税）によって賄われてきた。ところが改革によって、介護保険制度を例にするとわかるように、公費による割合を少なくして、残りを保険料と利用者負担によって賄われるようにした。

　同時に社会福祉サービスは、従来の行政の決定によって提供されるものか

ら、利用者によって選択されるものへと変わった。利用者の選択肢を増やすために規制緩和が行われ、株式会社や有限会社といった営利を目的とする事業者も多数参入するようになり、その結果として組織間の競争が生まれた。

このような改革によって、社会福祉の提供主体は、これまではあまり関心を寄せられることのなかった効率性や効果性を問われることになり、経営という発想が求められるようになったのである。

少し異なるレベルに視点を移してみると、これまで社会福祉の実施のために公費を支出してきた国や自治体が財政難となり、社会福祉に予算を配分することが現実的に困難になったという背景がある。加えて社会福祉の対象となる高齢者の数は増加し続けており、一般的に考えれば、その分必要となる予算は増えていくことになる。このようなことから、行政レベルにおいても同様に経営という課題を抱えることとなったわけである。

2 社会福祉における経営論の位置

これまで経営ということばをあいまいに使用してきたが、ここで経営の意味について確認しておこう。経営とは、「組織目的に対して最小の費用で、最大の効果をもたらす活動のことであり、それは限られた資源の下で最適な政策選択を如何になすかという戦略のこと」[1]をいう。つまり、「いかに利潤を上げるか」を検討することがすなわち経営を考えるということではない。社会福祉の経営論が課題にしていることは、限られた資源を駆使して、社会福祉を必要とする人に確実に社会福祉を提供するための戦略を開発することである。

そのために具体的にどのようなことを検討するのかを、図13-1をもとに説明してみよう。政策部門とは、たとえば市役所の職員が、市民のニーズを把握してそこから政策を立案するといった仕事を思い浮かべてもらえばわかるだろう。ただし、この政策部門を担うのは行政職員に限らない。たとえば、社会福祉施設でどのような方向で事業展開していくかを検討したり、社会福祉協議会で地域住民の活動を活発にするためにどのような働きかけをするかを

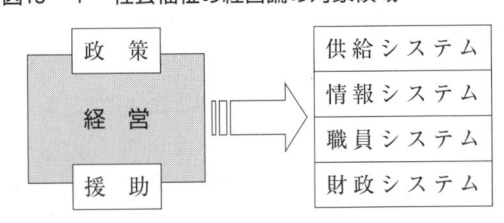

図13-1 社会福祉の経営論の対象領域

政　策	→	供給システム
経　営		情報システム
		職員システム
援　助		財政システム

検討したりしている。これらも政策部門の一部である。

それに対して援助部門は、たとえばホームヘルパーが高齢者の家を訪問して介護サービスを提供するというような場面を思い浮かべてほしい。社会福祉は、政策部門において立案されたことが、援助部門においてサービスというかたちになって社会福祉を必要とする人びとのもとに届けられるというしくみになっている。

しかし、たとえば市が「高齢者のための介護予防を推進する」という政策を企てても、それだけでは援助部門は機能しない。介護予防のためには具体的にどのような事業が効果的なのか、その事業はどの機関・施設で実施するのか、高齢者に直接その指導をする職員をだれにするのか、その予算はどこから支出するのか、等々さまざまな課題が浮かび上がってくる。経営部門はひと言でいえば、このような課題を解決する部門である。すなわち、政策部門と援助部門との間で、両者をつなぐ役割を担っているのが経営部門である。経営部門で具体的に取り組むのは、図の右側に示した供給システム、情報システム、職員システム、財政システムということになる。

経営の単位は大別すれば、国や自治体を一つの組織体とみなして検討する場合と、単独の機関・施設を単位として検討される場合とが考えられよう。

3 ── 社会福祉の経営の原則

冒頭の事例から考えたように、社会福祉の経営は利用者の利益の追求を出発にして考えなければならない。前述した経営部門の4つのシステムを検討するにあたっての原則を確認したい。

1 接近性

接近性[*1]とはひと言でいえば、社会福祉を必要とする人はだれでも利用することができるようなシステムにしなければならないということである。

1 サービス量の確保

たとえば、あなたがスーパーの店長になったとしよう。その日は、卵を1,000パック仕入れた。それを開店から売り始めたところ、午後4時に完売することができ、今日の売り上げの目標額に達することができた。すると午後6時になって卵を買いに来た人がいた。そのとき店長のあなたはたぶん「本日は売り切れました」と詫びて、翌日買いにきてもらうようにするだろう。その

*1 接近性
アクセシビリティともいう。利用者が福祉サービスを利用するに至る過程がどれだけ容易であるかを示す概念。

お客さんは隣の町にあるスーパーまで買いにいくかもしれない。

　福祉サービスでこのようなことが起きたらどうだろうか。サービスが必要だと来た人に、「うちのサービスは売り切れて、もうありません。必要ならば隣の町に行ってください」といって終わりにしてはならないということはいうまでもないだろう。社会福祉の経営では、提供する側がどれだけ提供するかを決めるのではなく、利用する側の必要に応じて量を確保しなければならないのである。それには適切なニーズを把握することも必要となる。

　しかし、市町村ごとにサービスの量を確保しようとするとさまざまな困難に直面する。たとえば、人口の少ない町村では利用者の数が少ないので、一つの事業所を経営するだけの収入（利用者）が見込めないという理由で、どこの事業所もサービスを提供しようとしない場合がある。しかし、そこにもサービスを必要とする人は存在している。このような地域で、どのように対応するかということは、社会福祉の経営の大きな課題である。

2　情報の提供と利用支援

　社会福祉サービスの利用は、原則として申請主義によって行われている。つまり、サービスを利用したいと考えたら、自分で窓口に出向いて申し込むという方法になっているということである。

　ところが、社会福祉サービスを利用する人びとのなかには、サービスについての知識をもっておらず、どこに行くとどのようなサービスを利用することができるかということがわからないために、利用できない人もいる。一般的にいえば最近は、インターネットや広報紙など、多様な方法で情報が提供されている。しかし、パソコンを使うことができない人、視力が弱って広報紙等の字が見えにくい人などにとっては、これらの情報は意味をもたない。また、情報が多すぎるために、かえってどれをみればよいのかわからないという事態も起きている。実はそのような人ほど、社会福祉を必要としているのである。

　社会福祉を必要とする人に、必要な情報が届けられ、選択することができるようにするためのシステムづくりもまた、重要な課題の一つである。

2　透明性と説明責任[*2]性

　社会福祉にかかわる費用は、第21講で詳しく説明しているように、公的な組織によるものに限らず、社会福祉法人をはじめとする民間の組織によるものも多くの公費によって維持されている。ところが一般には、これらの費用がどのように使われているかについて、利用者からはなかなかみえにくいも

*2　説明責任
アカウンタビリティともいう。サービス実施者はサービス利用者に対して、会計上の収入構成とその使い道を説明する責任がある。それは単なる説明に終わるのではなく、利用者に納得してもらうよう努力する必要がある。

のである。経営する者には、どのような経営が行われているかをみえやすくするための努力と、それを説明する責任が求められる。

社会福祉基礎構造改革が行われたきっかけの一つは、行政職員と社会福祉法人関係者の間での補助金の不正使用が発覚したことにある。これをきっかけにして、行政による監査だけでなく、社会福祉法人の経営についての情報公開が求められるようになった。

説明責任を求められるのは、社会福祉施設だけでなく行政においても同様である。行政の社会福祉予算がどのように使われ、どのような効果が上がったかについての市民への説明責任が問われている。

4 ── これから学習を進めるにあたって

1 経営論をなぜ学ぶのか

これを読んだ人のなかには、「社会福祉のなかに経営という部門が必要なことはわかったが、私は行政職員や施設の経営者になるつもりはないので、私には必要がない」と感じた人もいるかもしれない。社会福祉の経営を担うのは、だれかということを考えてみたい。

たとえば施設で直接援助を行うスタッフは、よいサービスを提供するためにさまざまな努力をする。しかしそれは個々のスタッフの努力だけでは解決できない部分が出てくる。あるスタッフが「もっと利用者一人ひとりとゆっくり話をする時間をもてるようにしたい」と考えたとしよう。しかし実際には、他にこなさなければならない業務が多すぎて、実現することができず、本人の心がけというレベルではどうにもならないことが多い。それを本当に実現しようとするのであれば、職員体制を変える、あるいは利用者の集団のつくり方を変えるなどの工夫が必要になる。一人ひとりとゆっくり話ができるようにするための仕事の手順や分担を具体的に検討し、それにあわせたシステムに変えなければならない。

それには、直接援助だけを担当してシステムづくりは施設長らにお任せするという発想ではなく、援助部門のスタッフの側から経営部門へ提案する姿勢が求められるのである。施設の経営について最終的にその責任を負うのは施設長や理事らであるが、経営の内容は責任者だけでなくそこで働く職員全員がそれぞれの立場から検討をしなければ、利用者にとって利益のある経営は実現しないのである。

図13-1に示したように、社会福祉の経営という部門は、直接、社会福祉の利用者にかかわってサービスを提供する援助部門に重なり合って存在しているのである。

2　福祉サービスの質をどう高めるか

これまで、社会福祉の経営の考え方について説明してきた。これからの学習では、これまで説明したような理念や原則を、具体的にどのような方法で実現していくことができるかの戦略を考えていくことになる。これから学習を進めるみなさんに、福祉サービスの質の向上ということについて問題提起をしておきたい。

福祉サービスの質の向上という課題は、常に社会福祉にかかわる私たちに問われる問題である。いかに質の高いサービスを提供するか、そのためのシステムをどのように構築するか、ということは経営のメインテーマであるともいえる。しかし、その質をどのようにはかるのかは実はそう簡単ではない。それは、無形性、一過性（その場限りで消えてしまう）といった福祉サービスのもつ特質によるところが大きい。

たとえば最近、建設されたマンションの耐震強度が偽装されていたことが発覚し、話題となった。偽装の事実を確認するために、再度、設計図や実際に建設された建物を点検する作業が行われた。その結果、やはり偽装されているということが明らかになった。マンションのように、行われた仕事の結果が形となり、それが後になってもそのまま保存されているものであれば、だれの目にもその仕事がよい仕事であったか否かをはっきりと確認することができる。

ところが福祉サービスの場合、ホームヘルパーによるサービスを考えてみればわかるように、サービスはホームヘルパーがその利用者の家にいた何時間かの間に存在したもので、それを後になってマンションのように点検しなおすことができない。ヘルパーの仕事の様子は、ヘルパーとその利用者にしかわからない。つまり、ヘルパーの提供したサービスがよい質のものであったかどうかを、第三者が目で見て確認することができないのである。

そのような特性をもつ福祉サービスを管理することがいかに困難かということは理解できるだろう。それをどのように管理し、質を保てるか？　あなたはこの問いにどのような答えをみつけるだろうか。

● 考えてみよう ●

① 福祉サービスについての情報をうまく入手することができない人に対して、どのように情報を提供したらよいだろうか。アイディアを出してみよう。
② 社会福祉施設の経営を施設外の人にもみえるようにするためには、どのようにしたらよいだろうか。アイディアを出してみよう。

〈引用文献〉
1） 佐々木信夫『現代行政学』学陽書房　2000年

〈参考文献〉
古川孝順『社会福祉の運営―組織と過程』有斐閣　2001年

第14講 専門職養成と社会福祉実習の意義

●本講のねらい

　社会福祉施設、福祉行政機関、介護保険事業所等の社会福祉従事者は、200万人時代が目の前である。また、国家資格としての3福祉士登録数は56万2,609人（2005年6月現在）で、そのうち社会福祉士7万454人、精神保健福祉士2万5,662人、介護福祉士46万6,493人である。また、3福祉士の養成校は単純な延べ合計で800校となり、社会福祉士養成の定員は2004年度で約2.5万人（通信課程を除く）である。

　本講では、各養成校が専門職として社会福祉士をどのように養成しようとしているのか、あわせて実習教育の視点がどのようなソーシャルワーカーの養成を目標にしているかについて実習教育との関連で解説する。また、ソーシャルワーカーは、どのような専門職の倫理価値や支援スキルを身につけるべきかを考えるための基礎知識を解説する。

1ーーー社会福祉専門職養成の現状

　ここでは、社会福祉士の養成を中心に解説する。社会福祉士の養成校は約300校（ここ10年で約3、4倍増加）で、4年制大学が中心であるが、1年以上の養成施設、短期大学、専修学校、大学院・専門職大学院など多岐にわたっている。福祉系大学の年度別入学定員別推移（通信課程を除く）をみると、社会福祉士の養成大学は2000年度に約120大学であったが、2004年度では170大学を超えている（図14-1）。また、社会福祉士養成の入学定員をみると、2000年度で約1万8,000人、2004年度で約2万5,000人である（図14-2）。一方、精神保健福祉士の養成大学の入学定員は2004年度で約1万5,000人である（2005年6月現在の養成校は135校）。

　社会福祉士の受験資格を得るためには、①社会福祉原論、②老人福祉論、③障害者福祉論、④児童福祉論、⑤社会保障論、⑥公的扶助論、⑦地域福祉論、⑧社会福祉援助技術、⑨心理学、⑩社会学、⑪法学、⑫医学一般、⑬介護概論の13科目と、①社会福祉援助技術演習、②社会福祉援助技術現場実習、

③社会福祉援助技術現場実習指導の履修単位が必要である。なお、講義科目の13科目は筆記試験であり、実習科目①～③は試験は実施されず各養成大学の単位認定に委ねられている*¹。

さて、社会福祉士の国家試験は2005年で17回実施され、4万1,044人が受験して1万2,241人が合格（合格率29.8％）した。一方、精神保健福祉士の国家試験は7回実施され、6,711人が受験して4,111人が合格（合格率61.3％）した。そもそも社会福祉士の国家試験は、1987（昭和62）年の「社会福祉士及び介護福祉士法」の制定で開始された。専門職としての社会福祉職の歴史をみてみると、1970年代以前は、保母（児童福祉）と社会福祉主事（生活保護中心の福祉事務所）の時代であった。その後、1971年に中央社会福祉審議会職員問題専門分科会起草委員会は、社会福祉士制定法試案を答申したが日の目を

*1
　精神保健福祉士の場合、その受験資格を得るためには、社会福祉士のそれ（右記の①、⑤、⑥、⑦、⑨、⑩、⑪、⑫）に加えて、①精神保健福祉論、②精神医学、③精神保健学、④精神科リハビリテーション学、⑤精神保健福祉援助技術計13科目必要である。実習科目は各養成大学の単位認定に委ねられている。

図14-1　福祉系大学年度別推移（大学数）

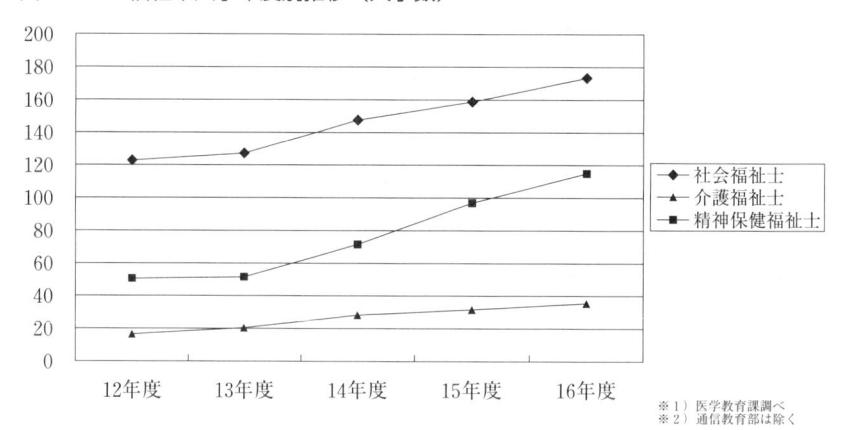

資料：文部科学省医学教育課

※1）医学教育課調べ
※2）通信教育部は除く

図14-2　福祉系大学年度別推移（入学定員数）

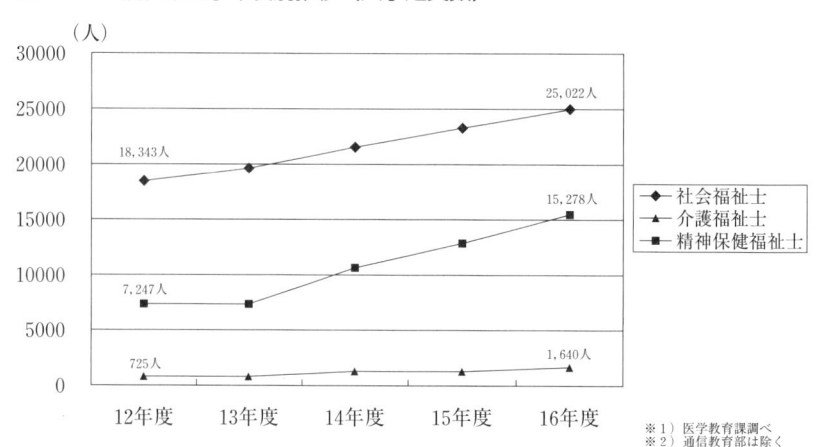

資料：図14-1に同じ。

※1）医学教育課調べ
※2）通信教育部は除く

みるには至らなかった。そして、答申から26年ぶりに社会福祉の国家資格が実現したのである。ただし、社会福祉士（精神保健福祉士）は「相談援助を業とするもの」であり、名称は独占であるが業務は独占ではない。現在、児童相談所の児童福祉司や在宅介護支援センターには、社会福祉士の任用が明示されている。さらに2006年4月創設の地域包括支援センターには、社会福祉士が配置される（経過措置あり）。

社会福祉士や精神保健福祉士の養成校の例として、「社会福祉教育学校連盟加盟審査基準における社会福祉学教育の部門・内容・科目名称例」を紹介する（表14－1）。部門別に基本科目（社会福祉原論・社会保障論・社会福祉援助技術論・精神保健福祉援助技術論）、応用科目（公的扶助論・高齢者福祉論・障害者福祉論・子ども家庭福祉論・地域福祉論・社会福祉援助技術各論・精神保健福祉援助技術各論・社会福祉援助技術演習・精神保健福祉援助技術演習・医療福祉論・精神保健福祉論）、実習・実習指導（社会福祉援助技術現場実習指導・社会福祉援助技術現場実習・精神保健福祉実習指導・精神保健福祉実習）、関連領域（医学一般・経済学・社会学・心理学・法学・リハビリテーション学・精神医学・精神保健学）の4部門が例示されている。各養成

表14－1 社会福祉教育学校連盟加盟審査基準における社会福祉学教育の部門・内容・科目名称例示（概略）

部門	内　容
基　本	1）社会福祉の原理等に関する科目　・社会福祉原論（概論）他 2）社会福祉の制度及びサービス等の科目　・社会保障論　他 3）社会福祉の方法等に関する科目　・社会福祉援助技術論（総論）・精神保健福祉援助技術論（総論）他
応　用	1）社会福祉の原理等に関する科目　・社会福祉原論（概論）他 2）社会福祉の展開分野等に関する科目　・高齢者福祉論・障害者福祉論・地域福祉論・精神保健福祉論・公的扶助論・子ども家庭福祉論・医療福祉論　他 3）社会福祉の方法技術等に関する科目　・社会福祉援助技術各論・社会福祉援助技術演習・精神保健福祉援助技術演習・介護技術演習　他
実習・ 実習指導	1）社会福祉現場での実習における到達目標、教育水準に根ざした、社会福祉学教育にとって不可欠な科目群 2）支援のためのフィールドワークを実施する科目群 3）社会福祉現場での知見や実践をもとに、そこからの経験・知識を統合し、専門職としての実践的介入能力を向上させていくための科目群 4）社会福祉学教育に関する実習指導や実習から構成される科目群 ・社会福祉援助技術現場実習指導・社会福祉援助技術現場実習・社会福祉調査実習・精神保健福祉実習指導・精神保健福祉実習・介護福祉実習
関連 領域	1）日々進化・発展していかなければならない社会福祉教育の中に取り込んでいくことが求められる、関連学問分野の知識、方法に関する科目群 ・医学一般・社会学・経済学・心理学・法学・リハビリテーション学・精神医学・精神保健学

校（大学）はこの加盟基準をクリアーして、各国家試験科目を1年生から4年生まで配当している。学生は4年次には国家試験の受験資格を得て、翌年1月の社会福祉士や精神保健福祉士の国家試験を受験することになる。

次に、社会福祉現場で働く社会福祉従事者の現状について解説する。

2 ── 社会福祉従事者

社会福祉に携わる人びと（社会福祉士の資格を問わない）を社会福祉施設職員、訪問介護員（ホームヘルパー）、福祉行政機関（福祉事務所・児童相談所）、団体（社会福祉協議会）の職員を社会福祉従事者と定義すれば、総数は表14-2のとおり約154万人となる。さらに、民生委員約21万人、主任児童委員約2万人、それに老人保健施設等介護保険関係を加えると200万人程度になる。社会福祉従事者で最も多いのが社会福祉施設職員である。この社会福祉施設職員の内訳を、施設の種類別にみた職種別常勤換算従事者数（介護サービス施設、事業所含む）は、特別養護老人ホーム等高齢者施設と保育所で働く職員が大多数を占める。

表14-3は、社会福祉従事者を分野別に分類したものである。公的扶助、児童福祉、障害者福祉、高齢者福祉、保健医療、司法福祉、地域福祉の分野ごとで勤務先や職種が多岐にわたっている。

現在、法令で、社会福祉士が職種の条件となっているのは、主に在宅介護支援センターの社会福祉士、児童相談所の児童福祉司、地域包括支援センター（2006年度創設）の社会福祉士等である。近年、施設の各生活相談員や病院の医療ソーシャルワーカーに社会福祉士の資格取得者（見込み者）が配置されるようになってきた。しかし、業務独占でないこともあり、養成校としては社会福祉士の職域拡大も課題となっている。

表14-2　社会福祉従事者職員数　　　　　　　　　　　　　　　　（単位：千人）

	1995年	1998年	2003年
社会福祉施設職員	763	881	1,088 (70.5%)
訪問介護員（ヘルパー）	96	158	329 (21.3%)
その他	111	123	128 (8.3%)
計	970	1,162	1,544 (100%)

注：その他には、福祉事務所、児童相談所（4月1日現在）、社会福祉協議会の職員、民生委員は含まれていない。
資料：『国民の福祉の動向』厚生統計協会　2005年

表14-3 社会福祉分野別従事者（2002年）

分野	勤務先	職種
公的扶助	福祉事務所、救護施設等	査察指導員、現業員（地区担当者、五法担当員）、面接相談員、生活指導員、介護職員
児童福祉	児童相談所、保育所、児童養護施設、知的障害児施設、肢体不自由児施設、重症心身障害児施設、児童自立支援施設	児童福祉司、児童指導員、児童の遊びを指導する者、児童相談員、母子指導員、職業指導員、心理指導員、児童自立支援専門員、児童生活支援員、保育士
障害者福祉	更生相談所、訪問介護、デイサービス、身体障害者療護施設、授産施設、知的障害者更生施設、グループホーム等	身体障害者福祉司、知的障害者福祉司、更生相談所のケースワーカー、生活支援員、職業指導員、作業指導員、ホームヘルパー
高齢者福祉	福祉事務所、訪問介護、通所介護、在宅介護支援センター、特別養護老人ホーム、養護老人ホーム、軽費老人ホーム	老人福祉指導主事、ホームヘルパー、生活相談員、介護職員、介助員、在宅介護支援センターのソーシャルワーカー
保健医療	一般病院、診療所、老人保健施設、保健所（保健センター）、精神病院、精神保健福祉センター、社会復帰施設等	医療ソーシャルワーカー（MSW）、精神科ソーシャルワーカー（PSW）
司法福祉	家庭裁判所、少年院等	家庭裁判所調査官、保護観察官、法務教官等
地域福祉	都道府県社会福祉協議会、市町村社会福祉協議会等	企画指導員、福祉活動指導員、福祉活動専門員、ホームヘルパー

注：介護保険法の改正（2005年）によって2006年度から設置される地域包括支援センターも、社会福祉士の職場となる。

3 ── 社会福祉実習

　2004年度10月の社会福祉教育学校連盟・日本社会福祉士養成校協会「社会福祉教育セミナー」で、社会福祉士の職域確保に向けた課題が討議された。そのなかでの争点は2点に集約された。1つ目は、養成校側が力量のある人材を卒業までにきちんと育てられるかという点で、その要が実習教育であるということ、2つ目は、現場からの提案で臨床現場で即戦力となる人材がいないためOJT（職場内研修）で3年はかかるという点で、即戦力を育てるための実習のやり方を見直すべきであるということである。この2点に共通な視点が「実習教育」の重要性である。

　なぜ実習が必要であろうか。対人支援の専門職は、職業上の倫理・知識・技能を確立している有給の職業である。これらの総体的「知識」は、現実からすれば常に抽象性をもち、現実には「こうなるはずだ」という仮説を提示するにとどまる。端的にいって、実地にあたってみなければ「みえない・わ

からない」側面が存在する。専門職は、新米・ベテランに関係なく、利用者の最善の援助を保障しなければならない。したがって、実施にあたってみなければ「みえない・わからない」側面をできるだけ学習しておく必要がある。ここに実習の意義がある[1]。厚生労働省通知では、「社会福祉援助技術現場実習」の目標を、①専門職として専門知識・専門援助技術・関連知識の理解、②相談業務に必要となる資質・能力・技術を習得する、③職業倫理を身につける、④具体的な体験や援助活動を専門的援助技術として概念化し理論化し体系づけていく能力を涵養する、⑤関連分野の専門職との連携のあり方、と明示している。時間数では、配属実習を4週間180時間以上として設定されている（社会福祉援助技術現場実習指導90時間）。

以上の通知を受け、実習生が実習課題を達成するためには、図14-3のように、7つの基礎的力（目安）を醸成する方向で実習教育に取り組む試みも行われている。①人間関係形成力、②利用者・関係者の課題解決支援力、③社会福祉士伝達力、④利用者特性の理解力、⑤利用者・関係者と援助関係を作る力、⑥地域支援力、⑦自己覚知（自己気づき力）、の7つの能力[2]は実習体験で培われ、ひいては卒業時の達成目標にもなろう。

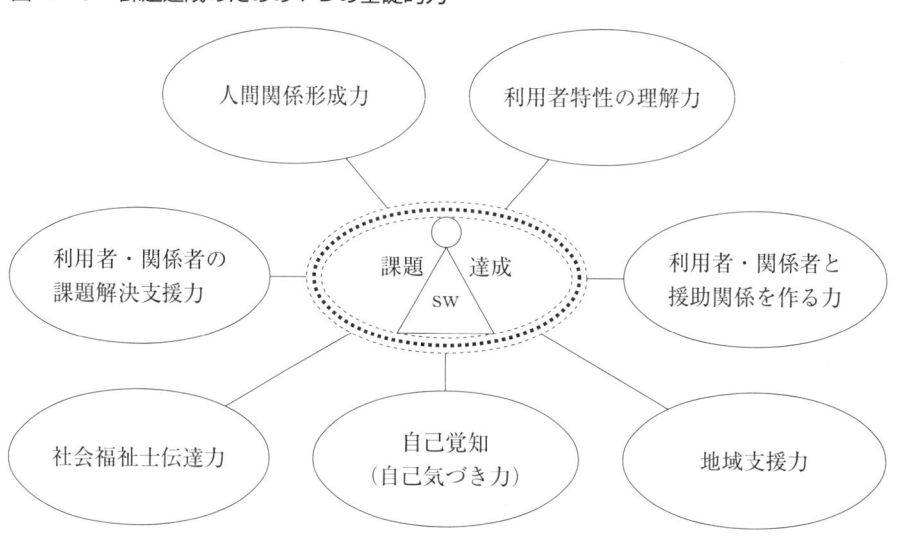

図14-3　課題達成のための7つの基礎的力

資料：宮田和明他編『四訂　社会福祉実習』中央法規出版　2004年　47頁

【事例１】 Aさんの実習報告

1 実習先の選択

　祖母が軽い認知症で、デイサービスセンターを利用していた。そこで特別養護老人ホームに興味をもった。実習センターに相談して実習先の候補をいくつか探し、当初手紙で依頼したが、承諾が得られず最終的には４年生の先輩に紹介してもらった。

2 実習に入るまで

　実習に入るまでは不安だった。実習先が実家から遠く、しかも宿泊実習である。社会福祉援助技術演習や社会福祉援助技術現場実習指導で、実習に入るまでの必要な準備やコミュニケーションのとり方やケアプラン・課題解決のスキル等を学んだ。しかし、実習計画書の作成に苦労した。数回の添削を指導教員から受けた。春休みの事前訪問で先方のご理解で３日間のプレ実習を経験させていただいた。実習は見学と観察実習が中心だったが、利用者との会話を経験し、これまでの不安感が少し消えていった。

3 実習中

　本番の実習は、プレ実習の体験をしたせいか、利用者の方や職員との面識もあり、不安なく実習に入ることができた。実習初日は、施設長・各職員・実習生（他の大学生を含む）の朝礼から始まった。実習のはじめは「職場実習」を体験し、その後「職種実習」を経て念願の「ソーシャルワーク実習」を体験した。認知症のセンター方式のケアプランを実習指導者の方に支援していただきながら作成し、軽度認知症の方の支援を担当させていただいた。ケースカンファレンスの準備も体験できた。巡回指導の先生から実習日誌の書き方について、感想が中心に書かれているが、その日の印象に残った事柄について考察をしたらどうかとの指導を受けた。

4 実習後

　４週間という長いようで短い実習を終えて、特別養護老人ホームで実習してよかったと思う。大学に帰り、一番印象に残った場面（インシデント）をプロセスレコードで振り返り、クラスのグループで事例研究を行った。昼食時に徘徊する認知症高齢者とのかかわりを取り上げた。徘徊ということばを「冒険」といった視点でとらえることはできないかとの提案が印象に残っている。

4 ── 社会福祉実習の流れ

　社会福祉実習は、利用者・実習先・学生・大学の4者で成り立っている。とくに利用者の協力を得る必要がある。社会福祉実習の流れを示すと図14－4のとおりである。実習前教育として、社会福祉の専門知識・専門援助技術・関連知識・倫理・価値等を学ぶ。学生は、表14－4のように実習先を選定する[*2]。原則、実習期間は24日間で180時間以上である。そして「実習計画書」を作成する。実習中教育は、配属実習先へ実習担当教員が巡回指導を実施する。

　実習後教育は、実習報告会が開催され、各クラスでのピアスーパービジョンやグループスーパービジョンが実施されたり、事例検討会等実習の振り返りがなされる。最後の締めとして実習先の実習指導者と学生・教員の実習報告会が開催される。

[*2] 厚生労働省は、社会福祉士介護福祉士学校職業能力開発校等養成施設指定規則（昭和62年厚生省告示第203号）の改正（2006（平成18）年4月1日施行）について、2006年2月18日から3月1日まで国民から意見を募集した。主な改正内容は以下の通りである。①医療法に規定する病院及び診療所、介護保険法に規定する介護老人保健施設、②介護保険法の一部改正に伴い新たに規定された地域包括支援センター、③障害者自立支援法の施行に伴う施設・事業の類型について所要の規定の整備、等。

図14－4　社会福祉実習の流れ

実習前教育 （実習計画書）	実習中教育 （配属実習）	実習後教育 （実習報告書）	→	7つの基礎的力の獲得 福祉専門職の枠組み理解
専門知識・専門援助技術・関連知識・倫理・価値・連携					

表14－4　実習先の分類

	高齢者分野	障害者分野	児童分野	その他
施設型 レジデンシャル・ソーシャルワーク	特別養護老人ホーム・養護老人ホーム・デイサービスセンター	身体障害者施設・知的障害者施設・通所授産施設	児童養護施設・児童自立支援施設	母子生活支援施設・婦人保護施設
地域型 フィールド・ソーシャルワーク	在宅介護支援センター	障害者更生相談所	児童相談所	福祉事務所 婦人相談所・社会福祉協議会

資料：第2回（2001年度）現場実習実践研究セミナー　社会福祉士会

5 ── 専門職養成と社会福祉実習の課題

専門職養成と社会福祉実習の課題について、以下の3点について分析する。

1　ソーシャルワークの専門性（レジデンシャル・ソーシャルワークに脆弱化）

ソーシャルワークのパラダイム（枠組み）モデルが未発達である。福山和女は「ソーシャルワーカーのアイデンティティ・機能や役割・理念・援助及び支援の方法論や技術等「成人」の域にいまだ達しきれず、確立に向けて揺れ動いている状況にある」[3]。法学、医学、経済学、社会学、心理学、教育学等の先行諸学問を援用しながら発展してきた「社会福祉学」もまだ道半ばである。しかし、ソーシャルワークの特徴として、その人らしさ（尊厳）の生活の質（生活モデル）を支援し、どんな経歴の持ち主でも支援の対象から排除しないことにある。つまり排他的要素がないのである。

2　社会福祉士は名称独占（業の限界）

社会福祉士（ソーシャルワーカー）は名称独占であるが、業務は独占ではない。その原因として、国の規制緩和政策も一因であるが、「社会福祉士及び介護福祉士法」（1987（昭和62）年5月）は、社会福祉士の定義として相談援助を「業」とするものとの定義である（医師は医師法第17条で非医師の医業禁止が明示されている）。社会全体としては、他の専門職と比較した場合、「労働基準法」（告示）の視点からは、「高度な専門的知識を有する労働者」（医師・弁護士・一級建築士・社会保険労務士・薬剤師等）の職能には、社会福祉士は入っていない。また専門職として国家試験合格後に登録する際の登録免許税は、医師・弁護士・一級建築士の6万円、社会保険労務士・薬剤師・技能士の3万円に対して、社会福祉士や精神保健福祉士は1.5万円である（保健師・看護師・介護福祉士は9,000円）。社会福祉士や精神保健福祉士に対する国民の期待と支持がなければ業務独占は困難である。

3　養成教育と実習教育（付属施設がない）

ソーシャルワークの専門職を高めるには、フィールド教育は欠かせない。しかし、医学部や教育学部のように付属施設をもつ社会福祉系の大学はわずかである。養成校の大半が他の施設や機関に実習教育を委ねている。しかも、医師、看護師と比較すると実習教育の時間数は大幅に少ない。あわせて、実習教育の内容のうち、レジデンシャル・ソーシャルワーク（社会福祉入所施

設)が未確立である。厚生労働省は2005年度から実習先の実習指導職員の研修制度を創設した。また、各種の職能団体が組織を超えて生涯研修体制を構築し、実習指導職員の研修も提案されている。また、日本学術会議社会福祉・社会保障研究連絡委員会では、上級ソーシャルワーカー(仮称)の創設も提案されている[4]。

※なお、本文中の事例については、倫理的配慮により、施設等が特定されないよう内容を変更している。

● 考えてみよう ●

① 社会福祉士や精神保健福祉士の業務の範囲を書き出し、社会福祉士像や精神保健福祉士像を考えてみよう。
② 実習では何を一番学びたいか考え、その理由を文章化してみよう(400字程度)。

〈引用文献〉
1) 福山和女・米本秀仁編『社会福祉援助技術現場実習指導・現場実習』ミネルヴァ書房　2002年　3頁
2) 柿本誠「社会福祉実習の基本的達成目標」宮田和明他編『四訂　社会福祉実習』中央法規出版　2004年　46〜47頁
3) 福山和女「クライエントの尊厳と理解　—ソーシャルワークの視点から—」『精神療法』第31巻第5号　2005年　3頁
4) 日本学術会議第18期社会福祉・社会保障研究連絡委員会「ソーシャルワークが展開できる社会システムづくりへの提案」2003年　7頁

〈参考文献〉
1　古川孝順『社会福祉学の方法』有斐閣　2004年
2　副田あけみ『社会福祉援助技術論』誠信書房　2005年
3　日本福祉大学社会福祉実習教育研究センター『社会福祉実習報告書』2004年

第15講 社会福祉の権利擁護

●本講のねらい

　行政がサービスの受け手を特定してサービス内容を決定する「措置制度」から、利用者がサービスを選択し、事業者との間で契約を行い、サービスの提供を受ける「介護保険制度・障害者自立支援制度」が実施されている。しかし、この制度の利用者である認知症高齢者、知的障害者、精神障害者等は、サービス提供者の事業所と対等に契約を締結することは困難である。そこで、国は判断能力の低下している利用者のために権利擁護のシステムを構築した。それは、図15−1のように、成年後見制度、地域福祉権利擁護事業（福祉サービス利用援助事業）、第三者によるサービス評価、苦情解決等である。また、近年は高齢者虐待や訪問販売による詐欺被害が相次いでいる。

　本講では、成年後見制度と地域福祉権利擁護事業の制度の現状と活用方法を紹介する。事例を紹介するなかで、将来、後見人業務や社会福祉協議会の権利擁護専門員の仕事が可能なように基礎的実践力を身につけられるよう解説する。

1 ── 社会福祉の権利擁護とは

　日本国憲法の第25条生存権を、補完し高める概念として権利擁護ということばが多く散見されるようになってきた。ここでは、図15−1のように、判断能力の低下した認知症高齢者・知的障害者・精神障害者への権利擁護の制度を解説する。

　まず、権利とは「人間が人間として生きることが阻害されている状態からの復権」と考える。その権利が護られていない状況を整理すると、以下のようになる[1]。

① 権利が侵害されている場合

　虐待、拘束、監禁、詐欺、財産侵害、差別、プライバシー侵害

② 権利が行使できない場合

　放置、孤立、サービス不足、情報不足、手続きの煩雑さ、スティグマ

さらに権利擁護とは、上記の権利が侵害されている場合や権利が行使できない人に代わって代弁し、その人の権利や要求を獲得することである。ソーシャルワーカーはまさに代弁者（アドボカシー）としての役割が求められる。以下事例を念頭において権利擁護の制度を解説する。

【事例１】

70歳代の母親と暮らしている40代の知的障害のＡさんは、「家を直すと嫁さんがもらえるよ」と住宅リフォームの悪徳訪問販売員にだまされ契約した。母親が気づき、業者に解約をせまったが、「代金を払わないと、家に住めないようにしてやる」とすごまれ、法外な代金を払ってしまった[2]。

【事例２】

80歳の認知症高齢者のＢさんは、特別養護老人ホームに入所をしている。本人の意思は確認できず会話も全くできない。そのＢさんの年金を弟が管理し数年前から自分の生活資金にすべて充当していることが関係者の間で判明した。

以上のような、事例を成年後見制度や地域福祉権利擁護事業の活用をはかることで、被害が未然に防止されることになる。そこで次に成年後見制度を紹介する[3]。

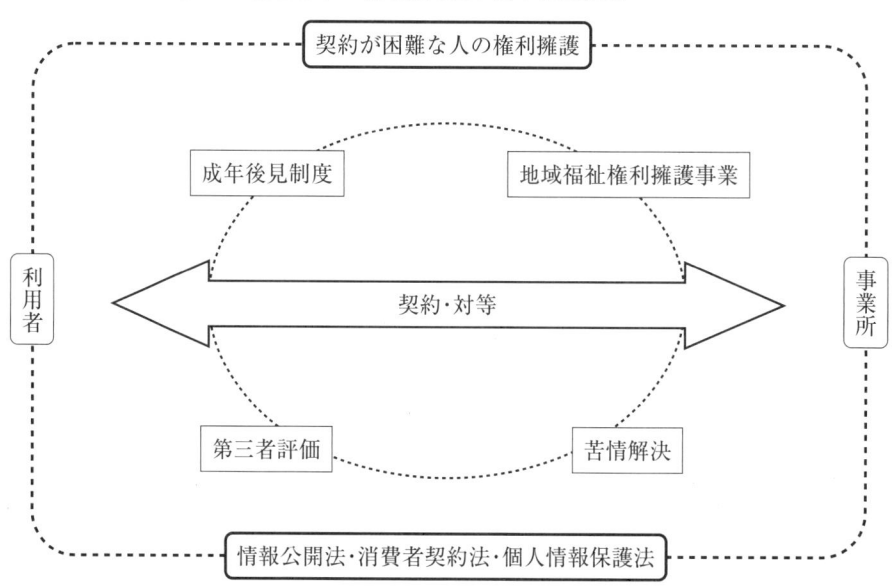

図15－1　社会福祉基礎構造改革と判断能力低下者の権利擁護

2 ── 成年後見制度

　成年後見制度は、民法の改正を中心として2000（平成12）年4月1日介護保険法と同時に施行された。現在では介護保険制度に加えて障害者（身体・知的・精神）を対象に障害者自立支援制度（2006（同18）年4月1日および10月1日施行）が導入されている。行政がサービスの受け手を特定してサービス内容を決定する「措置制度」から、利用者がサービスを選択し、事業者との間で契約を行い、サービスの提供を受ける「利用制度」が実施されている。

　図15-1のように事業所と利用者の契約が対等に行われるためには、成年後見制度は不可欠である。この制度は以下4つの法の総称である。
① 民法の一部を改正する法律
② 民法の一部を改正する法律の施行に伴う関係法律の整備等に関する法律
③ 任意後見契約に関する法律
④ 後見登記等に関する法律

　これまでの民法では、意思能力が低下した心神喪失者と心神耗弱者に対し「禁治産者*1」「準禁治産者*2」のレッテルが貼られ、選挙権等数多くの権利が剥奪されていた。また戸籍に記載されるので本人や家族にも抵抗があった。意思能力の多様性も考慮されなかった。

　高齢社会の進展とQOL（生活の質）の理念の浸透とともに、自己決定・自己選択の考えが広まってきた。また先進諸国では、イギリスの持続的代理権法（1996年施行）、ドイツの世話法（1992年施行）等が成立していた。このような背景の下に、私的自治を基本とする民法の一部改正（法第858条身上等配慮義務新設）を中心に、1999（平成11）年12月1日、成年後見関連4法は成立した。

　この制度は、図15-2のように、既に判断能力が低下した場合の法定後見制度と判断能力のある場合の任意後見制度に大別される。さらに本人の判断能力の程度で軽い（補助類型）・重い（後見類型）・中間（保佐類型）の3つに分類される。被後見人は公職選挙法により選挙権は喪失する。判断能力が少し衰えている人には補助人が、判断能力がかなり衰えた場合保佐人が、判断能力が非常に衰えた場合後見人が家庭裁判所から選任される。任意後見制度の場合、公証人役場で公正証書による任意後見契約を締結する。判断能力が低下したとき、家庭裁判所に申し出て家庭裁判所の任意後見監督人が選任された後行使される。なお、後見人は法人後見も可能である。

　後見制度の手続きは、申し立てできる人は本人・配偶者・4親等内親族・

*1　禁治産者
　心神喪失の常況にあるため家庭裁判所の審判により禁治産の宣告を受けた者。その財産上の行為は後見人が法定代理人として行うという旧民法上の用語。成年後見制度では、使用されていない。

*2　準禁治産者
　心神耗弱（しんしんこうじゃく）者、浪費者で家庭裁判所の審判により準禁治産の宣告を受けた者。準禁治産者が一定の行為をする場合には保佐人の同意を要するという旧民法上の用語。成年後見制度では、使用されていない。

図15-2　成年後見制度の概要

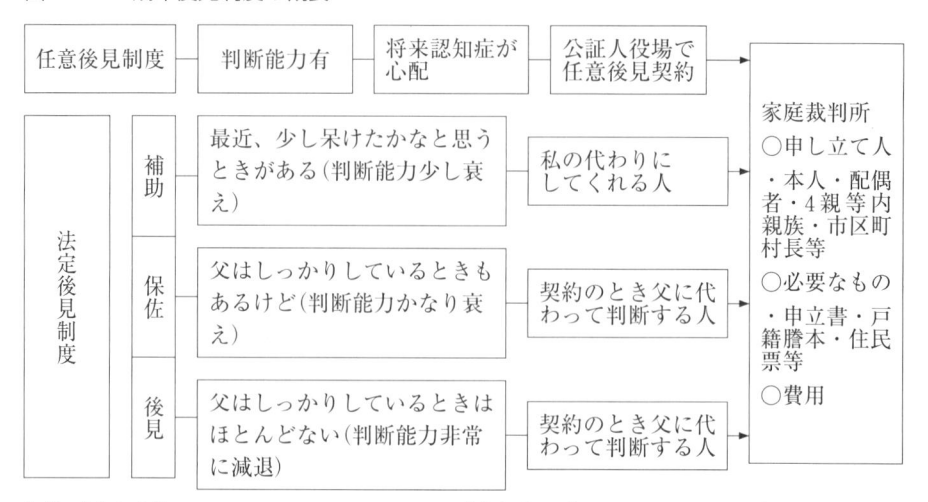

任意後見制度	判断能力有	将来認知症が心配	公証人役場で任意後見契約	

法定後見制度
- 補助：最近、少し呆けたかなと思うときがある（判断能力少し衰え）→ 私の代わりにしてくれる人
- 保佐：父はしっかりしているときもあるけど（判断能力かなり衰え）→ 契約のとき父に代わって判断する人
- 後見：父はしっかりしているときはほとんどない（判断能力非常に減退）→ 契約のとき父に代わって判断する人

家庭裁判所
○申し立て人
・本人・配偶者・4親等内親族・市区町村長等
○必要なもの
・申立書・戸籍謄本・住民票等
○費用

資料：「成年後見センター・リーガルサポート」・「家庭裁判所」のパンフレットを参考

市区町村長等である。後見人の資格は必要なく、家族が80％を占めている。近年、弁護士・司法書士・社会福祉士等の第三者の後見人が選任されるケースが増大しつつある。後見人の報酬は各ケースにより家庭裁判所が決定する。

3　成年後見制度と改正介護保険

　2005（平成17）年6月介護保険法が改正された。介護保険制度の新たなサービスとして、市町村に地域支援事業が創設された。この事業のなかで虐待防止や早期発見等の権利擁護事業が義務化された。全市町村に成年後見制度の窓口が置かれ、その中核的役割を果たすのが「地域包括支援センター」（2006（平成18）年4月から実施）である。同センターは、介護予防や権利擁護の総合窓口として創設される。図15-3のように配置される社会福祉士（保健師・主任ケアマネジャーも配置）を中心に、弁護士・医師会・社会福祉協議会等連携する。住民の身近な市町村で権利擁護のワンストップ支援が実施される。なお低所得者等が成年後見制度を利用する場合、後見制度利用援助事業（申し立て費用、後見人への報酬の補助等）を活用することができる。次に、地域福祉権利擁護事業の事例を紹介する。

【事例3】
　療育手帳Bを所持している30歳代の知的障害のCさんは、これまで施設生活をしてきたが、半年前からアパートでひとり暮らしを始めた。平日は授産

図15-3 成年後見制度利用支援

意思能力		
高い ←→ 低い		

高齢者全体
- 成年後見制度利用の必要性が高く、自ら成年後見制度の利用が可能な者
- 成年後見制度利用の必要性が高く、自ら成年後見制度の利用が困難な者

地域支援事業（必須）（権利擁護事業）
地域包括支援センターが
① 成年後見制度に関する情報提供
② 成年後見に取り組む団体等の紹介を行う事業
→ 弁護士会／社会福祉士会／司法書士会／社会福祉協議会／市町村

① 2親等以内の親族がない場合等市町村長による申し立て
② 市町村長による申し立てに関るもので低所得者の成年後見制度利用援助事業（申し立て費用、後見人への報酬の補助等）
⇒ 地域支援事業として（任意）実施

成年後見制度利用の必要性

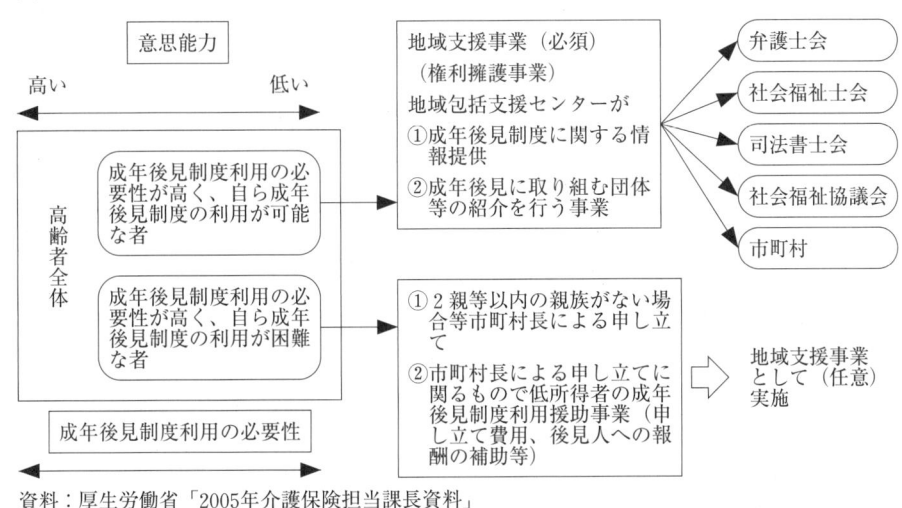

資料：厚生労働省「2005年介護保険担当課長資料」

所に通っている。日常生活はなんとか生活できるが、金銭管理が苦手である。一人で預金通帳を管理したり、支払い手続き等に不安をもっている[4]。

4 ── 地域福祉権利擁護事業

　私的自治の原則を貫く成年後見制度に対して、その補完的役割として、地域福祉権利擁護事業が1999年10月に開始された。その後2000（平成12）年6月に改正された社会福祉法において、同法に「福祉サービス利用援助事業」が位置づけられ、地域福祉権利擁護事業もその一つとされた[5]。
　この事業が制度化されるまでは、東京都の区役所や社会福祉協議会で「財産管理・保全サービス」の制度が実施されていた。1983年東京都中野区が財産保全サービスを最初に取り入れたといわれている。
　図15-4は東京都における地域福祉権利擁護事業の実施体制である。東京都社会福祉協議会は、都内の基幹的社会福祉協議会等に業務委託し、委託を受けた社会福祉協議会（都は当事者団体にも委託）は専門員による相談・調査を実施し、契約締結後は支援計画を策定し、生活支援員によるサービスの提供が開始される。制度の概略は次のとおりである。
① 利用対象者　認知症高齢者・知的障害者・精神障害者等で一人で契約などの判断をしたりお金の管理が不安な人
② 主なサービス　福祉サービス利用支援（利用に関する相談・情報提供・

図15-4 東京都における地域福祉権利擁護事業の実施体制

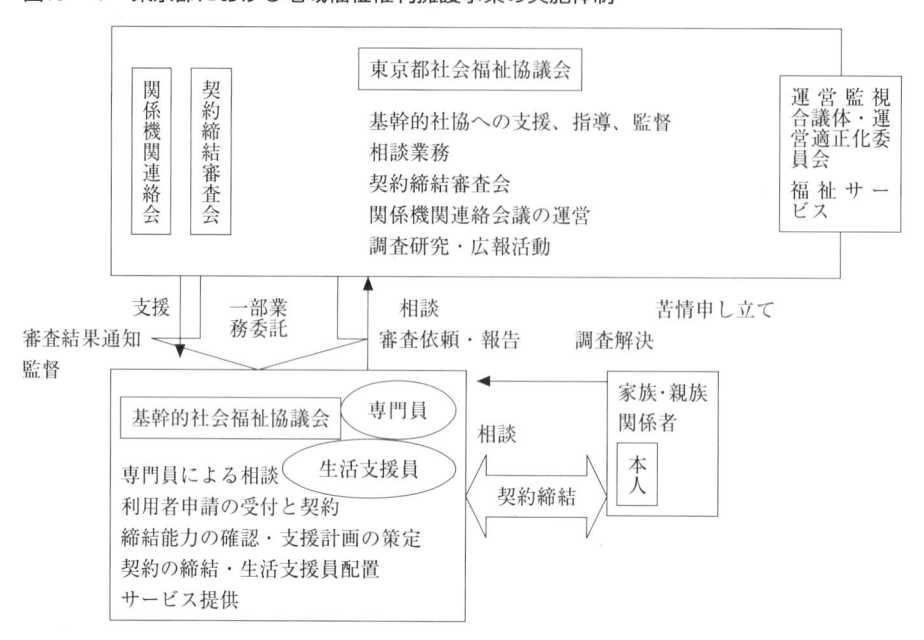

東京都社会福祉協議会
- 基幹的社協への支援、指導、監督
- 相談業務
- 契約締結審査会
- 関係機関連絡会議の運営
- 調査研究・広報活動

関係機関連絡会／契約締結審査会

運営監視合議体・運営適正化委員会／福祉サービス

支援　一部業務委託　相談　　　　　苦情申し立て
審査結果通知　　　　審査依頼・報告　調査解決
監督

基幹的社会福祉協議会（専門員／生活支援員）
- 専門員による相談
- 利用者申請の受付と契約
- 締結能力の確認・支援計画の策定
- 契約の締結・生活支援員配置
- サービス提供

家族・親族関係者／本人
相談／契約締結

利用料の支払い手続き・苦情解決手続き）、日常的な金銭の管理支援（年金・福祉手当の受領・病院への医療費支払い・税金・保険料・ガス等公共料金の支払い・生活費に必要な預貯金の出し入れ）

③ 利用料　福祉サービス利用や日常金銭管理サービス支援　1回1,000～1,200円。書類預かり支援年3,000円～1万円程度（各利用料は自治体により異なる）

④ 手続き　以下図15-5のとおり

図15-5 地域福祉権利擁護事業の手続き

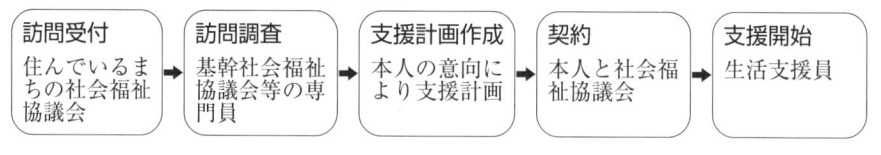

訪問受付	→	訪問調査	→	支援計画作成	→	契約	→	支援開始
住んでいるまちの社会福祉協議会		基幹社会福祉協議会等の専門員		本人の意向により支援計画		本人と社会福祉協議会		生活支援員

訪問受付から社会福祉協議会の専門員の訪問調査。その際利用者の契約能力の確認が困難なときは、都道府県社会福祉協議会の契約締結審査会に依頼する。契約締結後はその支援計画に沿って生活支援員がサービスを開始することになる。

5 ── 成年後見制度と地域福祉権利擁護事業の課題

　成年後見制度と地域福祉権利擁護事業の課題は、以下の3点について分析する。

1　自己決定と判断能力

　判断能力の程度によって、後見人・保佐人・補助人が家庭裁判所の判断で決定される。認知症の診断に関して最高裁からガイドラインが明示されているが、認知症は個々によりその状態も異なる。改訂長谷川式知能評価スケール（HDS－R）のような判断能力・意思能力の判定基準の開発がまたれる。また、医療行為（手術）の同意権が成年後見人には付与されていない。
　地域福祉権利擁護事業では、判断能力が衰えてはいるが、契約が可能な人となっている。契約締結後必要な判断能力がなくなった場合、成年後見制度への移行の見極めが困難である。

2　利用料（成年後見人等の報酬額含む）

　成年後見制度は、私的自治の民法が根拠法である。したがって、利用料は自己負担が原則である。申し立て（申請）に伴う費用と鑑定料（主治医）が約5万円程度で、後見人の報酬額はケースによって異なるが、月額3万円程度が多い。低所得者は、成年後見制度の利用が困難である。ただし、成年後見制度利用支援事業があるが、制度化している自治体は全自治体の1割強にすぎない。

3　後見人監督

　後見人には、家族や第三者（弁護士・司法書士・社会福祉士等）が選任されている。家庭裁判所は後見監督人を選任し、後見人（保佐人・補助人含む）をチェックすることは可能である。しかし、後見人対利用者は個別のかかわり方である。後見人の不正の事件も起きている。また、逆に正当な後見人が単独ゆえに関係者から疑われることもあろう。しかし、そのことを防ぐための法人後見が少ない。あわせて後見人の的確性を確認する第三者による評価システムも未確立である。

● 考えてみよう ●

① もしも自分自身が若年認知症になったら後見人はだれにするか考えてみよう。また、その理由を考えて書き出してみよう。
② 判断能力が低下している人の権利擁護の制度を考えてみよう。

〈引用文献〉
1) 東京都社会福祉協議会『住民主体による福祉コミュニティづくりをすすめるために』2000年
2) 2005年8月24日中日新聞朝刊を参考にして事例作成
3) 東京都社会福祉協議会『新しい成年後見制度』2000年
4) 東京都社会福祉協議会『地域福祉権利擁護事業を知ろう』2003年
5) 東京都社会福祉協議会『地域福祉権利擁護事業を知ろう』2003年

〈参考文献〉
柿本誠「判断能力低下者の支援に必要な法律知識」『総合リハビリテーション第32巻第6号』2004年・リーガルサポート『法定後見ハンドブック』2004年・最高裁事務総局家庭局・愛知県社会福祉協議会のパンフ等を参考にした。なお事例については、倫理的配慮により人物が特定されないよう内容を変更している。

第16講 社会福祉の国際的視点

●本講のねらい

　現代は、グローバリゼーション*の時代といわれ、地球規模の国際化が進んでいる。自分の国や文化のみにとらわれるのではなく、国境を越え、世界を一つとみなして政治や経済、環境問題などを考える意識の必要性が指摘されている。従来、日本の社会福祉は、日本社会のしくみや制度・政策の枠組みのなかで国内における日本人を対象とすることに重点を置くものが一般的であった。しかし、21世紀には、国際的な視点から、地球規模でどのような生活福祉の問題が生じているかに目を向け、これらの問題に積極的に取り組む社会福祉の実践や研究が必要になってくる。貧困や飢餓、環境破壊、家族崩壊、児童虐待や女性への暴力といったさまざまな社会問題は、世界の多くの国が共通に抱える問題である。戦争や紛争により生命の危険にさらされ、避難民や難民になることを余儀なくされる人びとの数は年々増加している。先進国と開発途上国との経済格差が広がるなか、職を求めて海外に流出、流入する移住労働者も増加を続けており、この現象は、日本国内の在日外国人の増加、つまり日本の内なる国際化に結びつく。これらの問題に対して、社会福祉の立場から何ができるかを探っていくことは重要である。

　本講では、現在、社会福祉の分野で国際福祉とみなされる主な領域を、1諸外国の社会福祉、2社会福祉の国際比較、3国際社会における福祉活動、4内なる国際化をめぐる社会福祉、に分けて紹介する。

> ＊　グローバリゼーション
> 　物事が地球規模に拡大発展すること。グローバル化ともいい、世界化、地球規模化などと訳す。多国籍企業の世界的展開、全地球規模の国際労働分業に伴う相互依存の深化、情報・コミュニケーションおよび運輸技術の急速な発展による時間と空間の観念の変貌などによってもたらされた。

1 ── 諸外国の社会福祉

　日本以外のさまざまな国の社会状況や、社会福祉のシステムを学ぶことには、どんな意義があるだろうか。一つには、日本が抱える社会福祉の問題に対して他の国では、どのように対応しているかを知ることによって、社会福祉の実践方法や知識の幅を拡大していくことがあげられる。たとえば、日本では、児童虐待は比較的最近になって注目を集めはじめた領域であるが、この問題にこれからどう取り組んでいくかは、日本の社会福祉の大きな課題の

一つである。アメリカでは、児童虐待の問題に対する積極的な取り組みが実践されており、虐待を発見した場合の通報システムや、虐待をした親に対する専門家によるケアなど、日本に比べてサービス体制が発達している。このような先行例となる外国での取り組みは、自分の国における社会福祉の問題に対応するうえで、一つの手がかりとして参考にすることができる。

　このようにアメリカやイギリスなどの、いわゆる社会福祉の先進国といわれる欧米の社会福祉の先駆的取り組みを学び、日本の実状を踏まえて選択・応用していくことは有効である。しかし、日本における外国の社会福祉に関する知識の大半は欧米に関するものであり、それ以外の国、つまりアジア、アフリカ、中南米などの国の社会福祉に関しては、今までほとんど学んでこなかったという事実も存在する。これは、日本の社会福祉が欧米で生まれた理論、とくにソーシャルワークにおいては、アメリカの理論を導入することを中心にして発展してきたこととも関係があるだろう。情報化社会といわれる現代は、世界中のさまざまな国の情報を得ることが可能になってきている。欧米のみならずアジア・アフリカなど諸外国の社会福祉についても、今後は学んでいく必要がある。

　それでは、アジア、アフリカ、中南米諸国では、どのような社会福祉が発展してきたのだろうか。これらの国々においても、欧米型の社会福祉の手法や教育方法、ソーシャルサービスのあり方が導入されている。アジアの例をみてみると、香港とシンガポールは、ともにイギリスの植民地であったことから、イギリス型のソーシャルワークモデルの影響を受けている。また、大学の社会福祉教員の大多数がアメリカの社会福祉の大学院の学位取得者であるなど、アメリカ型のソーシャルワークの導入も積極的である。フィリピンは16世紀の後半から300年あまり、植民地としてスペインの統治を受け、その後アメリカの支配下に置かれた歴史があり、アメリカの社会福祉制度やソーシャルワーク理論、手法が取り入れられている。アフリカは、イギリス、フランスどちらかの国に植民地化された国が多いが、これらの宗主国の統治方法の違いが、それぞれの国の社会福祉サービスの構成に大きく影響している。

　しかし、一方、文化や伝統、社会構造や経済状況が異なるこれらの国々で、果たして西洋型モデルは役に立つのかとの議論がなされるようになり、独自の文化や地域に根差した自分たちのモデルを開発していく必要性が強調されはじめている。1950年代と1960年代に植民地支配から独立を遂げた国々の主要課題は、貧困をはじめとして国の社会的・経済的問題にどう取り組むかであり、欧米型の個人主体の理論は、彼らのニーズにそぐわなかった。このような状況のなかで、アジア・アフリカ諸国では、欧米型の個人を主体としたミ

クロ型の援助から、社会構造上の問題や、経済的な問題に介入していくマクロ型の援助に力点が置かれるようになった。先に述べたフィリピンでも、1960年代から、独自の土壌に即したソーシャルワークの必要性が指摘されるようになり、社会福祉の対象が「個」から「社会」へ移行しはじめ、社会福祉サービスの形態も、開発志向型が提唱されている。

このように、欧米以外の国々が、西洋の理論に追従するのではなく、自分の国の社会状況や文化に見合ったモデルをつくりあげていこうとしていることは、彼らと同様に西洋のモデルを導入してきた日本の社会福祉にとっても、興味深いことである。私たちが、日本型のソーシャルワークのモデルを考えていくうえでも、彼らから大いに学ぶことがあるだろう。

2 ── 社会福祉の国際比較

社会福祉の国際比較とは、一般的には、2つもしくはそれ以上の国や地域について、一定の社会福祉の課題や問題、制度や政策、サービスについて比較・検討を行うことである。例としては、スウェーデンと日本の高齢者政策を比較する、アメリカと日本の女性の労働の実態と政策を検討する、もしくは、イギリス、フランス、アメリカ、日本の児童福祉法について比較するなどがあげられる。

文化や社会構造、経済状態などが異なれば、一定の社会福祉問題に対しても、国によりその取り組み方はさまざまである。しかし、高齢化社会にどう対応していくかということは、多くの先進国にとって深刻な問題であるし、女性の社会的役割や地位向上の必要性は、文化やその国の状況によって異なるが、先進国・開発途上国に共通の課題であることに変わりはない。このように、世界共通の社会問題や課題について他の国の取り組みを知り、自分の国における状況を国際的な視点から比較・検討することは、自分の国の福祉問題の解決に利益を見出すことになる。たとえば、他の国でどのように新しい施策やサービスが開発され、実行に移されたかその過程を検討することは、自分の国で新しい施策やサービスを策定するうえで、あらかじめ生じ得る影響や問題を予測することにつながるだろう。

社会福祉の国際比較の方法としては、主に国際的な環境での「社会福祉の状況」の検討と、国際的に「主要な社会サービス」の比較がある。前者は、たとえば、保健、教育、労働などの社会的状況について各国のデータを収集し、そのテーマに関する状況を検討するものであり、後者は、社会保障や保

健サービス、ソーシャルワーク・サービスなど、具体的なサービスの内容や展開の仕方を比較する場合を意味する。

　国際比較を行う場合、気をつけなければならないこととして、各国によって社会システムが異なるため、共通の社会福祉の用語を設定しても、それが各国によって異なる意味をもつ場合があることである。たとえば、社会保障ということばのもつ意味合いは、世界各国によってかなりまちまちであったりする。比較を行うにも、中心となる対象の内容がばらばらであれば、検討結果は正確性を欠いたものになってしまう。また、他の国の施策やサービスを比較し、その内容を導入する場合は、果たして自分の国の文化や社会システムに適合するものか、十分に検討を重ね、応用していく姿勢が求められる。

3 ── 国際社会における福祉活動

　国際社会における福祉問題のなかで最も深刻なものとしては、貧困、飢餓、環境破壊、戦争や紛争、生活崩壊などがあるだろう。グローバル化や情報技術革命が急速に進む一方、先進国と発展途上国の貧富の差はますます広がっていく。いわゆる「南北問題」ということばにあらわされるように、「北」の豊かな国の人びとの暮らしは「南」の国の人びとの貧しい暮らしの犠牲のうえに成り立っている。拡大する貧富の差を縮め、貧困や劣悪な環境に苦しむ人たちの自立が可能になるように援助を行うことが、国際社会の福祉活動として求められる。

　これらの活動を展開する主だった組織・機関として、①国連システムの国際機構、②国際的な組織をもつNGO（非政府組織）・NPO（非営利組織）、③二国間もしくは多国間政府、④二国間もしくは多国間で活動を行う民間社会福祉団体、NGO・NPOなどがあげられる。

　①の国連システムの国際機構としては、とくに福祉活動に密接な専門機関として、国連児童基金（UNICEF）、国連難民高等弁務官事務所（UNHCR）、国際労働機関（ILO）がある。その他、世界保健機関（WHO）、国連開発計画（UNDP）、国連人口基金（UNFPA）、経済協力開発機構（OECD）、世界銀行などの活動も関連している。②の国際的NGO・NPOには、国際赤十字やYMCA、YWCA、国際社会福祉協議会、国際社会事業団（ISS）などが含まれる。これらのボランタリーな組織は各国に支部をもち、その世界的なネットワークを活用して活動を行う。③の例としては、わが国でいえば、日本政府が行う政府開発援助（ODA）があげられる。関連した事業と

して、外務省管轄法人の国際協力事業団（JICA）の活動と青年海外協力隊（JOVC）の派遣がある。④の場合は、たとえば日本のNGOでアフリカ難民の緊急援助を行う団体、アジアにおいて自立支援のための開発援助を行う団体、保健医療サービスを提供する組織などが該当するであろう。これらの組織・機関のなかでも、近年めざましい活動を行っているのが、1970年代以降増加してきた草の根的な活動を続ける民間NGO・NPOである。

　それでは、国際社会の福祉活動において、ソーシャルワーカーはどのような支援を行うことができるのだろうか。開発途上国援助に関しては、たとえば、当事者の参加を主体とする参加型の地域社会開発の手法を用いて問題解決に取り組み、地域の自立支援をはかることがあげられる。1で述べたように、西洋型モデルをそのまま適用するのではなく、その国の社会構造や経済状況を理解し、独自の文化や地域のニーズにかなったアプローチが必要である。紛争地帯や難民援助の場面においては、悲惨な体験をした避難民に対して、トラウマを癒すためのカウンセリングを行う、性暴力の犠牲となった難民女性たちのグループを組織して情緒的サポートの場を提供するなどが、考えられる。

　国際社会での福祉活動の必要性はますます高まっているし、本来、人と環境の両方の視点から、当事者の自立支援をサポートする特質をもつソーシャルワークの方法は、これらの福祉活動を実践していくうえでも大いに役立つはずである。しかし、この分野におけるソーシャルワーカーの役割や有用性は、今のところ必ずしも明確ではない。ソーシャルワーカーが活動の幅を広げていくためには、国際場面で通用する知識や具体的な手法をもっと身につけることが必要であろう。

4———内なる国際化をめぐる社会福祉

　近年、日本国内で進む国際化にどう対応していくかも、国際福祉の新しい重要課題である。日本には、従来、日本に居住している在日韓国・朝鮮人の人たちがいるが、これらのオールドカマーの人たちに加えて、最近はニューカマーと呼ばれる新しく日本にやってきた外国人が急増している。たとえば、ブラジル、ペルーなどの南米からの移住労働者、フィリピンやタイからの女性移住労働者、日本人男性と結婚したフィリピン、韓国、中国からのアジア人女性がこれにあたる。移住労働者の人たちは、自分の国の経済状況が劣悪なため、日本に出稼ぎ労働にやってくる。韓国、中国を中心とするアジアか

らの留学生、1980年代に日本に定住したベトナム、ラオス、カンボジアからのインドシナ難民もニューカマーに該当する。また、第二次世界大戦以後中国に残留した日本人で、1970年以降、日本に帰国した中国帰国者も存在する。

　これらのニューカマーの人たちの滞在は、短期から長期、さらに定住へと移行しつつあり、国際結婚家族や、外国人家族の数が増加している。これらの在日外国人の人たちは、日本という文化や習慣、言語の異なる国に生活するうえでさまざまな困難を抱えている。日本語能力の不足は、日常生活の不便さだけではなく、日本の社会のしくみがわからないため、行政サービスや医療サービスの情報が伝わらないことにもつながる。遠い母国の家族や友人から離れて生活しているため、問題があっても相談できる人がみつからず社会から孤立してしまうケース、国際結婚をしても家族観や宗教観の違いから、日本人家族との間の葛藤に悩むケースも見受けられる。

　外国人の適応には、外国人を受け入れる社会の側が、どれくらい異なる文化を受容する土壌があるかに大きく関係している。数多くの移民・難民を受け入れてきたアメリカ・カナダでは、学校教育のなかで異文化理解教育が活発に行われ、住民の多様な文化的・社会的背景を尊重した医療保健サービスや社会福祉サービスが実践されている。日本の場合は、外国人も住民の一員であり、医療保健サービスや社会福祉サービスの対象者であるという考え方が浸透しておらず、サービス体制が整っていない。

　今後も在日外国人の数は増え続けると想定される。外国人も日本人と同様に市民であるという視点に基づいて、外国人を支援するサービス体制をつくっていくことが必要である。具体的には、日本語教育プログラムの充実化、外国人が母国語で相談できる機関や窓口の設置、日本の文化・生活習慣についてのセミナーの開催などがあげられる。日本人側の意識を変えていくため、一般市民向けの異文化理解講座や、医療保健サービスや社会福祉サービス従事者に対する研修も重要である。このようなサービスは、日本人だけではなく、外国人の人たちと一緒につくり上げていく視点が欠かせない。

　ソーシャルワーカーは、今まで、日本人を対象とすることが一般的であったが、これからは、多様な文化的・社会的背景をもつ外国人にも対応できる能力が求められる。相手の文化の家族観や宗教観を尊重し、相手の国の社会的・経済的状況に関する知識をもつこと、日本の価値観で相手を一方的に判断しないよう気をつけることが重要である。また、他のサービス機関に対して、ひいては、日本の社会全般に対して外国人の状況や問題に対して理解を促すよう働きかけていく必要がある。

おわりに

　国際福祉は、社会福祉のなかでも新しい領域である。さまざまな国の社会福祉の有り様を学び、比較・検討を重ねること、国際社会の課題を知り、そこで活動する手法や、国内の国際化に対応するサービスをつくり上げていくことは、日本の社会福祉をより豊かにすることにもつながる。

> ● 考えてみよう ●
> ① 日本の社会福祉では、アメリカ、イギリスなど欧米諸国の社会福祉の理論や実践の取り組みが紹介されることが多い。しかし、アジア、アフリカ、中南米などの国々では、どのような社会福祉の課題があり、どのような取り組みが行われているのだろうか。自分の関心のある国について調べてみよう。
> ② 日本には、どのような外国人の人たちが住んでいるのだろう。国籍、人数、日本にやってきた経緯などを調べてみよう。また、あなたは、これらの外国人に対してどのようなイメージをもっているだろうか。

〈参考文献〉
1　阿部志郎・井岡勉編『社会福祉の国際比較』有斐閣　2000年
2　石河久美子「アジアにおけるケースワークの動向」岡田正幸・川田誉音編『個別援助の方法論』みらい　1998年
3　石河久美子『異文化間ソーシャルワーク』川島書店　2003年
4　小島蓉子・岡田徹編『世界の社会福祉』学苑社　1994年
5　J．ミッジリィ（京極高宣・萩原康生監訳）『国際社会福祉論』中央法規出版　1999年
6　Hokenstad, M.C. & Midgley, J. *Issues in International Social Work*, NASW Press, 1997.

第4部

社会福祉の原理を学ぶ

第17講　社会保障と社会福祉 ―社会福祉基礎構造改革―

●本講のねらい

　本講では、社会福祉を社会保障という広い視野からとらえたうえで、第一に社会保障が生成した歴史的経緯について、第二に社会保障の体系と機能について説明している。そして第三に社会保障の構造改革と社会福祉、とりわけ社会福祉基礎構造改革の内容とその論理についてふれている。以上を通して、本講では、社会保障と社会福祉の関係を学ぶとともに、現代社会における社会保障の役割を理解すること、さらに、社会保障の構造改革が進展するなかで、社会福祉がどのように見直されているのかを学ぶことを目的としている。

1 ── 社会保障の誕生の背景

　社会福祉は、しばしば社会保障との関連で問題にされるが、その社会保障という概念はどのようにして形成されたのだろうか。社会保障は、老齢や疾病、失業など資本主義社会において貧困の原因となるリスクに対して、国家の責任において保障していこうという考え方である。それは1935年のアメリカ社会保障法にはじめて使用されたものであるが、歴史的にみるとイギリスの両大戦間から戦後にかけての歩みのなかに、社会保障の形成がよく示されている。

　資本主義社会においては、失業や疾病などにより貧困に陥りやすいという

ことを経験的に学んだ労働者は、19世紀後半頃から友愛組合という自衛の組織をつくり、そのなかでお金を拠出しながら、仲間の組合員が職を失った場合などにその生活を支えるための組織づくりを行った。つまり、相互扶助の助け合い組織を結成したのである。しかしながら、失業そのものが短期間にごく一部の労働者にだけふりかかる場合には、友愛組合の存在が効果的であったものの、経済的不況が長引き失業自体が長期にわたり、特定の業種に限らず全産業分野に及ぶと、多くの労働者が失業に巻き込まれるようになった。こうなると互助組織だけでは対応困難であることが明らかとなった。加えて、19世紀の後半から普通選挙の実施を求める労働者と国民の運動が高まってくると、失業問題は自由と平等を理念として掲げる社会にとって容認しがたいものとして、民主主義を求める運動のなかに位置づけられ、国家による対応が求められた。

このように失業という社会問題の存在を前提として、その解決を要求する労働者の運動が高揚してきたことは、国家の政策にも影響を与えた。20世紀前半の歴史のなかに、社会保障の誕生の過程が示されている。

「第18講　欧米の社会福祉の歴史」に説明されているように、20世紀初頭にイギリスでは最低賃金制とともに社会保険が誕生し、そのなかに失業保険が導入されたのである。しかし、第一次世界大戦から第二次世界大戦にかけての両大戦間に失業問題はさらに悪化し、そのなかで1934年の失業法が制定された。この法律には保険料の拠出に基づく失業保険とともに、その拠出が不要（無拠出）の失業扶助が組み合わさっていた。とくに後者は、失業保険を受給することができない失業者であって一定収入以下の者を対象にして、全額国庫負担による最低限度の生活保障を行う制度であり、この点が発展して戦後の公的扶助につながった。

さらに、日本の戦後の社会保障の考え方にも影響を与えたイギリスのベヴァリッジ報告書が1942年に発行され、ナショナル・ミニマム（国民最低限）とユニバーサリティ（包括性）の原則に立って、所得保障（社会保障）を社会保険によって主として行い、それができない場合には公的扶助で補うというしくみを打ち出した。そしてこの所得保障が有効に機能するためには、医療、教育、住宅、雇用の分野にまたがる総合的な社会政策が不可欠という認識を示した。ベヴァリッジ報告書のこうした側面が、戦後イギリスの福祉国家の礎を構築したとして評価されているのである。また、この報告書が第二次世界大戦の最中に発表されたことは、民主主義と反ファシズムの陣営として戦っているイギリス政府が、戦時の窮乏した生活に耐えて戦争遂行に協力している国民を鼓舞し、戦後の新しい生活を約束したという性格ももってい

る。

　このように社会保障は、資本主義というしくみのなかで発生してくる社会問題に対して、労働者の自助や相互扶助だけで対応することが難しくなり、民主主義を求める運動の高まりのなかで国家によって実施された政策であるといえよう。

2 ── 社会保障の体系と役割

　社会保障の民主主義的な側面は、生存権保障をその理念に掲げ、基本的人権のひとつとして位置づけられたことに象徴されており、このことは1948年に国連が採択した世界人権宣言、そしてわが国の日本国憲法のなかに見出すことができる。たとえば憲法第25条について社会保障制度審議会は、1950（昭和25）年の「社会保障制度に関する勧告」のなかで次のように述べている。「これは国民には生存権があり、国家には生活保障の義務があるという意である。これはわが国も世界の最も新しい民主主義の理念に立つことであって、これにより、旧憲法に比べて国家の責任は著しく重くなったといわねばならぬ」と、民主主義の視点から生活保障の責任が国家にあることを積極的に受けとめようとした。そのうえでこの審議会は、敗戦直後の混乱した社会情勢のなかで統一ある社会保障制度を早く確立しなければならないという考えによって、社会保障制度の体系をわが国ではじめて提示した。

　そのなかで社会保障制度を「疾病、負傷、分娩、廃疾、死亡、老齢、失業、多子その他困窮の原因に対し、保険的方法又は直接公の負担において経済保障の途を講じ、生活困窮に陥った者に対しては、国家扶助によって最低限度の生活を保障するとともに、公衆衛生及び社会福祉の向上を図り、もってすべての国民が文化的社会の成員たるに値する生活を営むことができるようにすることをいうのである」と定義した。具体的には表17－1に示されるように、社会保障は広義と狭義の2つの視点から体系化することができる。

　まず広い意味で社会保障というときには、狭義の社会保障と並んで恩給や戦争犠牲者援護が含まれる。後者は社会保障本来の目的と異なる国家補償とされているが、生存権保障の社会保障的な効果をあげているので、社会保障制度に含められている。次に、社会保障の中核部分（狭義）では、社会保険、公的扶助、社会福祉、公衆衛生および医療、そして老人保健がある。このうち社会保険とは、国民が病気やけが、出産、死亡、老齢、障害、失業など生活の困難をもたらすさまざまな事故（保険事故）に遭った場合に、一定の保

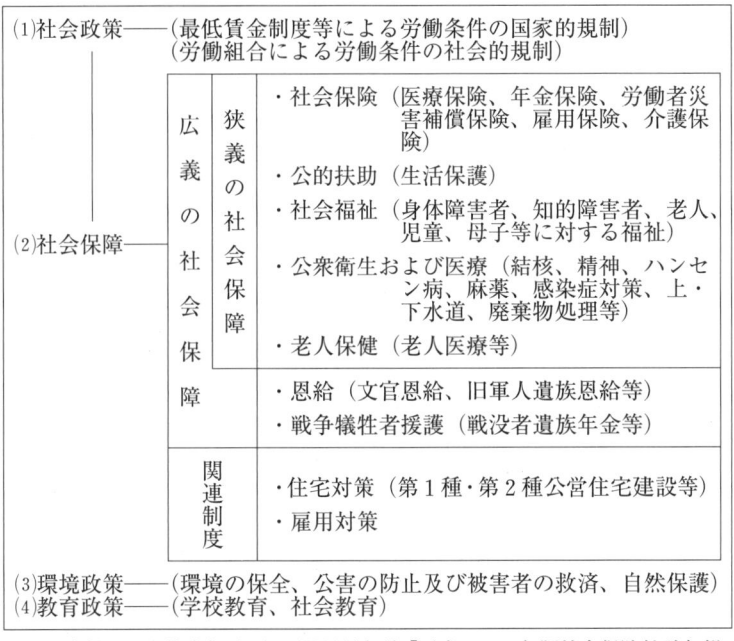

表17-1　公共一般政策・社会保障・社会福祉の関係

(1)社会政策	(最低賃金制度等による労働条件の国家的規制)
	(労働組合による労働条件の社会的規制)

(2)社会保障
- 広義の社会保障
  - 狭義の社会保障
    - ・社会保険（医療保険、年金保険、労働者災害補償保険、雇用保険、介護保険）
    - ・公的扶助（生活保護）
    - ・社会福祉（身体障害者、知的障害者、老人、児童、母子等に対する福祉）
    - ・公衆衛生および医療（結核、精神、ハンセン病、麻薬、感染症対策、上・下水道、廃棄物処理等）
    - ・老人保健（老人医療等）
  - ・恩給（文官恩給、旧軍人遺族恩給等）
  - ・戦争犠牲者援護（戦没者遺族年金等）
- 関連制度
  - ・住宅対策（第1種・第2種公営住宅建設等）
  - ・雇用対策

(3)環境政策——（環境の保全、公害の防止及び被害者の救済、自然保護）
(4)教育政策——（学校教育、社会教育）

注：原資料、国立社会保障・人口問題研究所『平成12、13年版社会保障統計年報』をもとに加筆。

険給付を行うことによって、その人の生活を安定させることを目的とした強制加入の保険制度である。社会保険のなかには、医療保険、年金保険、労働者災害保険、雇用保険、介護保険などがある。また公的扶助とは、生活に困窮するすべての国民に対して、全額国庫負担で国が憲法第25条にいう健康で文化的な最低限度の生活を保障し、その自立を援助しようとする制度であり、生活保護制度がその代表的なものである。そして公衆衛生とは、国民が健康に暮らせるようにいろいろな事項についての予防や衛生について定めた制度である。さらに老人保健とは、国民の老後における健康の保持と適切な医療の確保を図るため、総合的な保健医療サービスを提供する制度であり、その費用は国民が公平に負担するものとして1982（昭和57）年に老人保健法として制定された。なお、この分類に加えて児童手当や児童扶養手当のような社会手当をあげることができるだろう。

　生存権保障としての社会福祉は、これら狭義の社会保障のひとつに位置づけられる。他の社会保障制度、たとえば年金や医療のような所得保障、医療保障と比べてみると、社会福祉の特徴は、病気や事故、心身の障害などのため生活の維持が難しくなった場合に、社会保障や関連施策と連携しながら、相談や福祉サービスなどの援助を通して個別、具体的にその自立を支援するところにある。

こうした社会保障の果たしてきた役割をみると、第一に国民生活の安定に寄与してきたことである。病気と貧困の悪循環や老齢による退職後の生計維持の困難などの不安要因に対して、社会保障制度は医療保険、年金保険、あるいは公的扶助などの手段によって対応してきた。国民の生活の安定にとって、社会保障は不可欠なものとなったのである。第二に、資本主義社会における貧富の格差、とくに所得格差に対して社会保障制度が修正を行ってきたことである。社会保障の給付やサービスからその保険料などの費用負担を引いた純給付は、一般に高所得層よりも低所得層の方が大きいということができる。こうした機能を所得再分配といい、労働者の賃金・給与という形をとって市場を通して決定される所得分配の不平等を是正するため、租税制度とともに社会保障制度によって、高所得者から低所得者へ所得の移転をはかるのである。第三には、社会保障が戦後の経済成長に寄与してきたことである。これには社会保障給付を通して国民に一定の購買力を与えてきた側面とともに、公的年金の保険料の積み立てを原資とした資金が、国の安定的な財政投融資として、道路などの社会資本の整備に使われてきた側面にも注目されるべきである。

3 ── 21世紀に向けた社会保障の再構築

以上のように、社会保障は戦後の国民生活に深くかかわりながら確立してきたが、1970年代の半ば以降の低経済成長期に入ると、「福祉見直し」が進められ、社会保障は社会福祉とともに、その理念や内容が問題にされるようになってきた。その背景には、国際的にもイギリス、アメリカなど先進諸国のなかで「福祉国家」の社会保障に対する批判的な見方が広がってきたことが、日本にも影響したことや、国内においては中央と地方の財政危機や人口高齢化の進展等があった。そのなかで、行政の守備範囲や国の財政負担を見直し、縮小化しようとする動き、すなわち「行政改革」が推進された。「福祉見直し」はこうして具体化されてきたのである。

社会保障・社会福祉分野においては、政府による日本型福祉社会*構想の提案（1979年）が示され、「行政改革」を推進する手段とされた。日本型福祉社会構想とは、個人の自助と家族や地域の相互扶助を基本とし、民間活力を活用しつつ、公的部門の役割を最小限にとどめようとするものだが、具体的には、老人保健法による老人医療制度の改革、健康保険被保険者本人の1割負担、社会福祉国庫補助金の削減などが1980年代に行われた。

＊　日本型福祉社会
1979年8月に閣議決定した「新経済社会7ヵ年計画」において、今後の経済運営の基本方向のひとつとして「新しい日本型福祉社会の実現」が掲げられ、「個人の自助努力と家庭や近隣・地域社会等の連帯を基礎」とし、「効率のよい政府が適正な公的福祉を重点的に保障する」ことを、今後の方向とすべきとした。

さらに1990年代に入ると、高齢化のピークを迎える21世紀において社会保障をどうするのかが問題になり、1995年に社会保障制度審議会は「社会保障体制の再構築～安心して暮らせる21世紀の社会をめざして～」と題する勧告（以下「95年勧告」と略）を行った。同審議会はそのなかで社会保障の基本理念を、「みんなのためにみんなでつくり、みんなで支えていくものとして、21世紀の社会連帯のあかしとしなければならない」と新たに社会連帯を強調したとらえ方を示した。そして、1997年1月に社会保障・人口問題研究所が新たな将来推計人口を発表し、21世紀における予想を上回る少子・高齢化の進行や人口減少社会への移行が明らかになってからは、「持続可能な社会保障」に向けた制度改革の動きは切迫感を増している。すなわち、「社会保障においては負担なくして給付はあり得ず、打ち出の小槌はない」として、世代間の公平の観点から給付と負担のバランスをはかるために、負担を担う支え手を増やし、高齢者にも能力に応じた負担を求め、給付水準を見直し効率化することが提案されている（社会保障構造の在り方について考える有識者会議「21世紀に向けての社会保障」2000年10月）。

社会福祉との関連でみれば、「95年勧告」には介護保障を社会保険方式で行うことや措置制度の見直しの必要性などがふれられており、90年代後半以降の社会福祉政策の論点につながる内容が含まれている。この時期の社会福祉改革は、社会保障構造改革の一環として進められてきている点に特徴をみることができる。

4 ── 社会福祉基礎構造改革

ここで社会福祉の基礎構造とは、第二次世界大戦後におけるわが国の社会福祉の組織や財政の基本的な枠組みを意味しており、通常は「社会福祉事業の全分野における共通的基本事項」を定めた社会福祉事業法（1951（昭和26）年）の体系や内容を指して使われることが多い。この法律は、社会福祉事業の種類を個別に指定し、その経営主体に一定の規制を行うとともに、公私分離という経営の準則を明らかにした。また福祉事務所や社会福祉主事、そして社会福祉法人といった社会福祉の組織の要となる機関や団体の設置に根拠を与えた。社会福祉事業の運営という視点からみれば、こうした枠組みは、公的責任に基づいて国が社会福祉サービスを国民に保障していくシステムとみることができ、これは措置制度と呼ばれてきた。介護保険法や社会福祉事業法改正による社会福祉法（2000（平成12）年）の誕生は、社会福祉基礎構

造改革を象徴する出来事である。

　それでは、どのような理由から社会福祉基礎構造改革が推進されたのであろうか。その中心はこの措置制度に向けられていたということができる。すなわち、今日、社会福祉の理念に自立支援がすえられたことにともない、社会福祉サービスのあり方について、供給者の都合でなく利用者本位ということが強調されてきた。この利用者本位のもとでは、利用者自らがサービスを選択することが重要とされているが、この点で措置制度は行政によってサービス利用を決定するシステムであるがゆえに、利用者と供給者の対等な関係の確立はできない。したがって、措置制度を見直して、契約に基づく利用制度に改革すべきだと主張されたのである。

　加えて基礎構造改革では、利用者の個別的なニーズに応え、選択の幅を広げるためには、サービスの供給主体が公的部門だけでなく、営利部門や非営利部門によって積極的に担われるべきであるとして、多様な供給主体の参入が目標とされた。こうして利用者の選択のもとで供給者間の競争が強まれば、市場原理によってサービスの量的拡大と質の向上も期待できるとみられたのである。また、サービスの利用にともなう費用を公平かつ公正に負担するという観点から、利用者負担の考え方が応能負担から応益負担へと変わった。さらに利用者による選択を可能にするために、次のような条件整備が進められてきた。すなわち、①利用者本人の意思決定能力をサポートする成年後見制度や地域福祉権利擁護事業、②福祉サービスに関する苦情解決のしくみ、③福祉サービスの質に関する第三者評価、④社会福祉法人の事業運営に対する透明性の確保などである。

　すでに、大部分のサービスが介護保険制度によって措置制度から契約に基づく利用制度へ移行した高齢者福祉に続いて、障害者福祉サービスも利用制度に移行した。すなわち第6講で述べられているように、まずは支援費制度（2003（平成15）年4月実施）であり、次いで障害者自立支援法（2005（同17）年制定、2006（同18）年4月および10月施行）によって障害の種類に関係なく、契約による利用制度へ全面的に移ることとなった。

　これらの基礎構造改革をどうとらえればいいのだろうか。実施から5年が経過した介護保険制度の見直し議論に象徴されるように、自立支援や利用者本位という理念に基づくシステムをどう構築するのかは、なお今日的課題となっている。加えて、現在の新しい状況として、社会保障費の抑制が政治課題となっていることがあり、社会福祉においても利用者負担の増加や利用対象の選別あるいは重点化が強まろうとしている。基礎構造改革を支えている考え方を検証しつつ、真に利用者本位の社会福祉をつくりあげるためにはど

うすればいいか、理論と実践が問われているのである。

> ●考えてみよう●
> ① 社会保障は資本主義社会においてなぜ誕生したのか、説明してみよう。
> ② 現代社会における社会保障の役割を3つあげてみよう。
> ③ 社会福祉基礎構造改革でなぜ措置制度が見直されたのか、考えてみよう。

〈参考文献〉
1　社会保障制度審議会「社会保障制度に関する勧告」1950年
2　社会保障制度審議会「社会保障体制の再構築（勧告）～安心して暮らせる21世紀の社会をめざして～」1995年
3　中央社会福祉審議会社会福祉構造改革分科会「社会福祉基礎構造改革について（中間まとめ）」1998年6月
4　同上「社会福祉基礎構造改革を進めるに当たって（追加意見）」1998年12月
5　社会保障構造の在り方について考える有識者会議「21世紀に向けての社会保障」2000年

第18講 欧米の社会福祉の歴史

●本講のねらい

　社会的な存在は歴史によってつくり出された存在であり、社会福祉も歴史抜きには理解できない。本講は、資本主義経済を基礎とする近代社会の発展が社会福祉の歴史的系譜を生み出し発展させる、いわば法則的、必然性を理解するためにイギリスを中心に欧米先進国の歴史のなかで理解することを内容としている。日本の近代化が19世紀後半、欧米先進国が独占資本主義経済に移行する時期に欧米諸国の「外圧」によって遅れて始まったこと、そして絶対主義天皇制政権の上からの育成により形成された資本主義の特殊性は、「低福祉」の伝統を必然化させ、戦後史にも影響を与えている。その特殊性を先進国の法則的な発展との比較で理解することなしには、現代の社会福祉の問題も課題も正確な理解は期しがたい。

はじめに ─── 近代資本主義社会と生活問題

　社会福祉は近代社会における社会制度である。近代市民革命（イギリスでいえば17世紀の清教徒革命および名誉革命、フランスでは18世紀末のフランス大革命）は身分的な支配によって農民を搾取収奪してきた貴族の利害に立脚した封建的な絶対王政を打ち倒し、自由・平等な市民によって構成されている社会をつくり出した。自由・平等な市民は自分と家族の生活に責任を負わねばならない、と市民社会は「生活自助の原則」を人びとに強制した。しかし、市民社会は経済的には資本主義の社会であって、利潤目当ての生産の自由競争は失業や低賃金を構造的にもたらすので、自助の努力には限界がある。他方、資本主義の発達は、封建社会において農民の生活を守るうえで相互扶助の役割を担ってきた大家族（日本風にいえば「いえ」）とそれを基礎に組織されていた地域（「むら」）の共同体を解体した。こうして近代社会は社会的に、自助の努力を超える生活困難（社会の構造が生み出し、社会的にしか解決し得ない「生活問題」）を生み出すのであって、それに対して人びとの生活を守る社会的な福祉の営みが必要になる。言い換えると、近代社会は

社会的な福祉保障なくしては安定しない、社会的な福祉保障が欠かせない社会なのである。

資本主義の発達とともに、生活は個々の家族の自給自足の範囲を狭め、「社会化」していくが、それとともに生活問題も多様化し、国民のますます大きな部分に広がっていく。それに対して社会的な福祉の営みも高度化してきた。狭義の社会福祉、すなわち社会福祉サービスはそうした広義の（社会）福祉の一部であり、社会福祉の歴史をみるとき、そのような広い視野が必要になる。紙幅の関係から、イギリスを中心に述べる。

1 ── 救貧法と慈善事業

資本主義社会では、一般の大衆は労働者として賃金に頼る以外の生活の手段をもたないので、失業者や家族を養うのも困難な低賃金労働者（と妻と子）、そして労働者としてはハンディキャップを免れない心身障害者や高齢者がとくに生活の困難、貧困を背負わされることになる。社会福祉の歴史はこうした人びとに対する救貧法と慈善事業から始まった。救貧法は16世紀に準備され、17世紀初頭エリザベス救貧法（1601年）として確立している。それは封建的社会秩序の解体と囲い込み*（enclosure）から生み出される浮浪貧民の「救済」を地域社会の公的な義務としたものであるが、治安対策とも結びついており、貧困の見方は個人の努力の不足（たとえば怠惰）とか悪い性癖（飲んだくれや浪費癖）から生まれる、すなわち、「個人貧」とされていた。だから、産業革命の社会変化を経て大改正が行われた1834年の新救貧法が、救済というより自助の不足に対する「見せしめ」と「懲らしめ」を内容としていたようにむしろ貧民の抑圧であった。

慈善事業がこうした救貧法が切り捨てた困窮者の救済を行って補足したのであるが、貧困の見方は同様であり、それも一方的な恩恵にすぎなかった。

* 囲い込み（エンクロージャー）
中世末以降のヨーロッパ、とくにイギリスで、領主・地主などが牧羊業や集約農業を営むため、共同放牧場などを囲い込み、農民を放逐し、土地に対する共同権を排除し、私有地であることを明示したことをいう。農業の資本主義化と農民の賃労働者化とを促進した。

2 ── 貧困の社会的認識の発展と社会事業

しかし、資本主義が発達し、賃金労働者の数が増加するなかで、救貧法と慈善事業に代わる新しい対応が求められるようになる。そうした変化をもたらしたのは、労働者の労働組合その他への民主的な組織化、19世紀後半に行われた労働者階級への戸主選挙権の実施などがあり、貧困を個人の自助努力

の不足などという現実を無視した「救済」・管理では通用しなくなったのである。

　20世紀初頭の自由党内閣の「社会改良」がイギリスにおける福祉政策の新しい画期をもたらした。それは、まず、最低賃金制と社会保険（疾病と失業、そして社会保険形式をとらず、税金を財源とした老齢年金）を実施した。それらなくしては、労働力の再生産（労働能力の回復と子育て）や非人間的な低賃金をなくすこともできないし、また、労働者が病気や失業、あるいは老齢に備えることができないということを認識するに至ったことを意味していた。言い換えると、社会的な条件が貧困をつくり出していること、すなわち、「社会貧」を認識したのである。そうした認識は貧困救済にも、社会の犠牲者に対する社会の責任としての救済という視点から再編成をもたらした。貧困者に対する「治療的・予防的・リハビリ的処遇」が主張された。こうした貧困者の救済をわが国では「社会事業」と呼んでいるが、狭義の社会福祉制度の軸の自助努力の不足に対する「懲罰」と「見せしめ」から積極的な福祉の保障への180度の転換である。

3 ── 両大戦間期の貧困の増大と社会保障の萌芽

　第一次世界大戦後の時期に入ると、1929年の世界大恐慌に象徴されるように、資本主義の矛盾が深刻にあらわれるようになった。イギリスでは他の先進国に先駆けて、1920年から失業者数は増大し、1939年第二次世界大戦が始まるまで、少ない時でも年平均で約1割、1932年のピーク時には23.0％に達した。それは貧困者の増大を伴う。この国は失業保険の改善によって対処を試み、やがて、1934年の失業法成立をみる。それは失業保険を新たに導入した失業扶助で補足し、失業による犠牲者にナショナル・ミニマム（国民としての最低生活）保障を行うものであり、社会保険と公的扶助の組み合わせで所得の保障を行う戦後の社会保障の原型をつくり出した。アメリカでは、ルーズベルトのニューディール政策のなかで1935年社会保障法が制定されたが、それは「社会保障」という用語のはじまりとなった。今世紀初頭の理念の転換にもかかわらず残存していた救貧法は、このなかで実質的に解体された。

　この時期には、失業を免れた人びとにも新たな形の生活の困難・問題が広がった。それは経済の大資本による支配の強化の結果である。第一に炭坑、造船、繊維など19世紀の中心的な産業の衰退と、自動車、電気機械や化学産業の勃興など、産業の変動が地域のスクラップ・アンド・ビルドをもたらし、若

手の労働者をビルド地域に流動化させ、炭坑地帯を代表に高齢化と過疎化が進行する「困窮地域」と、他方ではビルド地域における都市問題の深刻化（住宅問題、公害問題、交通問題など）をもたらした。住宅問題には公営賃貸住宅の供給で社会的に解決する政策がとられたが、大恐慌で悪化した財政難のなかで不十分に終わった。

　第二は、資本の発達が消費ブームを通して人びとの生活の内部にまで浸透し、「便利だが、お金のかかる生活様式」が強制されるようになったことである。それは家計のやりくりを困難にし、分割払いという将来の所得の先どりがリスクを広げ、妻の共働きを増加させることになる。先に述べた住宅政策が1930年代に打ち切られると、住宅費用（ローンや家賃）の圧力が加わる。傍目には恵まれた新興住宅街に栄養失調が発見されるなど生活のアンバランス化も進んだ。科学技術の発達に対応して、中等教育の要求が高まり、医学の進歩を反映して医療費の必要も高まるが、社会的に対応が進まないと、これも家計の矛盾を激しくする。また、こうした「新しい貧困」は全勤労者規模に生活不安を広げ、出生率の低下と人口の高齢化を導く。

　こうした変化は、社会的福祉保障のいわば第三段階、すなわち「福祉国家」を要求するものであり、第二次世界大戦の戦中戦後、すなわち40年代の改革で実現することになった。

　失業と貧困も新たな形態の生活問題も、人びとの生活の基盤をなす家族と地域の機能の弱化や崩壊をもたらし、社会福祉サービスの必要を高め、「福祉国家」の取組みを求めたのである。

4 ── 「福祉国家」の形成

　イギリス社会保障を立案したベヴァリッジはその「社会保険及び関連制度に関する勧告」（1942年、いわゆるベヴァリッジ報告）のなかで社会保険によるすべての国民に対する普遍主義的な最低生活費保障（「社会保障」）と並べて、社会保障（イギリスでは所得保障を意味する）が解決をめざす「窮乏」に加え、「怠惰」（「完全雇用」政策と職業訓練サービス）、「疾病」（国民保健医療サービス）、「無知」（就学前教育から高等教育までの充実、とくに、義務教育年限の中等教育までの延長）、「不潔」（人間的な住居および環境の保障、戦後公営賃貸住宅中心に取り組む）の「五巨人悪」に対する社会政策（social policy、イギリスでは経済政策に対するものであり、わが国でいう「社会政策」＝労働者政策とは異なり、教育政策も住宅政策も、ここに含まれる）の

総合的取り組みの必要を提起し、そのなかでこそ社会保障も効果的に行えると主張した。これらに対する政策の充実が1940年代に実施されることになるが、さらに時を経るにしたがい、「パーソナル・ソーシャル・サービス」（personal social service、わが国でいうところの社会福祉サービスに相当）の必要が認識されるようになった。社会保障が社会保険を補足するものとして、公的扶助（公的な財源での所得保障－わが国でいえば生活保護）を取り込むとともに、社会事業のなかで貧困者救済の所得の付与で解決しない高齢者、障害者、児童などに提供されていた施設や在宅でのパーソナル・ソーシャル・サービスが必要とする国民に普遍主義的に広げられたのである。ここには主にケア・サービスとソーシャルワーク・サービスが含まれる。わが国でいえば社会福祉サービスに当たる。ただし、わが国では公的扶助とこうした社会福祉サービスをあわせて社会福祉と呼んでいるのが普通である。

こうした諸領域における対策をまともに行っている国を「福祉国家」と呼ぶことができる。福祉国家は両大戦間の社会変化がこうした諸領域を国民の福祉を守る観点から社会的な必需としたことを反映しているが、それらを実現したのは1948年に国連が採択した世界人権宣言が象徴するように反ファシズム戦争のなかでの民主主義の高揚であった。

「世界人権宣言」は第22条で社会保障の権利をうたい、「自己の尊厳と自己の人格の自由な発展とに欠くことのできない経済的、社会的及び文化的権利の実現に対する権利を有する」と述べている。第25条では、当時の情況の下で重要と考えられたその内容を「衣食住、医療及び必要な社会的施設等により、自己及び家族の健康及び福祉に十分な生活水準を保持する権利並びに失業、疾病、心身障害、配偶者の死亡、老齢その他不可抗力による生活不能の場合は、保障を受ける権利を有する」「母と子とは、特別の保護及び援助を受ける権利を有する。すべての児童は、嫡出であると否とを問わず、同じ社会的保護を享有する」と述べている。その他、第23条には労働の権利、第24条には休息及び余暇の権利、第26条には教育の権利、第27条には社会の文化生活への参加の権利が規定されている。「福祉国家」とはこうした人権の保障に責任をもつ国家であるといえよう。

5 ── 「福祉国家」と社会福祉

現代の福祉国家の段階における社会福祉の理念的特徴は権利性、普遍性、総合性、専門性の４点をあげることができる。

前節に述べたように、社会福祉は世界人権宣言に代表される現代の人権保障の一環であり、国家の責任で国民、さらには人種、宗教、国籍にかかわりないすべての人間の権利に応える政策、制度、事業、実践であるべきものである。それは国民が保障を要求する権利にとどまらず、保障内容が「尊厳」と「自由な人格の発展」とを保障するものでなければならない。それは普遍性、サービスの普遍化によって一層明確なものとなった。今世紀初頭の「社会事業」への転換は確かに画期的であったが、当時解決が必要ととらえられたのは、所得ではかられる貧困であり、「救貧」（対象の所得による選別）を出るものではなかった。普遍化とは所得のいかんを問わず必要とするすべての人びとに保障することである。「救貧」は貧困者の差別的な低生活水準の枠に制約されがちであるのに対して、普遍化されたサービスは現代の国民生活水準にふさわしい内容を国民的合意とする。後に北欧では「ノーマライゼーション」の理念で社会福祉の内容をとらえるようになるが、それは障害者であれ、高齢者であれ、健常者と同等の生活を普通の地域社会で保障される権利、その保障の国と自治体の責任を意味するものである。

　イギリスでは「パーソナル・ソーシャル・サービス」というように、社会福祉は個人、家族の個別的条件を踏まえて、対面的援助を通じて人びと自身が人間らしい生活を享受することを保障するところに機能的な特徴がある。人権はベヴァリッジが主張したように広範な領域における社会政策、社会サービスの総合によって可能となるものであり、社会福祉サービスのみによって保障されるものではない。同時に、現代の社会福祉はそうした広範な生活の諸側面を踏まえ、所得は言うに及ばず、医療、教育、住宅、人間的労働などそれらの権利の享受を援助しつつ、そうした社会政策が不十分なときには代替することも課せられる。そうした課題の遂行には、サービスの担い手の専門性の高度化がますます求められる。

6　コミュニティケアのクローズアップと「福祉国家の危機」

　戦後イギリスの社会福祉は「国民扶助法」（1948年）により、高齢者および障害者に対する施設保護が第3部に規定されたが、在宅のサービスはNHS（国民保健サービス）法による在宅患者の医療の付随的なサービスにとどまっていた。50年代末、精神障害者について、在宅でのコミュニティケアの必要が注目されたのに続いて、60年代に入ると、高齢者の増加などがニーズを増加させるなかで、全体的に在宅サービスの取り組みが始まり、1970年

「地方当局社会サービス法」が制定された。それは社会福祉サービスをパーソナル・ソーシャル・サービスという用語で統一的にとらえ、自治体の社会サービス部が地域におけるニーズ充足の責任を課せられた。ところが、1973年の石油ショックを機に、戦後世界経済のブームは終わりを告げ、国際的に不況とインフレの同時進行が襲った。それがもたらした財政危機の結果、この計画は挫折に追い込まれた。

　こうした困難は他の諸国にも現れ、第三世界の石油非産出国ばかりでなく、先進工業諸国でも「福祉国家の危機」が叫ばれるようになり、とくに新自由主義による経済の危機を福祉国家の所為にする攻撃が強かったアメリカ（レーガン政権）、イギリス（サッチャー政権）では、（日本の中曽根内閣による「臨調行革」とともに）福祉諸制度の激しい後退が進められることになった。他の諸国でも財政難のために、調整的な後退を免れなかった。こうしたなかでILOは西欧の指導的研究者に委嘱してまとめた『21世紀への社会保障』を1984年に公表した。それは、社会保障は経済の危機の原因ではなく、かえってそれが経済の危機の犠牲者の困難を緩和することに大きく貢献しており、失業が重大化し、離婚が増加するなど、経済的社会的現象のもとで生活の困難が増大している今日は、「第二次大戦以後、効果的な社会保障政策の必要がこれほど高まったことはなかった」と、社会保障改悪の動向を批判した。同報告は、社会保障を所得保障と医療保障としたフィラデルフィア会議（1944年）以来の従来の理解に加えて「社会サービス」（日本流にいえば、社会福祉サービス）を加えてとらえ、それが医療サービスの効果的な保障のためにも、また、それ自体が医療サービスと同じくらい、生活の質の維持に重要な役割を果たすのに、開発が遅れていると指摘してその克服を呼びかけた。スウェーデンでは、この報告の準備中の1980年「社会サービス法」が制定、施行（1982年）され、公的な責任で保障する体制を既に前進させていたが、その後、イギリスにおけるサッチャー内閣のもとでも、1990年「国民保健サービスおよびコミュニティケア法」が制定され、ドイツでは1994年「ソーシャル・ケア保険法」が制定され、翌年から実施されるように、国際的に取り組みがみられ、ILO報告の提起の正しさを証明している。この両国では家族の在宅介護者(informal carer)への依存度が高いので、在宅介護者の生活（QOL）保障の援助課題がクローズアップされるようになった。ヨーロッパ連合（EU）がこの問題を21世紀末における主要課題の一つと公式に位置づけているように、国際的に社会保障・社会福祉の最前線の課題になっている。

　90年代後半にEU諸国はほとんど保守政権から左派ないし中道左派政権に交代した。イギリスでは、1997年ブレアー首相率いる「新労働党」政権の登

場であり、就任早々国民保険サービスの予算を増額してヨーロッパ大陸諸国並みに改善、再建するなどを約束した。それは必需である福祉国家の諸サービスの後退に対する諸国民の抵抗を反映しているとみてよいと思われる。国際的な経済の危機は根が深く、簡単ではないが、国民生活を保障する福祉国家政策の発展は21世紀の民主主義にとっての最大の課題である。

- ● 考えてみよう ●

① 社会福祉発展の3段階は、それぞれ以下の特徴づけのどれに該当するか考えてみよう。なお、以下の特徴イからチは複数段階に対応すること、1段階は2項目以上に対応することがある。
   イ　普遍主義　　ロ　個人貧　　ハ　社会貧　　ニ　文字通りの救貧
   ホ　国民の権利としてのサービス　　ヘ　抑圧的管理　　ト　一方的対応
   チ　選別主義

② イギリスの福祉国家建設は、世界人権宣言に先駆けているが、世界人権宣言の内容を見事に反映していることを確かめてみよう。なお、世界人権宣言は、すべての国連加盟国が遵守すべきものであって、日本も加盟時に承認しているものであるから、家庭常備用の「小六法」などにも必ず掲載されている。また、イギリスの福祉国家建設については、参考文献としてあげた拙著『社会福祉の歴史』を参照されたい。

〈参考文献〉
高島進『社会福祉の歴史』ミネルヴァ書房　1995年

第19講 日本の社会福祉の歴史

● **本講のねらい**

　日本の社会福祉は慈善事業、社会事業、社会福祉へと各国共通の展開をみせる。しかし、同時に日本社会のしくみ、政治的・経済的・社会的・文化的背景にもとづく特質があり、政策、実践、思想には独自の展開がみられる。その変化の過程にはいくつもの経験や努力があり、すぐれた遺産と解決すべき課題がある。本講では近現代を中心に制度と実践の歩みを概観し、今日の社会福祉がどのようにしてでき上がったかを把握し、日本の社会福祉のあり方や歴史的特質を考えたい。

1 ── 明治国家の形成と慈善・救済事業

1　恤救規則と備荒儲蓄法

　前近代の特徴をまず簡単にみておきたい。近代以前の社会は、古代社会、中世封建制社会、近世封建制社会へとたどることができるが、そこには為政者による救済、仏教思想を中心とする慈善、家と村を基盤とする共同体相互扶助、そして身分差別が存在していた。また、後期封建制社会である江戸時代には、儒教思想が救済の基盤となり、強固な共同体のしくみや身分秩序が形づくられていた。こうした共同体のしくみ、慈恵性や差別性、仏教や儒教の思想基盤は、社会福祉の歴史的原型として近代と結びついている。近代以前の取り組みには、四天王寺の四箇院や行基による布施屋などの民衆救済に始まり、鎌倉時代に盛んになる仏教慈善活動、江戸時代には18世紀にかけての御救小屋、御救米、小石川養生所などの取り組み、寛政の改革で設置された江戸町会所の七分積金制度や人足寄場などが知られる。

　さて、1868年、明治維新によって日本は資本主義社会となり、天皇制絶対主義的な専制国家の特徴をもつ近代国家として急速に発展する。封建制社会の解体と資本主義への移行は新たな人びとの貧困を生み出したが、富国強兵、殖産興業の政策によって国民生活への政府の対応は弱かった。近代の最初の

重要な救貧制度は、恤救規則（1874（明治7）年）である。これは前文と五カ条からなり、「人民相互の情誼」を前提とし、70歳以上の老衰者、廃疾者、病者、13歳以下の幼者で、身寄りの全くない「無告の窮民」で労働能力もない場合だけを対象としていた*。

一方、罹災農民の一時救助には備荒儲蓄法（1880（明治13）年）があった。これは凶作や災害に備えて道府県ごとに蓄える制度で、救済とともに地租徴収、生産維持の役割もあった。他に棄児養育米給与方や行旅病人対策、軍人や官吏への扶助制度、伝染病の防疫制度などが生まれている。社会のしくみは地主－小作関係にみられるように封建的要素を残し、身分差別は解放令布告以後も続いた。人身売買の問題も芸娼妓解放令以後も残され、近代の差別問題を形づくっていった。

2　慈善事業の開始

このような状況にあって、慈善事業実践がキリスト教や仏教の関係者を中心に始められた。東京府養育院（1872年、のち市営）などの公的救済施設も設立されたが、ほとんどは民間の手によるものであり、窮民救助事業、育児事業、感化事業、障害児教育、救療事業、矯風事業（監獄改良、免囚保護、廃娼運動、禁酒運動など）の各分野の事業が生まれた。たとえば小野慈善院、浦上養育院、池上感化院、楽善会訓盲院などの施設や、楽善会、福田会などの団体がある。1887年には石井十次が岡山孤児院を設立し、本格的な慈善事業の先駆けとなった。

*この対象規定の歴史的原型は古代律令制社会の戸令のなかの「鰥寡孤独貧窮老疾」（鰥は高齢で妻のいない男性、寡は高齢で夫のいない女性、孤は親のいない子ども、独は高齢で子のいないもの、貧窮は財貨に困るもの、老は高齢のもの、疾は廃疾のものを指す）の「不能自存者」に対する規定である。

2───産業革命の進展と慈善・救済事業

1　救貧制度の動向

1880年代後半から日本は産業革命期を迎える。明治国家の体制が確立し、日清戦争、日露戦争の過程で産業が発展し賃労働者が生み出された。資本主義的貧困とともに労働問題・社会問題が次第にあらわれ、横山源之助が『日本之下層社会』で描いたように都市下層社会が広がった。自由民権運動は終わったが、労働運動・社会運動が徐々に生まれ、組織的取り組みが始まる。

救貧制度は、第1回帝国議会（1890年）に公的救助義務主義を取り入れた窮民救助法案が提案されたが「醇風美俗」や「惰民観」を理由に否決され、その後も恤救規則の改正案はすべて廃案に終わった。この時期、救貧制度を

補い部分的に整備したものや、国家体制や軍事体制整備のために必要とされたものなど、新たな制度が登場する。罹災救助基金法（1899（明治32）年、備荒儲蓄法を改正）、行旅病人及行旅死亡人取扱法（同年）、北海道旧土人保護法（同年）、感化法（1900（明治33）年）、精神病者監護法（同年）、下士兵卒家族救助令（1904（明治37）年）、水難救護法（1899（同32）年）、廃兵院法（1906（同39）年）などである。

2 慈善事業の進展

一方、民間の慈善事業は労働者の貧困問題に対象を拡大して社会化し、職業紹介事業や労働宿泊施設、保育（二葉幼稚園など）、貧困児童教育、セツルメント（アリス・アダムスによる岡山博愛会、片山潜によるキングスレー館）、総合的な事業（山室軍平を中心に発展する救世軍など）が続々と登場した。また処遇の専門化、科学化が始まり、施設処遇の専門分化も始まる。小舎制による家庭的処遇や人格教育を進めた留岡幸助による感化院・家庭学校（1899年）や石井亮一による日本で最初の知的障害児施設・滝乃川学園（1891年、孤女学院から始まった）などが設立されるとともに、東京や大阪を中心に慈善事業組織化の動きも始まった。

3 日露戦争後の感化救済事業

日露戦争後、日本は帝国主義形成期を迎え天皇制国家のしくみが強まり、社会運動への厳しい弾圧が加えられ、国民統合と地域の再編が進められた。この時期、感化救済事業の名称が用いられた。救貧制度は、恤救規則の趣旨を徹底し隣保相扶、協救が強調され、国費救助が大幅に削減された。一方で、皇室の下賜金による天皇制的慈恵が推進され、恩賜財団済生会（1911年）などが設立された。内務省による感化救済事業講習会の開催、慈善事業施設・団体への奨励助成が始まり、中央慈善協会（1908年）も設立された。この過程で民間の慈善事業は「細民層」の広がりに対応して発展をみせたが、行政主導による官民一体的な特徴も強まっていった。

3 ── 社会事業の成立と展開

1　第一次世界大戦後の社会事業の成立

　第一次世界大戦が終わり、社会事業が成立する。それは独占資本の確立、労働者階級の成長、米騒動から戦後恐慌、関東大震災、慢性的な不況の過程での低所得層への対象の広がり、労働問題・社会問題の社会的認識の形成などによっている。社会的貧困に対する社会的解決が求められ、社会連帯、社会改良、労使協調という概念が定着した。内務省の社会事業行政組織が生まれ、1918年、諮問機関として救済事業調査会（1921年社会事業調査会となる）が設置された。公設市場、公営食堂、公営浴場、公営住宅、公益質屋などの経済保護事業が登場し、職業紹介法（1921（大正10）年）や不十分ながらも健康保険法が制定された。また、地方社会事業行政も成立し、公私の社会事業組織が生まれている。生江孝之は社会事業について「社会連帯責任の観念を以て社会自身が之が責務に当るべきもの」と説明しているが、こうした社会事業の公共的性格が浸透していった。

　しかしこの時期、救貧制度は軍事救護法が第一次世界大戦中に制定された（1917（大正6）年、下士兵卒家族救助令改正）だけで、一般救護は恤救規則のままであった。その不備を補って登場したのが方面委員制度である。これは知事に委嘱された地域の篤志家である方面委員が救護、相談、調査等にあたるもので、方面委員には自営業主などの旧中間層がなり、方面カードは貧困状態により第1種と第2種に分類された。これは制度的ボランティア、委嘱ボランティアの先駆けであった。なお、この制度は、1936（昭和11）年方面委員令によって法制化されている（戦後、民生委員令を経て、1948（同23）年民生委員法となる）。

　社会事業実践は救護事業、経済保護事業、児童保護事業、医療保護事業、司法保護事業、社会教化事業の分野が社会的視点を次第に深めながら発展し、東京帝大セツルメント（1923年）をはじめとするセツルメント運動や地域における乳幼児保護の活動なども活発になった。

2　世界恐慌から暗い時代へ

　1929年の世界恐慌によって日本は慢性的不況に続いて昭和恐慌を迎え、大量の失業者が生まれた。それまで問題を潜在化させていた農村の窮乏が進み、恤救規則体制では対応できないのは明らかとなった。この時期重要なのは、

失業救済事業、農村救済事業が登場し、救護法がようやく恤救規則にかわって制定・実施されたことである。

救護法は1929（昭和4）年に公布され、方面委員らの救護法実施促進運動を経て1932年1月から実施された。内容は、65歳以上の老衰者、13歳以下の児童、妊産婦、身体障害、疾病、傷痍その他障碍のため労働できない者を対象とし、扶養能力のある扶養義務者がいない場合に限り、生活扶助・医療・助産・生業扶助（および埋葬費）の給付を行うもので、救護機関は市町村が基本となり、その負担に対して道府県4分の1、国2分の1以内の補助がなされ、公的救助義務主義が採用された。被救護人員は20万人台となったが、失業者は対象とならず、被救護者の選挙権剥奪、隣保相扶や家制度の前提、方面委員の補助機関化などの問題があった。失業救済事業は満州事変以後、軍需産業の拡大につれて後退し、失業保険は戦後まで実現しなかった。

この他、公的な動きには少年教護法、児童虐待防止法制定（1933（昭和8）年）などの動きとともに、国立癩療養所・長島愛生園開設（1930年）のようなハンセン病患者の強制隔離政策もみられる。この時期、社会事業実践は本格化し、各分野の全国組織の結成などがなされた。民間社会事業関係者は、財政難のなかで全日本私設社会事業連盟を設立（1931年）し、公的助成や事業の改善を求めて活動を展開していった。

3　第二次世界大戦と戦時厚生事業

日本は満州事変（1931年）以降ファシズムへの道を歩み、日中戦争（1937年）、太平洋戦争（1941年）へと戦時体制の下で社会事業は戦時厚生事業へと変化する。社会事業は軍事力・生産力との結合が図られ、「人的資源」の視点から軍人とその遺家族、母子、児童、保健医療などの分野は拡大され、救貧事業や、労働力にならないとみなされた人びとの問題は軽視された。そして町内会部落会などの地域組織が制度化され、隣保相扶のしくみが強まった。社会事業の自由な活動は困難になる一方、アジアの国々に対する植民地支配への社会事業の一体化や協力もみられた。

この時期の動きには厚生省（1938年、内務省社会局と衛生局が統合）や軍事保護院（1939年）の設置、軍事扶助法（1937（昭和12）年）、母子保護法（同年）、医療保護法（1941（同16）年）、戦時災害保護法（1942（同17）年）の救貧制度や社会事業法（1938（同13）年）、国民健康保険法（同年）の制定がある。しかし、救護法や従来の社会事業分野は後退し、その社会的発展は阻害された。

人びとの生活水準は極度に低下し、疾病、労働災害、栄養失調が広がった

が、もっとも過酷な状況にあったのは被救護世帯、施設利用者や、さまざまな差別を受ける人びとであった。社会事業施設の職員や良心的な方面委員たちの努力もみられたが、処遇の低下が著しく、とくに精神病院、癩療養所、養老院等の入所者の死亡率は戦争末期には40～50％台に達するところもあった。

4 ── 戦後社会福祉の成立と発展

1 戦後改革と社会福祉の理念

　1945年8月、日本は敗戦を迎え、連合国軍総司令部（GHQ）の占領政策の下で新たな歩みが始まった。日本国憲法の理念に基づいて戦前・戦時の理念や体制が否定され、GHQの改革の指示と厚生省の対応と人びとの願いのなかから無差別平等、国家責任・最低生活の保障・公私分離といった戦後社会福祉の理念と原則が生まれた。そして、社会福祉行政の確立、社会福祉協議会の設置、有給吏員の訓練も進められた。生活困窮者緊急生活援護要綱（1945年12月）による応急対策の後、旧生活保護法（1946（昭和21）年）を経て1950（同25）年に生存権と国家責任を認めた現行の生活保護法が制定され、児童福祉法（1947（同22）年）、身体障害者福祉法（1949（同24）年）と合わせて福祉三法の体制ができ上がった。1951（同26）年には社会福祉事業法によって社会福祉事業の基本的な事項や範囲、社会福祉法人や措置委託などの公私関係のしくみも規定された。また、1950年には社会保障制度審議会「社会保障制度に関する勧告」がまとめられ、社会保障の総合一元的運営が提起された。
　このような社会福祉の理念は、実体としてはまだ十分実現しなかった。1950年代、独立講和後の「逆コース」の動き、50年代半ばの低所得層（「ボーダーライン層」）の広がり、50年代後半から始まる高度経済成長による新たな生活問題の台頭、国民の運動や従事者の組織化等の動きを経て、60年代に入る頃から普遍的課題への対応によって実質的な成立をみるのである。

2 高度経済成長と社会福祉の発展

　1960年代は、産業構造の変化と都市化、核家族化など生活構造の変化によって生活問題が広範にあらわれた。60年代後半には社会資本の未整備や公害に象徴されるように経済優先の社会のあり方への批判が強まり、国民の運動の前進、革新自治体の発展とかかわって社会福祉制度・サービスは発展した。

60年代初めには皆保険皆年金体制（1958（昭和33）年国民健康保険法、1959（同34）年国民年金法制定）が実現し、精神薄弱者福祉法（1960（同35）年、1998（平成10）年知的障害者福祉法に改正）、老人福祉法（1963（昭和38）年）、母子福祉法（1964（同39）年、1981（同56）年母子及び寡婦福祉法に改正）によって福祉六法の体制ができた。1960年には生活保護裁判の先駆けとして「人間裁判」と呼ばれた朝日訴訟（1957年開始）が一審で勝訴した。また1965年には同和対策審議会答申によって部落問題が国の責務、国民的課題とされ、同和対策事業特別措置法（1969（同44）年）が制定された。70年代に入ると心身障害者対策基本法（1970（同45）年、1993（平成5）年障害者基本法に改正）、児童手当法（1971（昭和46）年）、社会福祉施設緊急整備5カ年計画（1970年）と続き、1973年には老人医療費無料化が実現した。こうして社会福祉の本格的な発展が期待され、実践や運動が活発化した。

1973年は「福祉元年」と呼ばれた。だが同年秋の石油ショック以後、低経済成長に転換し社会福祉の発展は急速に停滞していった。そして高齢化と地域援助機能の低下、コミュニティ・ケアの理念への注目などによって地域福祉・在宅福祉の方向への政策の転換がみられることになったのである。

3　福祉改革の動向とその歴史的意味

1980年代に入る頃から、国際障害者年（1981年）の動きにみられるようにノーマライゼーションの追求が日本でも本格的に始まるが、そうした動きと並行して、経済停滞による福祉抑制と、高齢社会の福祉システム検討の両面から福祉再編が進められた。1982（昭和57）年には老人保健法によって保健・医療・福祉の連携が始まると同時に、老人医療の自己負担が再び導入された。福祉財政は高齢者分野を中心とした在宅サービスは急速に増加したが、失業対策や生活保護は抑制が強められ、1985年には生活保護費や社会福祉費の国庫負担率が削減された（8割から5割となり、その後生活保護費は7割となる）。1987（同62）年には福祉専門職の拡充と専門性の確保の必要から、社会福祉士及び介護福祉士法が制定されている。

1990年代には福祉改革が進展し、制度体系そのものの改革が急速に進められることになる。1987年「これからの社会福祉のあり方について」（福祉関係三審議会合同企画分科会意見具申）、1989年ゴールドプラン策定（94年新ゴールドプラン、1999年ゴールドプラン21）などの動きを経て、1990（平成2）年に社会福祉関係八法改正（老人福祉法等の一部を改正する法律）がなされ、在宅福祉サービスが各法に位置づけられ、分権化、老人保健福祉計画の策定等が始まった。その後、1994年エンゼルプラン策定（1999年新エンゼルプラ

ン、2004年子ども・子育て応援プラン）、1995年障害者プラン（2002年新障害者プラン）によってサービス整備が進められるとともに、1993（平成5）年障害者基本法（心身障害者対策基本法を題名改正）、1994年子どもの権利条約批准、1995（同7）年精神保健及び精神障害者福祉に関する法律（1950（昭和25）年精神衛生法、1987（同62）年精神保健法に改題、1995（平成7）年に現題名に改正）など新たな理念が定着してきた。

　そして、1997（平成9）年介護保険法制定（2000（同12）年実施）、1998年「社会福祉基礎構造改革」が発表され、2000（同12）年に社会福祉事業法が改正された（社会福祉法）。こうして措置制度を基本とする戦後の福祉サービス提供の基本的しくみが変更され、利用者の自立支援を基調とする利用契約型のしくみ（措置制度も併用）が導入され、営利事業や非営利活動団体（NPO）など多様なサービス事業者の参入が図られた。権利擁護のための制度や地域福祉計画も進められているが、まだ全面的な展開には至っておらず、社会福祉の財政基盤の困難さ、保険年金や福祉サービスにおける自己負担と利用料増大、給付低下の動き、そして自己責任、競争原理の重視など矛盾も深まり、課題は山積している。

　しかし、この間の人権をめぐる動きをみると、ノーマライゼーションやソーシャル・インクルージョン、自治、分権、共生の理念が次第に浸透し、ハンセン病元患者の権利回復に象徴されるように、長く残されてきた人権侵害の問題がようやく解決に向かって新しい歩みがみられるようになってきた。また、福祉実践においては住民、当事者、支援者による多様な活動が生まれ、新しい潮流を生み出してきた。こうした動きから福祉と人権の新たな発展が期待される。

おわりに

　日本の近代以降の社会福祉の歩みはまだ短く、急速な社会の変貌の下でその発展は十分ではない。しかし、歴史をみると、社会福祉は社会変化と人びとの努力によって次第に社会化され普遍化されてきたことが明らかになる。個人が自分らしく自立して生きることと、誰もが平等に生きる権利を保障されること、地域社会が自治と民主主義によって自律的に発展することと、国家が人びとの健康で文化的な生活の実現に確かな責任を負うこと、それらが両立する持続可能な福祉システムはどのように可能だろうか。今後の展望を考えるとき、歴史から学ぶものは尽きることがない。歴史の理解を具体的に

深めながら、これからの社会福祉のあり方を考えてほしい。

●考えてみよう●

① 日本の明治維新から今日までの社会福祉の展開過程について、社会、対象、制度、実践の側面から、どのように変化してきたか整理してみよう。

② 恤救規則、救護法、生活保護法（旧・新）の内容と特徴を比較し、人びとの権利や公的責任、扶助のしくみがどのように変わったか考えてみよう。

〈参考文献〉

1　吉田久一『新・日本社会事業の歴史』勁草書房　2004年
2　吉田久一『日本の社会福祉思想』勁草書房　1994年
3　菊池正治・清水教恵・田中和男・永岡正己・室田保夫編『日本社会福祉の歴史・付・史料』ミネルヴァ書房　2003年
4　池田敬正『日本における社会福祉のあゆみ』法律文化社　1994年
5　右田紀久恵・高沢武司・古川孝順編『新版・社会福祉の歴史』有斐閣　2003年

第20講 社会福祉の法制度と実施機関

●本講のねらい

　わが国の憲法第25条第1項では、「すべて国民は、健康で文化的な最低限度の生活を営む権利を有する」と『生存権』を定めている。第2項ではその権利を具体化するための『国の社会的使命』として、「国は、すべての生活部面について、社会福祉、社会保障及び公衆衛生の向上及び増進に努めなければならない」と定めている。このように、国に対し、生存権を保障するため、積極的に社会福祉・社会保障・公衆衛生を推進する責務を定めていることは、きわめて重要である。憲法でいう国とは、都道府県や市町村を含めたものである。これにともない、さまざまな福祉法が制定され、1960年代には福祉六法体制が整えられた。その後もさまざまな法改正や新たな法が施行されている。このように、社会福祉施策を展開するためには、その根拠となる「法」に基づいた「制度」がありそれを実施する「行政」が欠かせないのである。

　社会福祉や社会保障・地方自治をめぐる法律や制度は、大きく変化をしている。このようななかで、法律や制度、行政について学ぶことは大変ではあるが、すべての国民が安心して地域生活を継続するためには、欠かすことができない学びなのである。

　学生の皆さんは少なくとも最新の（社会）福祉小六法などを手元に置き、基本的な法律に目を通すことを習慣にしてほしい。ソーシャルワーカーをはじめ社会福祉に関係する専門職は、法律や制度を知らないというのは言い訳にならない。またときには、結果として利用者の権利侵害をもたらすことにもなりかねない。そのことを忘れないで、学習していただきたい。

1 ── 社会福祉の法制

1　福祉六法体制

　現在のわが国の社会福祉の大まかな法制は、社会福祉法（1951（昭和26）年、2000（平成12）年に題名改正）を共通的な基本事項とし、児童福祉法（1947（昭和22）年）、身体障害者福祉法（1949（同24）年）、生活保護法（1950（同25）年）、知的障害者福祉法（1960（同35）年、1998（平成10）年に題名改正）、老人福祉法（1963（昭和38）年）、母子及び寡婦福祉法（1964（同39）年、1981（同56）年に題名改正）、精神保健及び精神障害者福祉に関する法律（1950（同25）年、1995（平成7）年に題名改正）などがある。かっこ内は最初に制定された年を示しているが、その後何回かの改正をしていることに留意が必要である。

　このうち、精神保健及び精神障害者福祉に関する法律を除いたものが福祉六法といわれ、1964年までにその体制が確立された。また、老人保健法（1982（昭和57）年）、介護保険法（1997（平成9）年）などは、社会福祉の法律と密接に関係している（図20－1）。

図20－1　社会福祉法制の概要

生活保護法	児童福祉法	母子及び寡婦福祉法	老人福祉法	身体障害者福祉法	知的障害者福祉法	精神保健及び精神障害者福祉に関する法律
1950（昭25）	1947（昭22）	1964（昭39）	1963（昭38）	1949（昭24）	1960（昭35）	1950（昭25）

社会福祉法（1951（昭26）年）
社会福祉事業の範囲、社会福祉法人
福祉事務所、社会福祉協議会など

資料：厚生省監『厚生白書　平成12年版』

2　社会福祉関係八法改正と老人保健福祉計画

　1990（平成2）年には「老人福祉法等の一部を改正する法律」ということで8つの法律が改正された（これを社会福祉関係八法[*1]改正という）。主な改正の内容は、市町村において施設福祉と在宅福祉を統合的に提供すること、在宅サービスの位置づけの明確化、町村への施設入所措置権（老人と身体障害者）の委譲、老人保健法の「老人保健計画」と老人福祉法の「老人福祉計画」を一体的に作成することなどである。これに伴い、いわゆる「老人保健福祉計画」づくりが全国の市町村・都道府県で開始されることとなった。第1期の老人保健福祉計画の目標年次は1993年からの5か年であった。

　なお、1989年12月に「ゴールドプラン」（高齢者保健福祉推進十か年戦略）が、1994年12月には「新ゴールドプラン」が発表された。また、1994年12月には「エンゼルプラン」（今後の子育て支援のための施策の基本的方向について）が発表された。このほか、1993（平成5）年には障害者基本法が制定（心身障害者対策基本法の改正）され、1995年12月には「障害者プラン～ノーマライゼーション7か年戦略～」が発表された。このように、国の福祉プランは、国の予算案の発表に併せて、12月のクリスマス時期に示されるのが、一般的である。

*1　社会福祉関係八法
　老人福祉法、身体障害者福祉法、精神薄弱者福祉法（現　知的障害者福祉法）、児童福祉法、母子及び寡婦福祉法、社会福祉事業法（現　社会福祉法）、老人保健法、社会福祉・医療事業団法（現　独立行政法人福祉医療機構法）をいう。

3　介護保険法の成立と社会福祉基礎構造改革

　1997（平成9）年12月に介護保険法が制定され、2000（同12）年4月から介護保険制度は実施された。高齢者が寝たきりや認知症などの介護が必要となったときに、社会保険方式により介護を支える制度である。市町村を保険者とし、要介護認定を受けたうえで、利用者とサービス提供事業所との契約により、介護サービスを利用することとなった。従来の高齢者福祉サービスは「税」による措置制度であったが、それが「契約制度」あるいは「利用制度」へと変わったのである。このほか、高齢者の社会的入院や長期療養の受け皿を介護保険制度としたのである。

　このように、増え続ける高齢者の福祉・医療関係の費用を保険原理に切り替え、国などの財政負担を軽くするとともに、高齢者からも保険料を集め、利用者のサービス利用時の負担も生じることとなった。その一方、利用者の選択と契約によりサービスを受けることとなったので、それにふさわしい事業者の責務を明確にし、利用者の権利擁護をするという「社会福祉基礎構造改革」の先導役が介護保険制度ということができる。なお、介護保険制度の開始に先立ち、1999年12月にはゴールドプラン21が示された。また、全国の

市町村では介護保険事業計画を、都道府県では介護保険事業支援計画を1999年度中に作成し、介護保険の実施に備えた。2005年6月現在の介護保険の認定者は417万人、利用者は居宅250万人、施設78万人である。軽度の認定者が増え、施設給付の費用が全体の半分を占めている。

制度開始後5年を経た2005（平成17）年6月には、介護保険法は改正され、2006年4月から施行されることとなった。その主な特徴は、予防重視型システムへの転換（予防給付、地域支援事業等）、施設給付の見直し（施設等の居住費用・食費の負担等）、新たなサービス体系の確立（地域密着型サービス、地域包括支援センター等）等である。

4　社会福祉法

2000（平成12）年6月には、わが国の社会福祉事業の共通的事項を定めた「社会福祉事業法」が題名改正され、「社会福祉法」として施行された。社会福祉に関する共通的基本事項や社会福祉事業の種別をはじめ、福祉事務所、社会福祉法人、社会福祉事業、福祉サービスの適切な利用、従事者の確保の推進、地域福祉の推進など、いずれも社会福祉を学ぶうえで基本的なものであり、この法に即して正確な理解をする必要がある。

1　社会福祉法の構成（表20-1）

社会福祉法の第1章の総則部分をみてみよう。第1条では、法律の目的について、次のように定めている。「この法律は、社会福祉を目的とする事業の全分野における共通的基本事項を定め、社会福祉を目的とする他の法律と相まって、福祉サービスの利用者の利益の保護及び地域における社会福祉（以下「地域福祉」という。）の推進を図るとともに、社会福祉事業の公明かつ適正な実施の確保及び社会福祉を目的とする事業の健全な発達を図り、もって社会福祉の増進に資することを目的とする」。

第2条では、社会福祉事業の定義を定めている（表20-2）。

第3条では、福祉サービスの基本的理念について、次のように定めている。「福祉サービスは、個人の尊厳の保持を旨とし、その内容は、福祉サービスの利用者が心身ともに健やかに育成され、又はその有する能力に応じ自立した日常生活を営むことができるように支援するものとして、良質かつ適切なものでなければならない」。

第4条では地域福祉の推進、第5条では福祉サービスの提供の原則、第6条では福祉サービスの提供体制の確保等に関する国及び地方公共団体の責務を定めている。

表20-1　社会福祉法（の構造）

```
第1章　総則
第2章　地方社会福祉審議会
第3章　福祉に関する事務所
第4章　社会福祉主事
第5章　指導監督及び訓練
第6章　社会福祉法人
　第1節　通則
　第2節　設立
　第3節　管理
　第4節　解散及び合併
　第5節　助成及び監督
第7章　社会福祉事業
第8章　福祉サービスの適切な利用
　第1節　情報の提供等
　第2節　福祉サービスの利用の援助等
　第3節　社会福祉を目的とする事業を経営する者への支援
第9章　社会福祉事業に従事する者の確保の促進
　第1節　基本指針等
　第2節　福祉人材センター
　第3節　福利厚生センター
第10章　地域福祉の推進
　第1節　地域福祉計画
　第2節　社会福祉協議会
　第3節　共同募金
第11章　雑則
第12章　罰則
```

　第8章の「福祉サービスの適切な利用」は、福祉サービスが措置制度から契約制度（利用制度）へ移行したことに伴う規定である。第1節では情報の提供等、第2節では福祉サービスの利用の援助等、第3節では社会福祉を目的とする事業を経営する者への支援を定めている。

　第10章の「地域福祉の推進」（地域福祉計画、社会福祉協議会、共同募金）も重要な規定である。

2　措置制度から契約制度（利用制度）へ

　社会福祉法改正とあわせ、身体障害者福祉法、知的障害者福祉法、児童福祉法が改正され、2003年4月にこれまでの措置制度が廃止され、契約制度（利用制度）である「支援費支給制度」に変わった。

　これまでの措置制度を要約すると、次のようにいうことができる。住民は

表20-2 社会福祉事業

第1種社会福祉事業	第2種社会福祉事業
・生活保護法に規定する救護施設、更生施設その他生計困難者を無料又は低額な料金で入所させて生活の扶助を行うことを目的とする施設を経営する事業及び生計困難者に対して助葬を行う事業 ・児童福祉法に規定する乳児院、母子生活支援施設、児童養護施設、知的障害児施設、知的障害児通園施設、盲ろうあ児施設、肢体不自由児施設、重症心身障害児施設、情緒障害児短期治療施設又は児童自立支援施設を経営する事業 ・老人福祉法に規定する養護老人ホーム、特別養護老人ホーム又は軽費老人ホームを経営する事業 ・障害者自立支援法に規定する障害者支援施設を経営する事業 ・障害者自立支援法の規定によりなお従前の例により運営をすることができることとされた同項に規定する身体障害者更生援護施設を経営する事業 ・障害者自立支援法の規定によりなお従前の例により運営をすることができることとされた同項に規定する知的障害者援護施設を経営する事業 ・売春防止法に規定する婦人保護施設を経営する事業 ・授産施設を経営する事業及び生計困難者に対して無利子又は低利で資金を融通する事業 ・共同募金を行う事業	・生計困難者に対して、その住居で衣食その他日常の生活必需品若しくはこれに要する金銭を与え、又は生活に関する相談に応ずる事業 ・児童福祉法に規定する児童自立生活援助事業、放課後児童健全育成事業又は子育て短期支援事業、同法に規定する助産施設、保育所、児童厚生施設又は児童家庭支援センターを経営する事業及び児童の福祉の増進について相談に応ずる事業 ・母子及び寡婦福祉法に規定する母子家庭等日常生活支援事業又は寡婦日常生活支援事業及び同法に規定する母子福祉施設を経営する事業 ・老人福祉法に規定する老人居宅介護等事業、老人デイサービス事業、老人短期入所事業、小規模多機能型居宅介護事業又は認知症対応型老人共同生活援助事業及び同法にいう老人デイサービスセンター、老人短期入所施設、老人福祉センター又は老人介護支援センターを経営する事業 ・障害者自立支援法に規定する障害福祉サービス事業、相談支援事業又は移動支援事業及び同法に規定する地域活動支援センター又は福祉ホームを経営する事業 ・身体障害者福祉法に規定する身体障害者生活訓練等事業、手話通訳事業又は介助犬訓練事業若しくは聴導犬訓練事業、同法に規定する身体障害者福祉センター、補装具製作施設、盲導犬訓練施設又は視聴覚障害者情報提供施設を経営する事業及び身体障害の更生相談に応ずる事業 ・知的障害者福祉法に規定する知的障害者の更生相談に応ずる事業 ・障害者自立支援法の規定によりなお従前の例により運営することができることとされた同条に規定する精神障害者社会復帰施設を経営する事業 ・生計困難者のために、無料又は低額な料金で、簡易住宅を貸し付け、又は宿泊所その他の施設を利用させる事業 ・生計困難者のために、無料又は低額な料金で診療を行う事業 ・生計困難者に対して、無料又は低額な費用で介護保険法に規定する介護老人保健施設を利用させる事業 ・隣保事業 ・福祉サービス利用援助事業（精神上の理由により日常生活を営むのに支障がある者に対して、無料又は低額な料金で、福祉サービスの利用に関し相談に応じ、及び助言を行い、並びに福祉サービスの提供を受けるために必要な手続又は福祉サービスの利用に要する費用の支払に関する便宜を供与することその他の福祉サービスの適切な利用のための一連の援助を一体的に行う事業をいう。） ・社会福祉事業に関する連絡又は助成を行う事業

注：障害者自立支援法（平成17年法律第123号）の成立に伴い、社会福祉法第2条の第1・第2種社会福祉事業も改正された。表20-2は2006（平成18）年10月1日から施行される。

サービスを利用するときは、市町村へ出向き、市町村は相談を受けるとともに申請（サービスの申し出）を受理する。住民がサービスを必要とすることが明らかになったときは、市町村はサービスを決定するとともに、直接サービスを提供するか、社会福祉法人などに委託して（この場合でも、最終的な責任は市町村にある）サービスを提供する。そして委託した場合は、市町村の責任でその費用を支払う。提供されるサービスの水準については、最低基準が適用される。このように、市町村のサービス決定責任、提供責任、費用支払い責任と最低基準が措置制度の中核ということができる。

障害者関係などでも2003年4月から利用者と事業者の直接契約により、サービス提供されることとなった。しかし、利用者がサービスを選択できるような十分な情報をもち、かつ自由な選択をすることができなければ、この制度は成り立たない。したがって、社会福祉法では新たに福祉サービスの利用援助事業を位置づけ、第8章では社会福祉事業の経営者による情報の提供、利用契約申込み時の説明、利用契約成立時の書面の交付、福祉サービスの質の向上のための措置等、誇大広告の禁止、社会福祉事業の経営者による苦情の解決などを定めている。このほか、民法では「成年後見制度」が改正された。

しかし、2003年4月から開始された支援費支給制度は、すぐに国の予算が不足し、また都道府県・市町村の間で障害者サービスに提供水準に大きな格差が生じている。2005（平成17）年10月に成立した障害者自立支援法は、身体障害・知的障害・精神障害の3障害を統合した法律であり、サービスを介護給付、訓練等給付、自立支援医療、地域生活支援事業に類型化し、サービス利用時の原則1割の負担（応益負担）、施設等の居住費用・食費等の負担、障害福祉計画の策定などを定め、2006年4月および10月から施行される。この法律の審議の過程では、全国の障害者団体から大きな反対運動があり、障害者が生きていくためのサービスを受けるのに、なぜ「応益」負担をするのかという声もあった。

5　その他の関係する法律

その他、関係する法律として、これまでに触れた以外で、以下のようなものがある。これらは、必ず学んでおかなければならない法律である。

① 社会福祉一般：社会福祉士法及び介護福祉士法、精神保健福祉士法、民生委員法など
② 児童福祉関係：児童憲章や児童権利宣言、児童の権利に関する条約、次世代育成支援対策推進法、母子保健法、児童虐待の防止等に関する法律、

少年法など
③ 障害者福祉関係：障害者の権利宣言、障害者基本法、発達障害者支援法、障害者の雇用の促進等に関する法律、高齢者、身体障害者等が円滑に利用できる特定建築物の建築の促進に関する法律、高齢者、身体障害者等の公共交通機関を利用した移動の円滑化の促進に関する法律など
④ 高齢者関係：高齢社会対策基本法、高齢者の居住の安定確保に関する法律など
⑤ 保健関係：地域保健法、健康増進法など
⑥ その他：世界人権宣言、経済的、社会的及び文化的権利に関する国際規約、特定非営利活動促進法など

このほか、社会福祉の法制を理解するためには、当然のことではあるが、憲法、地方自治法、民法などに関する幅広い学びが欠かせない。

2 ── 社会福祉の行政

1　厚生労働省

2001年1月に厚生省と労働省は統合し、「厚生労働省」となった。これは、国の行政改革として、1997年の行政改革会議最終報告を受け、1998（平成10）年には中央省庁等改革基本法が成立し、また1999（同11）年には省庁等改革関連法案が成立した。これらにより、国の省庁が1府22省庁から1府12省庁に削減され、省内の組織も効率化された。

2005年度現在の厚生労働省の組織の概要は、図20－2のとおりである。

2　福祉事務所制度

福祉に関する事務所については、社会福祉法の第3章に定められている。この第14条によると、都道府県及び市は、条例で、福祉に関する事務所（福祉事務所）を設置しなければならない。

また、町村は、条例で、福祉事務所を設置することができる。しかし、実際には、町村の福祉事務所は、4か所にとどまっている。2005年4月現在で、全国の福祉事務所数は、1,227か所であり、内訳は、郡部（町村）を担当する都道府県福祉事務所は293か所、市の福祉事務所は930か所、町村の福祉事務所は4か所である。市の福祉事務所は、いわゆる福祉六法などを総合的に担当しているが、都道府県の福祉事務所は生活保護法を中心とした現業事務と、

第20講　社会福祉の法制度と実施機関

図20－2　厚生労働省の組織

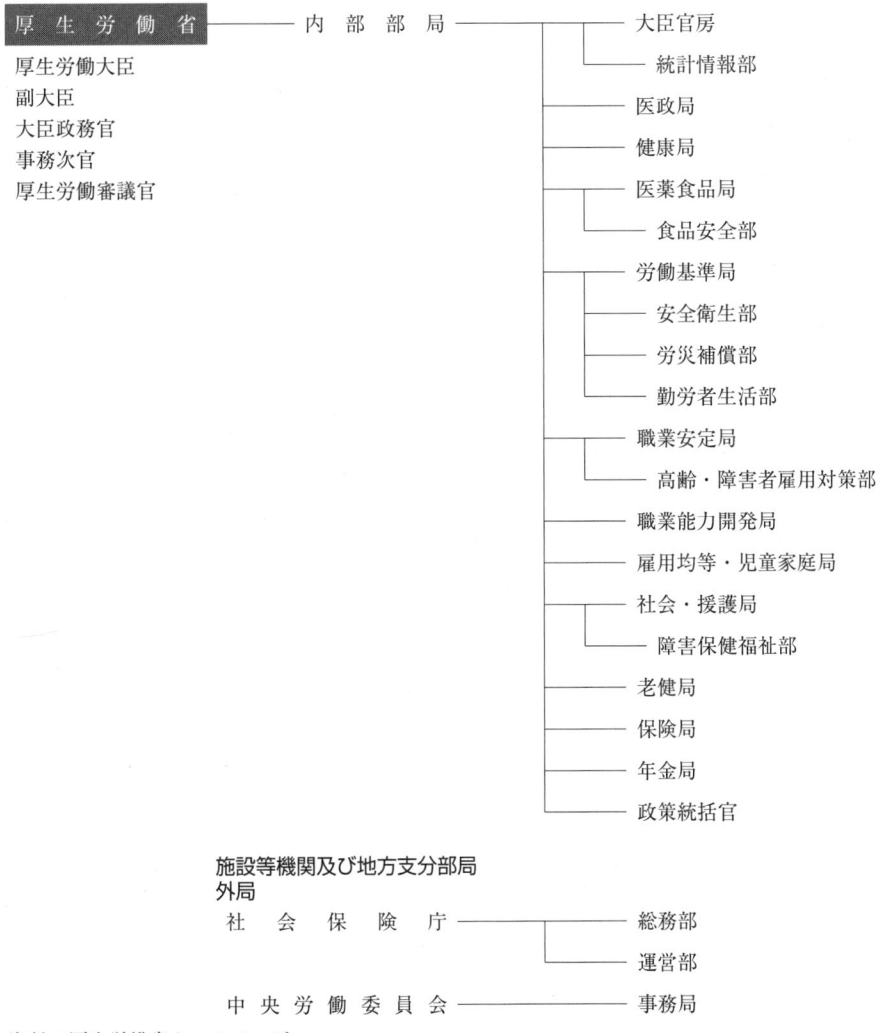

```
厚生労働省 ──── 内 部 部 局 ┬── 大臣官房
厚生労働大臣                 └── 統計情報部
副大臣                      ├── 医政局
大臣政務官                   ├── 健康局
事務次官                     ├── 医薬食品局
厚生労働審議官                └── 食品安全部
                           ├── 労働基準局
                           ├── 安全衛生部
                           ├── 労災補償部
                           └── 勤労者生活部
                           ├── 職業安定局
                           └── 高齢・障害者雇用対策部
                           ├── 職業能力開発局
                           ├── 雇用均等・児童家庭局
                           ├── 社会・援護局
                           └── 障害保健福祉部
                           ├── 老健局
                           ├── 保険局
                           ├── 年金局
                           └── 政策統括官

施設等機関及び地方支分部局
外局
    社 会 保 険 庁 ┬── 総務部
                 └── 運営部
    中 央 労 働 委 員 会 ──── 事務局
```

資料：厚生労働省ホームページ

町村を支援するための事務が主な業務の内容である。

　いわゆる福祉六法を行政としてどのように実施するかについては、1971年の『新福祉事務所運営指針』（厚生省監修、全国社会福祉協議会発行）で示されている。ここでは、人口10万人の福祉事務所標準組織図を掲載する。これは当時の福祉事務所のありようについて示したものであるが、その後の福祉事務所のありようにも影響を与えたものであるので、参考に示す（図20－3）。

　今日、市の福祉事務所は保健福祉部など、市役所内の組織となっていることが多い。2004年10月現在で福祉事務所の職員総数は、6万6,086人である（これは現業員数ではない）。

福祉事務所制度を含めたわが国の社会福祉の実施体制は、図20－4のとおりである。

図20－3　福祉事務所標準組織図（管内人口10万の場合）

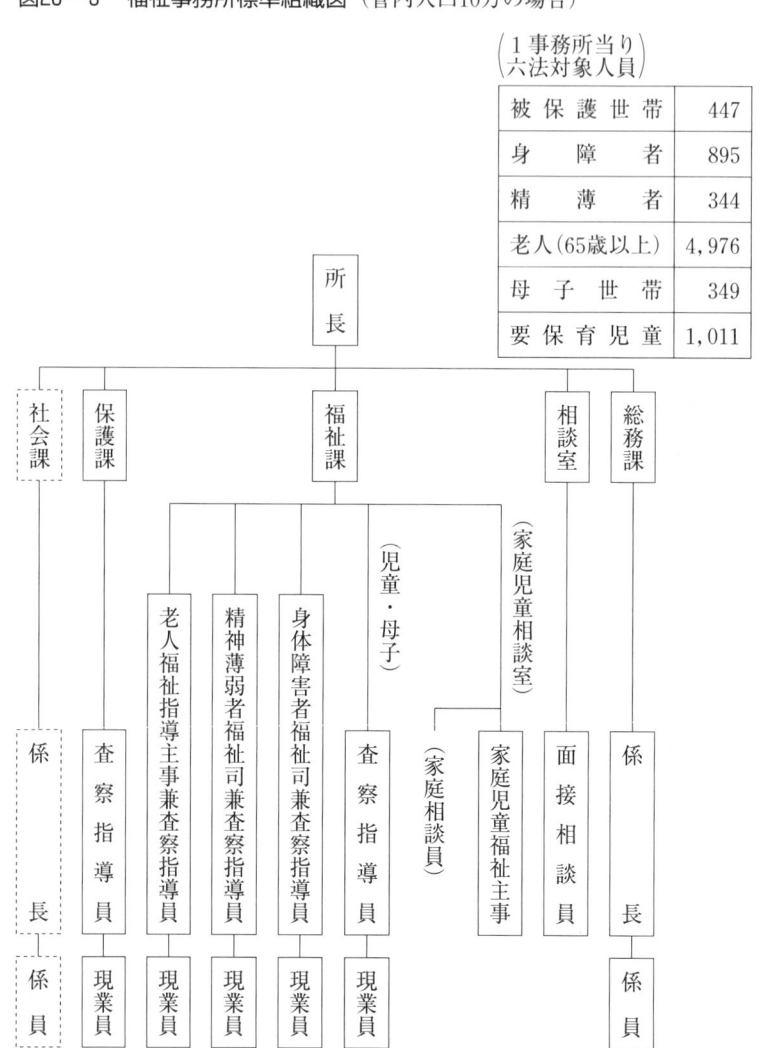

（1事務所当り六法対象人員）	
被保護世帯	447
身障者	895
精薄者	344
老人（65歳以上）	4,976
母子世帯	349
要保育児童	1,011

所長の下に、社会課、保護課、福祉課、相談室、総務課が置かれる。

- 社会課：係長－係員
- 保護課：査察指導員－現業員
- 福祉課：
  - 老人福祉指導主事兼査察指導員－現業員
  - 精神薄弱者福祉司兼査察指導員－現業員
  - 身体障害者福祉司兼査察指導員－現業員
  - （児童・母子）査察指導員－現業員
  - （家庭児童相談室）家庭児童福祉主事、（家庭相談員）
- 相談室：面接相談員
- 総務課：係長－係員

資料：厚生省社会局庶務課監修『新福祉事務所運営指針』全国社会福祉協議会　1971年

図20-4 わが国の社会福祉の実施体制

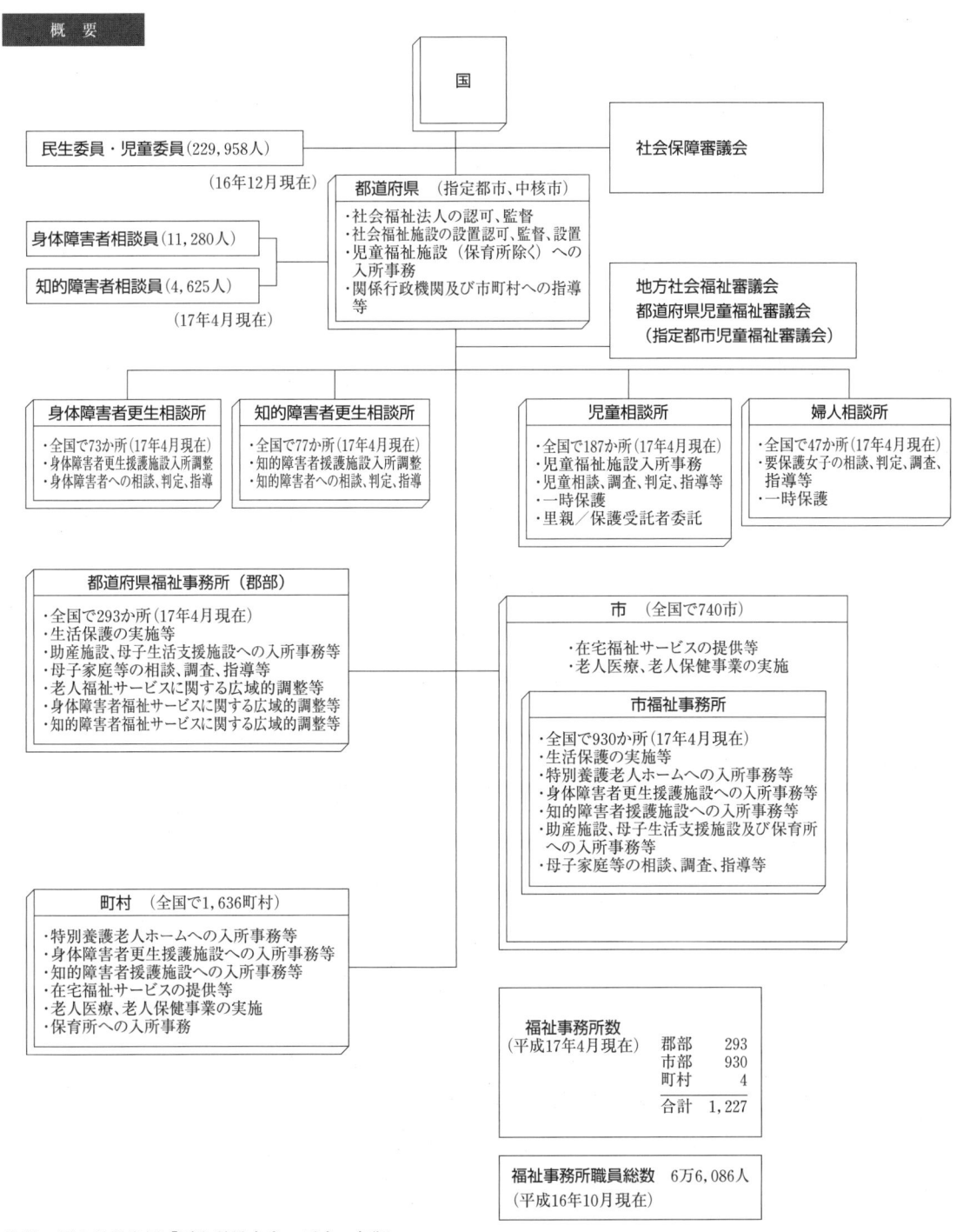

概　要

```
                              ┌──────┐
                              │  国  │
                              └──┬───┘
                                 │
                    ┌────────────┴────────────┐
                    │                         │
                                        ┌──────────────┐
                                        │ 社会保障審議会 │
                                        └──────────────┘
```

- 民生委員・児童委員(229,958人)
  - (16年12月現在)
- 身体障害者相談員(11,280人)
- 知的障害者相談員(4,625人)
  - (17年4月現在)

都道府県（指定都市、中核市）
- 社会福祉法人の認可、監督
- 社会福祉施設の設置認可、監督、設置
- 児童福祉施設（保育所除く）への入所事務
- 関係行政機関及び市町村への指導等

地方社会福祉審議会　都道府県児童福祉審議会　（指定都市児童福祉審議会）

身体障害者更生相談所
- 全国で73か所(17年4月現在)
- 身体障害者更生援護施設入所調整
- 身体障害者への相談、判定、指導

知的障害者更生相談所
- 全国で77か所(17年4月現在)
- 知的障害者援護施設入所調整
- 知的障害者への相談、判定、指導

児童相談所
- 全国で187か所(17年4月現在)
- 児童福祉施設入所事務
- 児童相談、調査、判定、指導等
- 一時保護
- 里親／保護受託者委託

婦人相談所
- 全国で47か所(17年4月現在)
- 要保護女子の相談、判定、調査、指導等
- 一時保護

都道府県福祉事務所（郡部）
- 全国で293か所(17年4月現在)
- 生活保護の実施等
- 助産施設、母子生活支援施設への入所事務等
- 母子家庭等の相談、調査、指導等
- 老人福祉サービスに関する広域的調整等
- 身体障害者福祉サービスに関する広域的調整等
- 知的障害者福祉サービスに関する広域的調整等

市（全国で740市）
- 在宅福祉サービスの提供等
- 老人医療、老人保健事業の実施

市福祉事務所
- 全国で930か所(17年4月現在)
- 生活保護の実施等
- 特別養護老人ホームへの入所事務等
- 身体障害者更生援護施設への入所事務等
- 知的障害者援護施設への入所事務等
- 助産施設、母子生活支援施設及び保育所への入所事務等
- 母子家庭等の相談、調査、指導等

町村（全国で1,636町村）
- 特別養護老人ホームへの入所事務等
- 身体障害者更生援護施設への入所事務等
- 知的障害者援護施設への入所事務等
- 在宅福祉サービスの提供等
- 老人医療、老人保健事業の実施
- 保育所への入所事務

福祉事務所数（平成17年4月現在）

郡部	293
市部	930
町村	4
合計	1,227

福祉事務所職員総数　6万6,086人
（平成16年10月現在）

資料：厚生労働省編『厚生労働白書　平成17年版』

3 地方公共団体・市町村

「地方公共団体は、住民の福祉の増進を図ることを基本として、地域における行政を自主的かつ総合的に実施する役割を広く担うものとする」ことが、地方自治法第1条の2に定められている。地方公共団体は地方自治体あるいは単に自治体といわれることもある。また、地方政府といわれることもある。

地方公共団体は、普通地方公共団体（都道府県と市町村）と特別地方公共団体（東京の特別区、地方公共団体の組合、財産区および地方開発事業団）がある。

長と議員を選挙で選出し、議会を設置して条例を定め、予算を決定し、決算を認定し、条例や予算などに基づく事務を執行することなどが、地方公共団体の主要な機能である。

市町村合併の背景には、地方分権の推進、少子高齢化の進展、広域的な行政需要の増大、構造改革の推進、時代変化への対応などをあげることができる。しかし、国・地方を通じての財政危機と地方交付税の削減などは見落としてはならない背景である。市町村合併を誘導するための主要な地方交付税上の措置としては、次の2つが主要なものであった。

① 普通交付税の算定の特例

合併すると、それぞれの市町村の地方交付税を合わせた額が減額となる（合併により、行政運営に要する経費が効率化できるため）のが一般的だが、合併の特例期間に合併したときは、10年間は従来の地方交付税額を保障し、その後5年間は激変緩和措置を講じる。

② 合併特例債等による措置

合併市町村の街づくりのための建設事業に対する財政措置として、起債の充当率を95％（自己財源は5％）とし、その元利償還の70％を地方交付税で措置する。その結果、全体の財源の3分の2を地方交付税で措置する（自己財源は3分の1）こととなる。しかし、この措置は今後の地方交付税の動向を考えると、不透明な部分も残されている。

1999年3月31日にはわが国の市町村数は3,232（670市・1,994町・568村）であったが、2005年3月31日（市町村の合併の特例に関する法律失効）には2,521（732市・1,423町・366村）となり、2006年4月1日（市町村の合併の特例等に関する法律失効）には1,820（778市・845町・197村）となる予定であり、この間に1,412の市町村が合併によりその名称が消えたこととなる。

4 指定都市と中核市

指定都市は「政令指定都市」ともいわれ、地方自治法上の大都市に関する特例で、「政令で指定する人口50万人以上の市」と規定され、2005年10月現在14市[*2]が指定されている。今後、堺市も2006年4月に指定都市に移行し、15市となる。

中核市も、地方自治法上の大都市に関する特例で、人口30万人以上などで政令で指定されたものをいう。2005年10月現在、全国で37市ある。

政令市・中核市とも都道府県の処理する事務のうち、政令で定めるものを処理することとなっている。要するに、大都市として、市として処理する事

[*2] 札幌市、仙台市、千葉市、さいたま市、川崎市、横浜市、静岡市、名古屋市、京都市、大阪市、神戸市、広島市、北九州市、福岡市

表20-3 政令指定都市と中核市との相違

区分	政令指定都市	中核市
要件	人口50万以上で政令で指定する市 人口その他都市としての規模、行財政能力等において既存の指定都市と同等の実態を有するとみられる都市が指定されています。	1．人口（30万以上） 2．面積（人口が50万未満の場合にあっては、100km²以上）
事務配分の特例	都道府県が処理する事務のうち、 ・民生行政に関する事務 ・保健衛生行政に関する事務 ・都市計画に関する事務 などを処理します。	指定都市が処理する事務のうち都道府県が一体的に処理することが効率的な事務などを除き処理します。 ・道路法に関する事務 ・児童相談所の設置 などが除かれます。
関与の特例	知事の承認、許可、認可等の監督を要している事務について、その監督の必要をなくし、又は知事の監督に代えて直接主務大臣の監督となります。	原則として関与の特例は設けていません。 ただし、福祉に関する事務については指定都市と同様に関与の特例を設けています。
行政組織上の特例	市の区域を分け区を設置します。	行政組織上の特例は設けられていません。
財政上の特例	・普通交付税の態容補正 ・地方譲与税等の割増 ・地方債発行の許可権者が都道府県知事から総務大臣となります。 ・宝くじの発行が可能となります。 等	・普通交付税の態容補正
決定の手続	・「地方自治法第252条の19第1項の指定都市の指定に関する政令」で指定します。	・「地方自治法第252条の22第1項の中核市の指定に関する政令」で指定します。 ・総務大臣は市からの申出（市議会の議決、都道府県議会の議決、都道府県の同意が必要）に基づいて政令の立案を行います。

資料：総務省ホームページ

務に加え、都道府県の処理する事務の一部も合わせて処理するのである。このなかには、社会福祉や公衆衛生などに関する事務も多数含まれているので、留意が必要である（表20-3参照）。また、都道府県の処理する事務を指定都市と中核市が実施する際には、その部分についての都道府県が負担すべき財政責任を市が負うこととなる。

3 ── 社会福祉事業にかかわる法人

1 社会福祉法人

社会福祉法人は、社会福祉法第2条に定められている社会福祉事業（第1種社会福祉事業および第2種社会福祉事業）を行うことを目的として、社会福祉法の規定により設立される法人である。社会福祉法第6章の「社会福祉法人」では、第1節で通則を、第2節で設立を、第3節で管理を、第4節で解散及び合併を、第5節で助成及び監督を定めている。

社会福祉法人制度は、社会福祉事業の公共性から、民法上の公益法人に比べてその設立運営は厳格な規制が加えられている。また社会福祉法人の認可については、社会福祉法のほか、厚生省の通知である「社会福祉法人の認可について」（2000（平成12）年12月1日付）の「社会福祉法人審査基準」を遵守しなければならない。社会福祉法人は、社会福祉事業を行うに必要な資産要件があること、定款で必要なことを定めなければならないこと、役員についての規定など、いずれも重要であり、社会福祉法や「社会福祉法人の認可について」に即して理解しておく必要がある。

社会福祉法人はその経営する社会福祉事業に支障がない限り、公益事業、収益事業を行うこともできる。歴史的には、戦後、社会福祉事業の「公私分離の原則」の下で民間社会福祉事業の公共性を高め、措置費や補助金の支出により運営の安定を図るため、民法上の法人とは別の特別法人として創設された。今日に至るまで、わが国の社会福祉事業において、社会福祉法人は大きな役割を果たしている。

社会福祉法第60条では、「第1種社会福祉事業は、国、地方公共団体又は社会福祉法人が経営することを原則とする」と定めている。しかし、地方自治法の改正による指定管理者制度や、さまざまな規制緩和制度などにより、徐々にこの規定が緩和されるのではないかと思われる。

2005年3月31日現在の社会福祉法人数は、厚生労働大臣所管（2以上の都

道府県にまたがる場合など）181、都道府県知事所管1万8,823である。

2　社会福祉協議会

社会福祉協議会については、社会福祉法第10章「地域福祉の推進」の第2節で定められている。市町村社会福祉協議会、都道府県社会福祉協議会、社会福祉協議会連合会（全国社会福祉協議会）があるが、ここでは市町村社会福祉協議会について触れる。

表20-4　社会福祉協議会の概要

1　社会福祉協議会の概要（2004（平成16）年4月1日現在）
・全国社会福祉協議会　　　　　　　　　1か所
・都道府県・指定都市社会福祉協議会　　60か所
・市区町村社会福祉協議会　　　　　　　3,252か所
資料：全国社会福祉協議会調べ

2　市区町村社会福祉協議会の主な事業例　2002（平成14）年度実績
（数字は各事業を実施している市区町村社協の割合：％）

分類	事業	割合
調査	住民の意識調査	36.8
	老人の実態・ニード調査	44.4
	地域福祉活動計画の策定	24.0
相談	心配ごと相談事業	84.9
	福祉総合相談事業	47.6
地域組織	地区社協の設置	27.8
	福祉委員等の設置	37.6
ボランティア活動	ボランティアセンターの設置	93.4
	ボランティア入門講座の開催	39.4
	ボランティア基金の設置	11.3
在宅福祉サービス等の実施　高齢者	訪問介護（ホームヘルプサービス）事業	72.3
	通所介護（デイサービス）事業	44.0
	入浴サービス	29.8
	家庭介護・看護講習会	32.1
障害児・者	身体障害者訪問介護（ホームヘルプサービス）事業	44.4
	知的障害者訪問介護（ホームヘルプサービス）事業	22.6
	児童訪問介護（ホームヘルプサービス）事業	12.2
	授産施設・小規模作業所等の運営	11.7
	ガイドヘルパー事業	8.8
	在宅障害者訪問活動	10.6
児童	児童・青少年のボランティア活動	58.7
	母子家庭への援助活動	33.5
	父子家庭への援助活動	21.2

資料：全国社会福祉協議会調べ
出典：厚生労働省編『厚生労働白書　平成17年版』

社会福祉法第109条では、次のように定めている。「市町村社会福祉協議会は、一又は同一都道府県内の二以上の市町村の区域内において次に掲げる事業を行うことにより地域福祉の推進を図ることを目的とする団体であつて、その区域内における社会福祉を目的とする事業を経営する者及び社会福祉に関する活動を行う者が参加し、かつ、指定都市にあつてはその区域内における地区社会福祉協議会の過半数及び社会福祉事業又は更生保護事業を経営する者の過半数が、指定都市以外の市及び町村にあつてはその区域内における社会福祉事業又は更生保護事業を経営する者の過半数が参加するものとする。
一　社会福祉を目的とする事業の企画及び実施
二　社会福祉に関する活動への住民の参加のための援助
三　社会福祉を目的とする事業に関する調査、普及、宣伝、連絡、調整及び助成
四　前三号に掲げる事業のほか、社会福祉を目的とする事業の健全な発達を図るために必要な事業」

社会福祉協議会は、社会福祉法人でもあり、この部分でも社会福祉法の規定が適用される。2004年4月1日現在の社会福祉協議会の概要については、表20-4のとおりである。なお、市町村合併をした地域では、社会福祉協議会もそれに伴って合併している。これも社会福祉法の規定によるものである。

3　NPO法人

NPO法人とは、特定非営利活動法人のことであり、特定非営利活動促進法（1998（平成10）年）に定める特定非営利活動を行うことを主たる目的として設立された法人をいう。なお、特定非営利活動とは、法律の別表で定める17事業であり、不特定かつ多数の者の利益の増進に寄与することを目的とするものをいう。税法上は「公益法人」等としている。

2005年12月31日までに2万4,763法人が認証され、特定非営利活動の種類（複数回答）としては、「保健・医療又は福祉の増進を図る活動」1万4,092（56.9％）、「社会教育の推進を図る活動」1万1,640（47.0％）、「まちづくりの推進を図る活動」9,947（40.2％）となっている。

4　その他

都道府県および市の社会福祉事業団も社会福祉法人である。当該都道府県および市の設置する社会福祉施設の受託経営をすることが一般的な事業内容である。このほか、市町村などは福祉公社（財団法人格がある場合とない場合がある）などを設置し、介護保険事業などを実施しているところもある。

このように、市町村などの関与（補助金や委託金の支出、役員の就任など）が強い法人として、社会福祉協議会以外に、社会福祉事業団、福祉公社などを設置している場合は、事業形態や内容面の整理が必要な場合も少なくない。

　農業協同組合や生活協同組合などの協同組合も第2種社会福祉事業や介護保険事業などを実施している。このほか、株式会社や有限会社などのいわゆる営利法人も、介護保険事業などに参入している。このような協同組合の役割も、きわめて重要である。

　現時点では第1種社会福祉事業について、社会福祉法第60条で経営主体が定められているが、第2種ではその定めがなく、国の通知などにより徐々に規制緩和が進みつつある。将来的には第1種社会福祉事業についても、規制緩和をすることが検討されることとなろう。

● 考えてみよう ●

① 措置制度と契約制度（利用制度）では、どのようなところに違いがあるか。
② 都道府県の設置する福祉事務所と市町村の設置する福祉事務所では、業務内容についてどのような違いがあるか。
③ 社会福祉事業などにかかわる法人には、どのようなものがあるか。
④ 地方自治法における大都市の特例とは、どのようなことか。

〈参考文献〉
1　宇山勝義『新しい社会福祉の法と行政　第2版』光生館　2001年
2　真田是・宮田和明・加藤薗子・河合克義編『図説日本の社会福祉』法律文化社　2004年
3　厚生労働省編『厚生労働白書　平成17年版』
4　総務省ホームページ　政策・政策評価『地方行財政』

第21講 社会福祉の財政

●本講のねらい

　社会福祉の法・制度や行政に加え、財政を学ぶことはたいへんだと思われるかもしれない。しかし、社会福祉の制度や政策を学ぶうえで、それらを裏打ちしている「財政」の現状やそのあり方を学ぶことは、欠くことができないものである。さらにいえば、社会福祉などの政策は、財政というものの役割なしでは、成立し得ないのである。

　現在のわが国では、社会保障構造改革・社会福祉基礎構造改革をはじめ、さまざまな構造改革が進められているが、その構造改革を分析するためにも、財政分析をすることが最良な方法である。ここでいう財政とは、国や地方公共団体が社会保障や社会福祉のサービスなどを提供していくうえで、どのように財源を調達し、運営管理し、必要な費用を支出していくかというシステムということができる。財源調達方法としては、税（国・都道府県・市町村）のほか、社会保険料（年金・医療・介護など）がある。これは、いわゆる市場原理に基づかないで、国民の合意に基づき税や保険料を強制徴収し、有形・無形の公共サービスを提供することを意味する。現在ではサービス提供過程で市場原理的なものの活用も徐々に進みつつあるが、あくまでも財政は市場原理とは別のものである。

　本講では、わが国の社会保障給付費の推移、国と地方公共団体の予算の現状、国と地方公共団体の財政の現状などについての概略を学ぶ。地方分権が進み、地方公共団体（都道府県と市町村）への負担金・補助金改革、地方交付税制度の改革、地方公共団体への財源委譲も実施されつつある。このようななかで、地方交付税制度や地方財政分析の指標などについても、理解を深めていただきたい。

1 ── 社会保障給付費の推移

わが国の社会保障給付費の部門別推移をみてみよう（表21－1参照）。2003年度では、社会保障給付費の総額は、84兆2,668億円で、医療26兆6,154億円（31.6％）、年金44兆7,845億円（53.1％）、福祉その他12兆8,669億円（15.3％）となっている。これは国民所得（ＮＩ、これは国内総生産＝ＧＤＰではない）の22.9％に達している。この表から、1995年度以降は国民所得は伸びないが、社会保障給付費は毎年確実に増加していることも、読み取ることができる。このことが、社会保障構造改革を進める大きな要因となっている。なお、この社会保障給付費は、2003年度の国の一般会計予算総額を上回っている。

社会保障給付費のうち、高齢者関係給付費の推移をみてみよう（表21－2参照）。2003年度では、社会保障給付費の70.4％が高齢者関係給付費であり、年金42兆9,959億円（72.5％）、医療（老人保健）10兆6,343億円（17.9％）、老人福祉サービス5兆5,387億円（9.3％）、その他1,489億円（0.3％）となっている。高齢者関係給付費は額・率とも毎年増加しており、この給付費の伸びをどうするかが社会保障構造改革のなかで大きな問題となっている。

なお、社会保障給付費の範囲は、国際労働機関（ＩＬＯ）が国際比較上定めた社会保障の基準に基づいている。法律等により定められた高齢、遺族、障害、労働災害、保健医療、家族、失業、住宅、生活保護その他の制度などで、法律等により定められた公的な機関などにより管理されている制度をいう。

表21－1　社会保障給付費の部門別推移

年度	計（億円）	医療（億円）	構成割合（％）	年金（億円）	構成割合（％）	福祉その他（億円）	構成割合（％）	国民所得（億円）
1970	35,239	20,758	58.9	8,562	24.3	5,920	16.8	610,297
1975	117,693	57,132	48.5	38,831	33.0	21,730	18.5	1,239,907
1980	247,736	107,329	43.3	104,525	42.2	35,882	14.5	2,032,410
1985	356,798	142,830	40.0	168,923	47.3	45,044	12.6	2,610,890
1990	472,203	183,795	38.9	240,420	50.9	47,989	10.2	3,483,454
1995	647,314	240,593	37.2	334,986	51.8	71,735	11.1	3,742,774
2000	781,272	260,062	33.3	412,012	52.7	109,198	14.0	3,790,659
2001	814,007	266,415	32.7	425,714	52.3	121,878	15.0	3,683,742
2002	835,666	262,744	31.4	443,781	53.1	129,140	15.5	3,621,183
2003	842,668	266,154	31.6	447,845	53.1	128,669	15.3	3,686,591

資料：国立社会保障・人口問題研究所「平成15年度社会保障給付費」

表21−2　高齢者関係給付費の推移　　　　　　　　　　　　　　　（単位：億円、％）

年度	年金保険給付費	老人保健（医療分）給付費	老人福祉サービス給付費	高年齢雇用継続給付費	計	社会保障給付費に占める割合
1975	28,924	8,666	1,164		38,754	32.9
1980	83,675	21,269	2,570		107,514	43.4
1985	144,549	40,070	3,668		188,287	52.8
1990	216,182	57,331	5,749		279,262	59.1
1995	311,565	84,525	10,902	117	407,109	62.9
2000	391,729	103,469	35,698	1,086	531,982	68.1
2001	406,178	107,216	44,873	1,250	559,517	68.7
2002	425,025	107,125	50,792	1,437	584,379	69.9
2003	429,959	106,343	55,387	1,489	593,178	70.4

資料：表21−1に同じ。

　また、社会保障給付費は、社会保障関係費の総額とは異なる概念（利用料負担を含めない）であり、管理費等を含めた収入額と割合は、社会保険料が54兆6,302億円（54.0％、そのうち事業主拠出26.9％、被保険者拠出27.0％）であり、税が27兆7,853億円（27.4％、そのうち国20.9％、地方6.6％）である。

2───国の予算と社会保障・社会福祉関係費

　2005年度の国の一般会計予算をみてみると、歳入歳出の総額は82兆1,829億円（対前年度0.1％増）で、歳入のうち税収は44兆70億円（53.5％）、公債金（国債）収入34兆3,900億円（41.8％）、その他3兆7,859億円（4.6％）となっている。公債金収入は2004年度当初予算より2兆2,000億円減額されたが、きわめて高い水準にある。歳出をみると、国債費（償還）は18兆4,422億円（22.4％）、地方交付税等交付金16兆889億円（19.6％）、一般歳出47兆2,829億円（57.5％）、その他3,689億円（0.4％）となっている。

　国の予算額を、仮に個人の生活としてたとえてみると、次のようになる。年間に必要な生活費等は100万円とする。収入のうち、働きによる収入は53.5万円、ローンの借入れ41.8万円。支出をみると、借り入れたローンの返済22.4万円、地方（親元）への仕送り19.6万円、実際に日常的に使える生活費は57.5万円ということになる。これでは、生活の継続が困難であるといわざるを得ない。

　このように、国の税収が思うように伸びない（1990年の一般会計決算額の税収60兆1,059億円から約16兆円減額している）理由は、1990年代を中心に国内総生産（GDP）が伸びず、その一方、景気対策などのため、所得税や法

人税の税率の引き下げ（減税）をしたことなどがあげられる。

　2005年度予算のうち、社会保障関係費は20兆3,808億円（一般歳出の43.1％、対前年2.9％増）となっている。その内訳は、社会保険費15兆8,638億円（3.1％増）、生活保護費1兆9,230億円（10.0％増）、社会福祉費1兆6,443億円（0.6％増）、保健衛生対策費4,832億円（4.0％減）、失業対策費4,664億円（12.1％減）となっており、社会保険費の比率が社会保障関係費の77.8％を占めている（カッコ内は対前年増減率）。

3 ── 都道府県と市町村の財政

　都道府県と市町村の予算計画をみる場合、地方財政計画を参照する必要がある。これは、地方交付税法に基づき作成される地方公共団体（都道府県と市町村）の歳入歳出総額の見込み額に関するものであり、国会に提出されるとともに、一般に公表される。

　2005年度地方財政計画（2005年2月）をみると、地方財政計画の規模は83兆7,687億円で、前年度比△（マイナス）1.1％となっている。そのうち地方税は33兆3,189億円（39.8％）、地方交付税は16兆8,979億円（20.2％）である。歳出では、給与関係経費22兆7,240億円（27.1％）、一般行政経費23兆1,307億円（27.6％）、公債費13兆3,803億円（16.0％）となっている。

　都道府県と市町村の決算をみる場合、地方財政白書を参照する必要がある。これは、地方財政法に基づき、内閣が地方財政の状況を明らかにして国会に報告するものである。平成17年版地方財政白書（2005年3月）では、2003年度決算についてまとめている。

　2003年度の歳入総額は94兆8,870億円で、対前年で2兆2,832億円の減となっている。歳出総額は、92兆5,818億円で、対前年で2兆2,576億円の減になっている。2003年度の決算額と2005年度の予算額をみても、毎年地方財政の規模が縮小していることがわかる。

　2003年度の歳出を目的別でみると、全体では教育費、土木費、民生費の順となっている。都道府県でみると、歳出総額は48兆9,170億円、教育費11兆6,445億円（23.8％）、土木費8兆2,893億円（16.9％）、公債費6兆6,880億円（13.7％）、民生費*3兆9,667億円（8.1％）となっている。市町村では、歳出総額49兆7,846億円、民生費11兆9,306億円（24.0％）、土木費8兆4,382億円（16.9％）、公債費6兆6,017億円（13.3％）、教育費5兆6,344億円（11.3％）となっている。

＊　民生費
　地方公共団体の一般会計のうち、社会福祉の充実を図るため、児童、高齢者、障害者等のための施設や在宅施策の整備および運営、また生活保護の実施等にあてられる経費を民生費と呼んでいる。

4 ── 国と地方公共団体の財政問題

1 国および地方公共団体の長期債務残高

わが国の国および地方公共団体の長期債務残高は、2005年6月現在で、2005年度末には国602兆円（そのうち普通国債残高538兆円）、地方公共団体205兆円程度で、国と地方公共団体の重複分を除いて合計すると、774兆円と、国内総生産（GDP）の151.2%に達する巨額なものとなる見込みである。

国の普通国債残高の538兆円は、国民一人当たり422万円、4人家族で1,687万円になり、また一般会計税収の約12年分に相当する。政府方針では、2010年代初頭には普通国債を発行せずに予算編成するよう、プライマリーバランスを達成するとしているが、その具体的な対応策としての歳出削減、税収増（増税）など、国民の理解を得て実施することはたやすいものではない。

国の公債費のことを国債といい、普通国債のなかには建設公債のほか、特例国債（いわゆる赤字国債）がある。財政法では、国の歳出は、公共事業費、出資金および貸付金以外は、公債を当てることができない旨規定されているので、本来は財政赤字を補塡するための特例公債はあくまでも一時の特例であり、それが慢性化している現状は好ましい状態とはいえない（図21-1）。

2 国の財政の国際比較

わが国の財政を先進国間で国債比較してみよう。わが国の公債依存度は2005年度で41.8%と先進国中ではきわめて高い。他の先進国では、アメリカ13.5%、イギリス（2004年度）10.8%、ドイツ8.8%、フランス15.9%である。

国の長期債務残高の対GDP比で、日本は2005年度では117.7%に達している。さらに収支尻（財政赤字による公債費発行額）の対GDP費見込みの6.7%も先進国中では異例の高さである。この収支尻は先進国では、アメリカ2.7%、イギリス3.2%、ドイツ（2004年度）2.0%、フランス（2005年度見込み）2.7%である。

OECD（経済協力開発機構）のデータを用いて「国民経済に占める財政の役割（国際比較）」をみると、2002（平成14）年度の比較で、わが国の政府（国と地方公共団体）最終支出は対GDP比で17.7%とアメリカに次いで低く、「小さな政府」となっている。しかし、一般政府総固定資本形成（国と地方政府による公共事業費などの社会資本形成）は4.7%と表中で最も高い。しかし、（現物移転以外の）社会給付の率は4.8%と、表中で最も低い。このよ

第21講　社会福祉の財政

うに、政府の役割が比較的小さく、公共事業費などの比率が高く、社会保障給付費の水準が低いのが、わが国財政の特徴となっている。

同様にOECDのデータを用いて、国民負担率の国債比較をみてみよう（図21－2）。日本は2005年度だが、それ以外は2002年のデータである。日本は35.9％、アメリカ32.6％、イギリス47.7％、ドイツ53.7％、フランス63.7％、スウェーデン71.0％となっており、アメリカについで低くなっている。なお、

図21－1　公債残高の推移

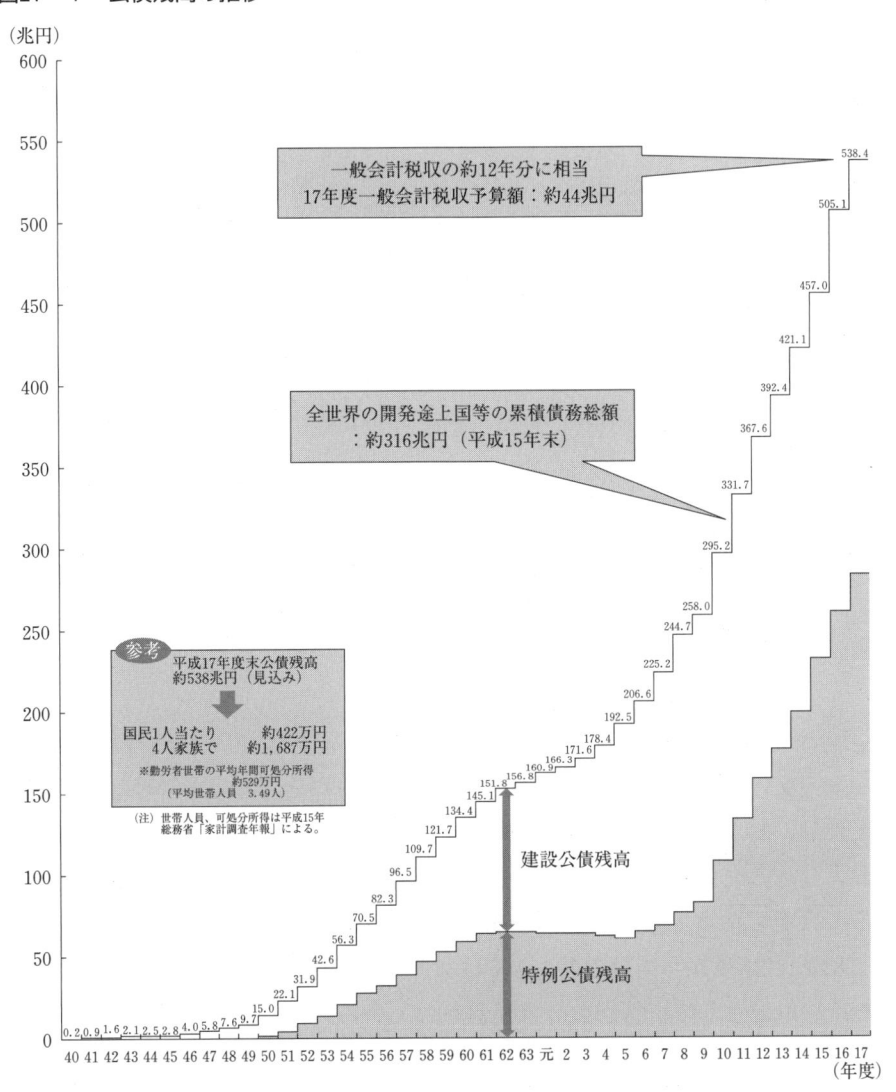

注：1．公債残高は各年度の3月末現在額。ただし、16、17年度は見込み。
　　2．特例公債残高は、国鉄長期債務、国有林野累積債務等の一般会計承継による借換国債を含む。
　　3．16、17年度の翌年度借換のための前倒債限度額を除いた見込額はそれぞれ、481兆円程度、508兆円程度。

資料：財務省「日本の財政を考える」（2005年3月）

図21-2　国民負担率の国際比較

［国民負担率＝租税負担率＋社会保障負担率］
［潜在的な国民負担率＝国民負担率＋財政赤字対国民所得比］

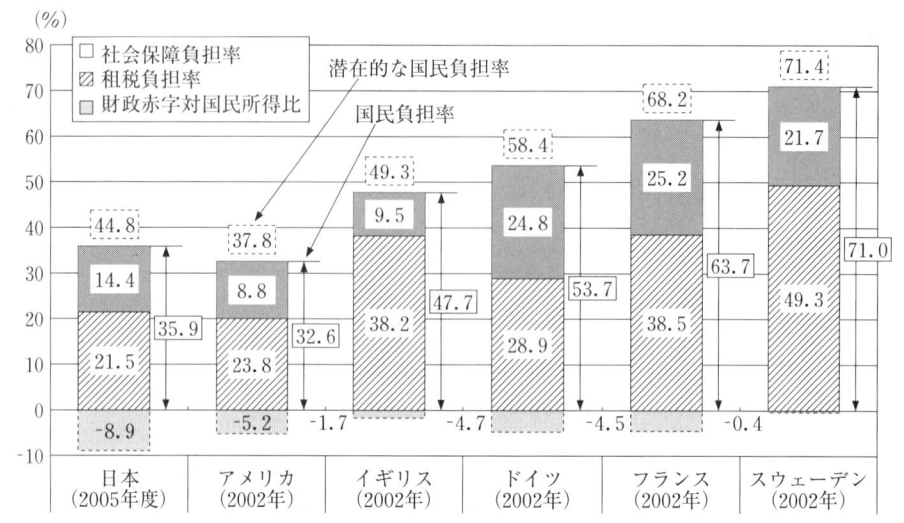

	日本 (2005年度)	アメリカ (2002年)	イギリス (2002年)	ドイツ (2002年)	フランス (2002年)	スウェーデン (2002年)
潜在的な国民負担率	44.8	37.8	49.3	58.4	68.2	71.4
国民負担率	35.9	32.6	47.7	53.7	63.7	71.0
社会保障負担率	14.4	8.8	9.5	24.8	25.2	21.7
租税負担率	21.5	23.8	38.2	28.9	38.5	49.3
財政赤字対国民所得比	-8.9	-5.2	-1.7	-4.7	-4.5	-0.4

注：1．日本は2005年度（平成17年度）見通し。諸外国は2002年実績。
　　2．財政赤字の国民所得比は、日本及びアメリカについては一般政府から社会保障基金を除いたベース、その他の国は一般政府ベースである。
【諸外国出典】"National Accounts"（OECD），"Revenue Statistics"（OECD）等

アメリカは全国民を対象とした医療保険制度や年金制度などをもたない国であることに留意が必要である。

また、国民負担率といっても、労働者や国民の側の負担だけでなく、雇用主の負担も含めたものであることにも留意していただきたい。

3　地方交付税制度

地方交付税法により、地方公共団体が自主的にその財産を管理し、事務を処理し、および行政を執行する機能を損なわずに、その財源の均衡化を図り、および地方交付税交付の基準の設定を通じて地方公共団体の独立性を強化することを目的としている。地方交付税は、所得税と酒税の32％、法人税の35.8％（12年度から当分の間、本来は32％）、消費税の29.5％、たばこ税の25％をその財源として、特別会計で運営されている。

地方交付税の種類には、普通交付税（全体の94％）と特別交付税（全体の6％）とがある。普通交付税の算定は、それぞれの地方公共団体（都道府県と市町村）ごとに、基準財政収入額／基準財政需要額を算定し、その財源不足分が交付基準額となる。財政力指数でいえば、1以上となると、地方交付税が交付されない不交付団体となる。

地方交付税の交付額は、2001年度以降、減額傾向にあり、このことが市町村合併を進める要因のひとつとなっている。また、地方交付税の財源不足を補填するため、地方公共団体では、2001年度以降、臨時財政対策債を発行してきた。2005年度の普通交付税の総額は、15兆8,838億円（都道府県分9兆492億円、市町村分6兆8,346億円）、臨時財政対策債総額は3兆2,236億円、あわせて19兆1,074億円であり、対前年で9,561億円の減額となっている。

2005年度の不交付団体は、都道府県では東京都のみである。市町村では、138市町村が不交付団体となっており、愛知県の28、神奈川県の22、東京都の16、静岡県の10、千葉県の9、埼玉県の7市町村などが都道府県ごとの不交付団体である。

2004年度の市町村ごとの財政力指数をみると、第1位が豊田市の1.86、第2位が武蔵野市の1.82、第3位が碧南市の1.73、第4位が成田市の1.65、第5位が田原市の1.62となっている。このほか、原子力発電所・火力発電所などの立地市町村も、財政力指数が高いのが特徴である。

4　地方財政分析の指標

総務省ホームページを開き、政策・政策評価の地方行財政を開き、さらに地方財政分析を開くと、さまざまな地方財政についての資料が掲載されている。このなかの「決算カード」はすべての都道府県・市町村の財政分析をすることができる重要な資料である。なお、2005年10月現在で一番直近の決算カードは2003年度のものである。

地方公共団体の財政を分析する主要な指標として、以下に「経常収支比率」「財政力指数」「起債制限比率」について述べる。これらの指標を使い、さまざまな地方公共団体の財政分析を進めていただきたい。

1　経常収支比率

（2004年度平均　都道府県：92.5％、市町村：90.5％）

地方公共団体の財政構造の弾力性を判断するための指標で、人件費、扶助費、公債費のように毎年度経常的に支出される経費（経常的経費）に充当された一般財源の額が、地方税、普通交付税を中心とする毎年度経常的に収入される一般財源（経常一般財源）、減税補填債および臨時財政対策債の合計額に占める割合。

この指標は、経常的経費に経常一般財源収入がどの程度充当されているかをみるものであり、比率が高いほど財政構造の硬直化が進んでいることをあらわす。

2　財政力指数

（2004年度平均　都道府県：0.41、市町村：0.47）

地方公共団体の財政力を示す指数で、基準財政収入額を基準財政需要額で除して得た数値の過去3年間の平均値。

財政力指数が高ければ高いほど、財源に余裕があるといえる。指数が1を超えた場合は普通交付税の不交付団体となり、その超えた分だけ標準的な水準を超えた行政を行うことが可能であるといえる。

3　起債制限比率

（2004年度平均　都道府県：12.4％、市町村：11.2％）

地方公共団体における公債費による財政負担の度合いを判断する指標の一つで、地方債元利償還金および公債費に準じる債務負担行為に係る支出の合計額（地方交付税が措置されるものを除く。）に充当された一般財源の標準財政規模および臨時財政対策債発行可能額の合計額に対する割合で過去3年間の平均値。

起債制限比率が20％を超える団体については、一定の地方債（一般単独事業に係る地方債）の起債が制限され、30％を超える団体については、さらにその制限の度合いが高まる（一部の一般公共事業に係る地方債についても起債が制限される）こととなる。

注　：2004年度の数値は、2005年9月現在の速報値である

資料：総務省「平成15年度地方公共団体の主要財政指標一覧」「平成16年度都道府県普通会計決算の概要（速報）」「平成16年度市町村普通会計決算の概要（速報）」から作成

●考えてみよう●

① わが国が社会保障構造改革を進めている背景について考えてみよう。
② 地方交付税制度とは、どのような制度か。
③ 住んでいる市町村や関心のある市町村の決算カードをみて分析してみよう。

〈参考文献〉

1　神野直彦『財政学』有斐閣　2002年
2　厚生労働省編『平成17年版　厚生労働白書』
3　国立社会保障・人口問題研究所『平成15年度　社会保障給付費』（平成17年9月）
4　財務省ホームページ『財政関係資料』（平成17年9月）
5　総務省ホームページ　政策・政策評価『地方行財政』

第22講 社会福祉の学習を深めるために

● 本講のねらい

　ここまでの各講を通じて、今日の社会福祉が広い範囲にわたって国民生活のさまざまな分野と深くかかわり、私たちの暮らしを支えるものとして欠くことのできない位置を占めていることを学んできた。社会福祉の諸分野、諸領域のなかで、自分が直接に関心をもち、あるいは将来携わることをめざしている個別の分野、領域については、各講であげられた参考文献などを読み進めることによって学習を深めることができるであろう。

　ここでは、社会福祉のどの分野、領域について学ぶうえでも必要とされる基礎的な学習の課題について述べ、本書の結びとしたい。

1 ── 社会福祉の歴史と理論を学ぶ

　社会福祉の学習を深めるうえでは、広く全体動向を視野に入れた学習、とりわけ社会福祉の歴史と理論を学ぶことが第一に重要である。今日の社会福祉がこれまでの長い歴史の積み重ねのうえに成り立っていることから考えても、歴史的視点をもたない学習では底の浅いものに終わることは明らかである。歴史を学ぶことの意義は、単に過去のあれこれの出来事を知ることにあるのではない。現在をより深く理解し、未来に向かってより的確な見通しをもつためにこそ歴史を学ぶのである。

　社会福祉は、前史的なものにまでさかのぼれば、人類の誕生とともに始まるとされるほどの長い歴史をもつ。もとより歴史研究そのものをめざす者でないかぎり、そのすべてに通じようとするのは過大な目標であろう。ここで求められるのは、社会の大きな変化・発展とのかかわりで、社会福祉がどのような歴史的展開をとげてきたのかという大きな流れをつかむことであり、常に歴史的な視点に立って現在をみるという姿勢を身につけることである。

　社会福祉理論は、歴史研究の成果を踏まえて、社会福祉の理念や原理を探り、現代社会における社会福祉の位置づけや役割を明らかにすることを課題としている。

現実の具体的な問題を学ぶことと比べて、抽象度の高い理論を学ぶことはそれなりの努力を必要とする課題であるが、個別分野について深く学ぶための重要な基盤として社会福祉理論を学ぶことには大きな意義がある。しかし、ここでも、学習の目的は社会福祉理論についてのあれこれの知識を得ることにあるのではない。社会福祉理論を学ぶことを通して論理的な思考能力を鍛えながら、社会福祉の全体像をどのように描いたらよいかを考えることが重要である。

　それぞれの国の歴史や文化が多様であることによって、それぞれの国の社会福祉は個性的な発展の道をたどっている。先進諸国や発展途上国の社会福祉の歩みを知ることは、ひるがえってわが国の社会福祉の歴史や現状を学ぶうえでの大きな手がかりを得ることにもつながるであろう。

　社会福祉の全体を視野に入れ、常に歴史的な視点に立って、いま自分が立っている位置を見極め、現実を深く、鋭く見透すことができる力を養うことがこれからの学習の大きな目標である。

2 ─── 社会福祉の制度・政策を学ぶ

　これまでの各講で学んだように、社会福祉の援助・サービスは、国や地方自治体の制度・政策として実施に移されているものが中核となり、その周辺に、自主的・主体的な運動や活動が多様な形態で展開され、公的な援助・サービスの不十分さを補うとともに、制度・政策を改善するうえで大きな力となっている。したがって、社会福祉について深く学ぶためには、制度・政策の動向を軸に据えた学習が重要となる。

　制度的にみれば、今日の社会福祉は、年金や医療保険を中心とする社会保障制度の一環として位置づけられる。社会保障制度全体がどのようなしくみで国民の生活を支える役割を果たしているのかを学び、そのなかにあって社会福祉がどのような位置づけや役割を与えられているのかを知ることが必要である。

　社会福祉の制度は、社会福祉の各分野に共通する基本事項を定めた社会福祉法をはじめ、各分野別の法（児童福祉法、身体障害者福祉法、知的障害者福祉法、老人福祉法、母子及び寡婦福祉法、生活保護法など）によって基礎づけられている。講義や参考文献を通じて、社会福祉法制についての基礎的な知識をもったうえで、座右の書として「社会福祉六法」を身近に置き、日頃から関連する法規を参照する習慣をつけることを勧めたい。

社会福祉の制度は、国と地方自治体とがそれぞれの役割を分担し合いながら運営されている。したがって、国と地方自治体との一般的な関係を知ることも社会福祉の制度を学ぶための前提の一つである。また、制度・政策の運営には、財政的な裏づけがなければならない。社会福祉にかかわる国庫負担金や補助金のしくみ、それに対応した地方財政のしくみについて学ぶことも課題となる。

　国と地方自治体の役割分担については、地方分権推進法（地方分権の推進を図るための関係法律の整備等に関する法律）の施行（2000（平成12）年4月）にもみられるように、地方分権推進の流れのなかでいろいろと変化が生じている。複雑な制度のしくみを細かく理解することは容易ではないが、社会福祉制度の運営に関する国と地方自治体の役割分担がどのように変化してきたかを大きな流れのなかでみていくことができれば、社会福祉制度・政策の動向を学ぶ大きな手がかりとなるであろう。

　社会福祉制度・政策のあり方を研究することは、誰にとっても暮らしやすい社会のしくみをどのようにしてつくりあげていくかを考えることでもある。ことに、21世紀の「少子・高齢社会」で安心して生きていくことができるような新しい社会福祉のシステムをつくりあげるためには、経済社会の動向に広く目を配り、人びとの暮らしの構造的変化の方向を見定めて、国や自治体のすべての制度・政策のなかに福祉の視点を貫いていくような取り組みが必要とされている。社会福祉の全体を視野に入れ、経済社会の動向やそのなかでの人びとの暮らしの変化との関連で社会福祉の制度・政策のあり方を考えられるような視野の広さと分析力を身につけていくことが求められる。

　また、社会福祉の専門職者として働くうえでは、医師、保健師、看護師、理学療法士、作業療法士、ケアマネジャーなど、保健や医療をはじめとする関連する諸領域のさまざまな専門職者と連携して仕事を進めなければならない。保健や医療などの関連領域についての基礎的な知識は、必須のものとして求められることになるであろう。

3 ── 援助やサービスの方法を学ぶ

　これまでの各講で学んだように、社会福祉は、生活上のさまざまな困難に直面し、自力ではそれを乗り越えることができない人びととその家族に対する援助・サービスの活動として展開されている。

　悩みや苦しみをもつ人びとと接して、もとよりそのときの気分や単なる同

情からではなく、その人びとが真に必要としている援助・サービスを適切に提供していくためには、専門的な知識と技術に裏づけられた援助方法の基本を身につけていなければならない。

　人びとの悩みや苦しみを理解するためには、まず、援助・サービスの対象となる人びと——児童、障害者、高齢者などの身体的・心理的特性について知ることが重要な前提となる。社会福祉の仕事に専門的に携わる人は、心理学、教育学、医学、精神医学などの、いわば人間諸科学を広く学び、基礎的な知識と方法を身につける努力を惜しんではならない。

　人びとの悩みや苦しみが多様であり、援助・サービスを必要とする人びとも多様であることにともなって、援助・サービスの方法も多様である。各分野、領域における多くの経験や真摯な実践を踏まえて、多様な援助・サービスに共通する基本的な原理や方法を整理し、体系化する努力が重ねられてきた。社会福祉方法原論、社会福祉方法各論は、そうした努力の今日における到達点を示すものである。社会福祉方法原論、社会福祉方法各論を学習することによって、先人たちの膨大な経験と実践の貴重なエッセンスを短い時間で学ぶことができる。

　人びとの悩みや苦しみを深く理解するためには、机上の学習だけでは十分ではない。社会福祉の現場に身をおいて、悩みや苦しみをもつ人びとと直接接して援助する経験を重ねることによって、援助の技術や方法についての学習を実感をもって深めることができる。

　社会福祉の現場実習は、現場で具体的な指導を受けながら、援助を必要とする人びとの悩みや苦しみを的確に理解し、対象者を援助する経験を積むことができる場として重要である。また、具体的な援助過程にかかわることを通して、人権の尊重、権利擁護、自立支援などといった社会福祉の基本視点をことばとしてだけでなく体験的に学ぶことができる。

　社会福祉における実習の意義は、援助の技術や方法を学ぶということだけにあるのではなく、援助の過程を体験することのなかで、人を人として尊重するというもっとも基本的な姿勢を貫くことの大切さと難しさを学び、人と接するうえで欠くことのできない人間的な感性を磨くことにあるといえよう。

4——社会福祉の仕事の特質

　いずれにしても社会福祉の援助・サービスは、その担い手である社会福祉従事者の仕事を通じて届けられるよりほかにない。悩みや苦しみをもつ人び

ととと直接にふれあい、人と人とのつながりのなかで援助・サービスが行われる。社会福祉の仕事が「すぐれて人間的な仕事である」といわれる所以はここにある。

日本学術会議*が1974年5月に政府に対して行った勧告（「社会福祉の研究・教育体制等について（勧告）」）は、社会福祉の仕事の特色を次のように述べている。

「社会福祉の仕事は医師や教師と同じく、人々の苦悩の解決や児童の人間形成などにかかわるすぐれて人間的な仕事であるが故に、その職業の社会的責任の自覚からして、ヒューマニズムの精神に徹した思想性・倫理性が要求されるのはもちろん、人々の生活障害の解決に寄与できるためには、社会の中での人間の労働と生活とその阻害要因に対する社会科学的理解を深めると共に、人間それ自体についての科学的洞察が必要とされるのである。

すなわち、今日、社会福祉の仕事は、このような特質をもつものであるが故に、まさに専門的な職務として位置づけられねばならないものであり、従ってまた、その職務にあたろうとする者については、少なくとも大学において豊かな教養と専門的教育が行われるべきものということができる。そして、そのような教養と専門的訓練を受けた社会福祉従事者の量的拡充が日程に上っているのである」。

さまざまな悩みや苦しみがどのようにして生み出されてくるのか、その根源を探るために、社会のしくみや動向を知り、どのような援助・サービスの体系をつくり上げていけばよいのかを考えなければならない。どうすれば悩みや苦しみを和らげることができるのかを考えるために、心理学、教育学、医学などの基礎を学び、人間そのものについての理解を深めなければならない。

さまざまな悩みや苦しみを抱えた人びとの暮らしに深くかかわることは、言い換えれば他人の人生に深くかかわることを意味している。社会福祉の仕事が時として他人のかけがえのない人生に重大な影響を与えるかもしれない可能性をもつところから、社会福祉の仕事の担い手には、豊かな人間性と高度の倫理性とともに、社会と人間についての深い洞察力が求められるのである。

したがって、社会福祉を専門的に学び、社会福祉の担い手としての専門的力量を高めていくためには、広い視野に立って社会科学、人間科学の方法を学び、その基礎を身につけていくことが大切な課題となる。社会福祉の専門性と専門職制度は、本来、このような基礎のうえに成り立つものである。社会福祉の専門的な従事者をめざして学ぶ人たちには、新しい福祉社会の担い手として大きな期待がかけられているのである。

* **日本学術会議**
日本学術会議は、科学の向上発達を図り、行政、産業および国民生活に科学を反映、浸透させることを目的として、1949年1月に内閣総理大臣の所轄の下に「特別の機関」として設立された。わが国の人文・社会科学、自然科学全分野の科学者の意見をまとめ、国内外に対して発信する日本の代表機関として、科学者の代表として選出された210人の会員により組織されている。

> ● 考えてみよう ●
>
> ① 諸外国の社会福祉の制度・政策について調べ、それぞれの国の歴史や文化の違いが社会福祉のあり方にどのような影響を与えているかを考えてみよう。
> ② 社会福祉の仕事が「すぐれて人間的である」といわれる意味について、もう一度考えてみよう。
> ③ これから社会福祉実習に取り組む人は、実習を通じて何を学ぶのか、すでに実習を経験した人は、実習のなかで何を学んだのか、整理し、考えてみよう。

●これから、あなたはどのような専門職をめざしますか？

索 引

あーお

ICF（国際生活機能分類）　63
朝日訴訟　178
預かり保育　48
新しい貧困　167
石井十次　173
石井亮一　174
一時保育　42
一般システム理論　121
医療ソーシャルワーカー　16、88
医療ソーシャルワーカー業務指針　92
医療福祉　88
エコシステム論的アプローチ　121
NGO（非政府組織）　152
NPO活動　107
NPO団体　14
NPO（非営利組織）　55、152
NPO法人　69、108、196
エリザベス救貧法　165
エンゼルプラン　44、179、183
延長保育　41
エンパワメントアプローチ　121
応益負担　67、187
御救小屋　172
御救米　172

かーこ

介護支援専門員（ケアマネジャー）　70、73
介護保険施設　69
介護保険制度　69
介護保険法　182、183
カウンセリング　118
囲い込み（エンクロージャー）　165
家族福祉　50
家庭裁判所　96
家庭裁判所調査官　96、101
感化救済事業　174
間接援助　118
起債制限比率　206
QOL　93
救護法　63、176
救済事業調査会　175
救貧制度　173
救貧法　165
禁治産者　143

ぐ犯少年　97
グローバリゼーション　149
ケアマネジメント　93、107、118
ケアワーク　118
経営　125
経常収支比率　205
権利　141
権利擁護　142
小石川養生所　172
合計特殊出生率　26、43
公衆衛生　159
公的扶助　79、168
高齢者福祉　68
ゴールドプラン　178、183
国債　202
国際障害者年　57
国際障害者年行動計画　61、62、66
国民扶助法　169
国民保健サービスおよびコミュニティケア法　170
子ども家庭支援センター　43
子ども虐待　30、97
子ども・子育て応援プラン　45
子どもの権利条約　179
個別援助技術（ソーシャル・ケースワーク）　118、121
コミュニティビジネス　111
コンサルテーション　118

さーそ

最終的・包括的なセイフティネット　85
財政力指数　206
ジェネラル・ソーシャルワーク　119
支援費制度　65、185
四箇院　172
自己実現　15
次世代育成支援対策推進法　45
慈善事業　20、165、173
慈善組織協会（COS）　117
七分積金制度　172
失業法　166
指定都市　193
児童委員　18、108
児童虐待→子ども虐待
児童虐待の防止等に関する法律　32
児童相談所　32
児童手当　159

児童手当法　178
児童福祉施設最低基準　47
児童福祉法　32、177、182
児童扶養手当制度　50、159
児童養護施設　29
自閉性障害　58
司法福祉　96、97、101
社会改良　166
社会活動法（ソーシャル・アクション）　118
社会サービス法　170
社会事業　20
社会政策　167
社会的セーフティネット　79
社会貧　166
社会福祉　26、159
社会福祉運営管理（ソーシャル・アドミニストレーション）　118
社会福祉関係八法改正　178、183
社会福祉基礎構造改革　106、124、161、179、183
社会福祉協議会　109、195
社会福祉計画法（ソーシャル・プランニング）　118
社会福祉士　131、134、139
社会福祉士及び介護福祉士法　132、139、178
社会福祉事業　186、194
社会福祉事業法　27、161、177
社会福祉実習　135
社会福祉調査法（ソーシャルワーク・リサーチ）　118
社会福祉の経営　124
社会福祉法　28、65、105、161、179、182、184
社会福祉法人　194
社会保険　158、166
社会保障　156、158、166、167
社会保障給付費　199
社会保障制度に関する勧告　158、177
社会保障体制の再構築～安心して暮らせる21世紀の社会をめざして～　161
社会保障法　166
集団援助技術（ソーシャル・グループワーク）　118
自由党の改良　166
恤救規則　173
主任児童委員　108
準禁治産者　143
障害基礎年金　14
障害者　62
障害者基本法　57、179、183
障害者自立支援法　57、65、162、187
障害者の権利宣言　62
障害者福祉　62
障害者プラン～ノーマライゼーション7か年戦略～　179、183
少子化　24、43

少子化社会対策基本法　45
少子化社会対策大綱　45
少子・高齢社会　20、43
少年非行　97
少年法　97
ショートステイ　73
触法少年　97
女性福祉　49
所得再分配　160
自立助長　85
自立生活支援　15
新エンゼルプラン　44
新ゴールドプラン　183
心身障害者対策基本法　57、178
身体障害者福祉法　64、177、182
心的外傷後ストレス障害（PTSD）　53
人民相互の情誼　173
スーパービジョン　118
生活支援員　145
生活保護制度　79、159
生活保護法　177、182
精神科ソーシャルワーカー　88
精神薄弱者福祉法　178
精神保健及び精神障害者福祉に関する法律　179、182
精神保健福祉士　88、132
生存権　27、85、181
生態学　121
成年後見制度　75、143
セイフティネット　16、78
世界人権宣言　158、168
接近禁止命令　54
接近性　126
説明責任（アカウンタビリティ）　127
セルフヘルプグループ　109
専門員　145
総合施設　48
ソーシャル・インクルージョン　105
ソーシャル・ケア保険法　170
ソーシャルワーク　114、118、150
措置制度　161

た─と

第1種社会福祉事業　186、194
待機児童　47
退去命令　54
第2種社会福祉事業　186
男女共同参画社会基本法　50
男女雇用機会均等法　42
地域援助技術（コミュニティワーク）　118
地域支援事業（介護予防サービス）　70

索引

地域の固有性　103
地域福祉　103、105
地域福祉計画　109
地域福祉権利擁護事業　75、145
地域包括支援センター　70、133、144
地域密着型サービス　69
知的障害　58
知的障害者福祉法　182
地方公共団体　192
地方交付税制度　204
地方当局社会サービス法　170
地方分権一括法　106
調停委員　96
直接援助　118
DV防止法→配偶者からの暴力の防止及び被害者の保護に関する法律
デイサービス　73
統合化　120
統合失調症　59
特定非営利活動促進法　107
特別地方公共団体　192
留岡幸助　174
ドメスティック・バイオレンス（DV）　51、97

なーの

ナショナル・ミニマム　157、166
21世紀への社会保障　170
日本学術会議　139、211
日本型福祉社会　160
日本之下層社会　173
ニューディール政策　166
任意後見制度　143
人足寄場　172
ネットワーク　118
脳性麻痺　58
ノーマライゼーション　61、105、169

はーほ

配偶者からの暴力の防止及び被害者の保護に関する法律　49、54
配偶者暴力相談支援センター　54
パターナリズム　116
バリアフリー　107
犯罪少年　97
ピアカウンセリング　109
備荒儲蓄法　173
病棟保育士　43
福祉国家　168
福祉サービス利用援助事業　145
福祉三法　177
福祉事務所　188

福祉の医療化　88
福祉六法　28、178、182
扶助　85
婦人保護事業　49
布施屋　172
普通地方公共団体　192
普遍化　169
平均寿命　25
ベヴァリッジ報告　157、167
ベビーホテル　47
保育　40
保育士資格　42
保育所　40
保育所保育指針　42
保育ママ　47
貿易自由化　21
法定後見制度　143
方面委員制度　175
ホームヘルプサービス　14、72
保護施設　85
保護の補足性　85
母子及び寡婦福祉資金貸付制度　50
母子及び寡婦福祉法　50、182
母子自立支援員　50
母子生活支援施設　50
母子福祉法　178

まーも

民生委員　18、108
民生費　201
無告の窮民　173

やーよ

夜間保育　41
ユニバーサリティ　157
ユニバーサルデザイン　107
要介護　69
要支援　69
幼稚園　40
要保護児童　34
横山源之助　173

らーろ

リッチモンド　117、121
レジデンシャル・ソーシャルワーク　139
老人福祉法　70、178、182
老人保健　159
老人保健法　159、178、182

わ

和漢三才図会　63

現代の社会福祉入門

2006年5月5日　初版発行
2010年10月5日　第5刷

編　者	宮田　和明　柿本　　誠
	木戸　利秋　小松理佐子
	竹中　哲夫　山口　みほ
発行者	竹鼻　均之
発行所	株式会社　みらい
	〒500-8137　岐阜市東興町40　第五澤田ビル
	TEL 058-247-1227代　FAX 058-247-1218
	http://www.mirai-inc.jp/
印刷・製本	サンメッセ株式会社

ISBN978-4-86015-080-8　C3036
Printed in Japan　　　　　乱丁本・落丁本はお取替え致します。